改訂版

税理士のための

税務調査手続ルールブック

青木 丈 著

JN002334

日本法令

改訂版はしがき

　手続に特化した実務書は売れないはずだと聞いていた。ところが本書は、類書がないということもあってか、読者に恵まれ、初版刊行から約2年で改訂できることになった。今回の改訂の内容は、主として次のとおりである。

　第一に、この間の税制改正によって税務調査手続に関係して見直された内容を反映した。その内容とは具体的には主として、令和4年度税制改正における①税務代理権限証書の様式の見直し及び②記帳水準の向上に資するための過少申告加算税等の加重措置の整備、並びに令和5年度税制改正における①電子帳簿等保存制度の見直し及び②加算税制度の見直し（高額な無申告に対する無申告加算税の割合の引上げ・一定期間繰り返し行われる無申告行為に対する無申告加算税等の加重措置の整備）である。

　第二に、国税庁の内部文書である「税務調査手続等に関するFAQ（職員用）【共通】」を、TAINSを介して入手することができたので、その内容を全面的に反映した。

　第三には、本年4月に刊行された日本弁護士連合会・日弁連税制委員会編『国税通則法コンメンタール　税務調査手続編』（日本法令刊）に参画させていただいた影響がある。すなわち、同書において、私は外部協力研究者として、日弁連税制委員会委員である弁護士の先生方が執筆されたすべての原稿を査読し、いくつかの条文解説の執筆もさせていただいた。これが私にとっても大変勉強になったので、その成果についても本書に反映した。

　このほか、本書に用いた各データや裁判例等を最新のものに更新し、巻末には読者の利便性のために事項索引を設けた。

　以上の、特に第二及び第三に挙げた内容の改訂によって、税務調査手続に関する国税庁による解釈運用を網羅的に整理しつつ、必要に応じて私見も踏まえた解説をすることができた。これによって、本書のタイトルに冠した税理士の実務だけでなく、税務調査手続に関する研

究のための資料としても役立つ書籍にすることができたと考えている。

　もっとも、この改訂によって、本書の（参考資料を除いた）本体部分が、初版の約1.5倍のヴォリュームになってしまった。そこで、巻末の参考資料としては、関係法令のほかには、国税庁の内部文書である「税務調査手続等に関するFAQ（職員用）【共通】」及び国税庁課税総括課『質問応答記録書作成の手引』（令和２年11月）のみそのほぼ全文を掲載し、それ以外のインターネットで誰でも入手可能な通達や事務運営指針等については、そのURLとQRコードを掲載することによって、読者がお持ちのスマートフォンやタブレット等から簡単にアクセスできるようにした。これによって、初版からの「税務調査手続に関するルールを確認する必要がある場合には，基本的に本書が１冊あれば事足りる」という方針は維持したつもりである。

　なお、今回の改訂についても、㈱日本法令の竹渕学氏に大変お世話になった。記して謝意を表する。

　令和５年10月５日
　　香川大学の研究室から秋晴れの峰山を臨みつつ

青　木　　丈

はしがき（初版）

　税務調査は、申告納税制度を補完する手続として、必要不可欠なものである。その実際の手続は、納税義務者・税理士と課税庁の職員が直に接触し、原則として（最近よく聞く言葉でいえば）対面で行われることになるので、そこでは憲法上の適正手続保障の要請が強くはたらくことになる。この適正手続の保障（Due process of law）が法定の手続によらなければならないことは論を俟たないが、税務調査手続の根拠規定が法令（国税通則法等）にしっかりと整備されたのは、ほんの10年近く前、平成23年12月の税制改正においてであった。この改正法の施行と併せて、国税庁から関係する通達、事務運営指針、FAQ等も公表され、当時はこれらに基づく税務調査手続を解説する書籍も数多く出版された。

　本書は、それから10年が経とうとしているタイミングをとらえて、主に税務調査に立ち会う税理士のために、現在の手続のルールを分かりやすく解説することを目的として執筆したものである。この約10年間で、税務調査手続にまつわる重要な法改正が幾度も行われており、それらを含めた手続全般に関する国税庁の通達や事務運営指針等で示されている解釈や考え方を整理して、若干の私見を踏まえた解説をしておくことは実務上有意義であろうと考えたためである。

　税務調査手続は、凡そ、事前通知➡実地の調査➡調査終了手続という流れで行われる。そこで、この流れに沿うかたちで解説を進めた方が分かりやすいだろうと考え、本書の構成を次のようにした。

　　第1章　税務調査手続の概要〜総説
　　第2章　事前通知
　　第3章　実地の調査
　　第4章　調査終了手続
　　第5章　附帯税
　　第6章　不服申立手続の概要
　　参考資料

このうち，第5章では，税務調査が終了して修正申告・期限後申告をしたときや更正・決定を受けたときに課される附帯税について解説している。また，第6章ではこの更正・決定や加算税の賦課決定等に不服がある場合に移行することとなる不服申立手続の概要についても解説している。さらに，巻末の参考資料には，税務調査手続に関係する法令，通達，事務運営指針，FAQ及び『質問応答記録書作成の手引』を掲載している。これによって，税務調査手続に関するルールを確認する必要がある場合には，基本的に本書が1冊あれば事足りるようにしたつもりである。

　また，手続の内容をしっかり理解するためには，その手続がそもそもどのような経緯や理由で設けられたのかということも併せて知っておくことが有効である。そこで本書では，それぞれの手続の制度趣旨についてもできるだけ丁寧に解説するよう心掛けた。さらに，視覚的な分かりやすさに配慮して，図表を多用した。

　ところで，昨今のコロナ禍によって，現在は，基本的に対面で行わなければならない税務調査がほとんど機能不全に陥ってしまっているようだ。この現状は，冒頭述べたことに鑑みれば，申告納税制度の危機に瀕してしまっているのではないかと憂慮しているところである。いずれにせよ，かような現状のもとで本書を出版することに若干の迷いもあったのだが，むしろ税務調査がほとんど行われていない時に，改めて落ち着いてその手続の内容を確認しておくことも有意義ではないかと前向きに考えることにした次第である。

　なお，本書の企画から編集作業全般について，今回も㈱日本法令の竹渕学氏に大変お世話になった。記して謝意を表する。

　　令和3年7月12日
　　　香川大学の研究室から梅雨に煙る峰山を臨みつつ

青　木　　丈

目　次

第1章　税務調査手続の概要〜総説

第2章　事前通知

第3章　実地の調査

第6章　不服申立手続の概要

参考資料

凡　例

　本書における法令等は、特に断りのない限り、令和5年10月1日現在の内容によっている。

　また、主な法令や文献等の引用については、かっこ内等において以下の略語によっている。

＜法令等＞

日本国憲法	憲法＊
国税通則法	通則法
所得税法	所法
法人税法	法法
相続税法	相法
消費税法	消法
印紙税法	印法
租税特別措置法	措法
行政不服審査法	行審法
行政手続法	行手法
行政事件訴訟法	行訴法
行政手続における特定の個人を識別するための番号の利用等に関する法律	番号法＊
個人情報の保護に関する法律	個人情報保護法
内国税の適正な課税の確保を図るための国外送金等に係る調書の提出等に関する法律	国外送金等調書提出法
電子計算機を使用して作成する国税関係帳簿書類の保存方法等の特例に関する法律	電帳法
経済社会の構造の変化に対応した税制の構築を図るための所得税法等の一部を改正する法律	平成23年12月改正法＊
国税通則法施行令	通則令
行政手続における特定の個人を識別するための番号の利用等に関する法律施行令	番号令

国税通則法施行規則	通則規
所得税法施行規則	所規
税理士法施行規則	税理士規
電子計算機を使用して作成する国税関係帳簿書類の保存方法等の特例に関する法律施行規則	電帳規
国税通則法第7章の2（国税の調査）等関係通達（法令解釈通達）	調査通達＊
不服審査基本通達（国税庁関係）	審通（庁）
不服審査基本通達（国税不服審判所関係）	審通（審）
電子帳簿保存法取扱通達	電帳通達
調査手続の実施に当たっての基本的な考え方等について（事務運営指針）	調査指針＊
個人課税部門における書面添付制度の運用に当たっての基本的な考え方及び事務手続等について（事務運営指針）	書面添付指針
申告所得税及び復興特別所得税の過少申告加算税及び無申告加算税の取扱いについて（事務運営指針）	加算税指針（所）
法人税の過少申告加算税及び無申告加算税の取扱いについて（事務運営指針）	加算税指針（法）
相続税、贈与税の過少申告加算税及び無申告加算税の取扱いについて（事務運営指針）	加算税指針（相）
消費税及び地方消費税の更正等及び加算税の取扱いについて（事務運営指針）	加算税指針（消）
源泉所得税及び復興特別所得税の不納付加算税の取扱いについて（事務運営指針）	不納付加算税指針＊
申告所得税及び復興特別所得税の重加算税の取扱いについて（事務運営指針）	重加算税指針＊
税務調査手続に関するFAQ（一般納税者向け）	FAQ（一般）＊
税務調査手続に関するFAQ（税理士向け）	FAQ（税理士）
税務調査手続等に関するFAQ（職員用）【共通】（TAINS：税務調査手続等FAQR040600共通）	FAQ（職員）＊

＊は本文中でも使用。

〔例〕 国税通則法第74条の9第3項第1号 ➡ 通則法74の9③一

＜文献等＞

国税庁課税総括課『質問応答記録書作成の手引』（平成25年6月）（TAINS：H250626課税総括課情報）	手引（平25）＊
国税庁課税総括課「質問応答記録書作成の手引」（令和2年11月）（TAINS：課税総括課情報 R021120-03）	手引（令2）＊
志場喜徳郎ほか共編『国税通則法精解』（大蔵財務協会、令和4年改訂、2022）	精解
山下和博編『国税通則法（税務調査手続関係）通達逐条解説』（大蔵財務協会、平成30年版、2017）	通達逐条
各年度の「税制改正の解説」（財務省ウェブサイト）	平（令）○改正解説

＊は本文中でも使用。
（注）　このうち、精解、通達逐条及び改正解説については書籍であるが国税通則法や通達の立案担当者の執筆による解説書であるため、法令等にならって、本文中のかっこ（　）内で引用を示している。

＜参考文献＞

上記の他、主に以下の文献を参考にした。

① 青木丈『新しい国税不服申立制度の理論と実務』（ぎょうせい、2016）

② 青木丈『租税法令の読み方・書き方講座』（税務経理協会、2018）

③ 青木丈「租税手続法講座」税理（ぎょうせい）誌上で連載中

④ 金子宏『租税法』（弘文堂、第24版、2021）

⑤ 川田剛『基礎から身につく国税通則法』（大蔵財務協会、令和5年度版、2023）

⑥ 木山泰嗣『国税通則法の読み方』（弘文堂、2022）

⑦ 黒坂昭一・佐藤謙一編著『図解 国税通則法』（大蔵財務協会、令和4年版、2022）

⑧ 酒井克彦監修『税理士のための税務調査・電子帳簿保存法ガイドブック』（税務経理協会、2023）

⑨ 税務大学校講本『国税通則法（令和5年度版）』（国税庁ウェブサイト、2023）

⑩　武田昌輔監修『DHC コンメンタール国税通則法』（第一法規、加除式、1982）

⑪　日本弁護士連合会・日弁連税制委員会編『国税通則法コンメンタール　税務調査手続編』（日本法令、2023）

⑫　野一色直人『国税通則法の基本 その趣旨と実務上の留意点』（税務研究会出版局、2020）

第 1 章

税務調査手続の概要
～総　説

本章では、税務調査に係る一連の規定が国税通則法に整備された平成23年
12月改正の趣旨を確認し、それをもとに税務調査の意義を考えてみよう。
　また、税理士が調査に立ち会うために必要不可欠な「税務代理権限証書」
のポイントについても解説しておこう。

I 税務調査手続を法定する意義

　税務調査にまつわる手続が現行法令に整備されたのは、国税通則法の「制定以来、最大の見直し」[*1]といわれた平成23年12月の税制改正においてである[*2]。そして、同改正において税務調査手続が同法上に整備された趣旨は、第一義的には法に基づく適正手続保障（Due process of law）の要請に応えるためのものであるといえるが、より具体的にいえば、次の２点に集約できる（精解942頁参照）。

〈税務調査手続が国税通則法上に整備された趣旨〉
適正手続保障の要請に応えるために…
❶　各個別租税法に置かれていた質問検査権に関する規定を集約し、国税通則法において横断的に整備するとともに、質問検査において、課税庁は納税義務者に対して、帳簿書類その他の物件の提示・提出を求めることができることを法律上明確化すること。
❷　運用上行われていた一連の税務調査手続について、明確化・法制化を図ること。

　この改正によって、国税通則法に新たな第７章の２（国税の調査）が挿入された。現在の同章の内容は、次のとおりである。

---

*1　「平成23年度税制改正大綱」（平成22年12月16日閣議決定）５頁。
*2　平成23年12月の国税通則法改正の経緯については、青木丈「国税通則法抜本改正（平成23〜27年）の経緯」青山ビジネスロー・レビュー５巻２号（2016）１頁以下、三木義一「国税通則法改正の経緯とその真の内容」日本弁護士連合会・日弁連税制委員会編『国税通則法コンメンタール 税務調査手続編』（日本法令、2023）２頁以下で、詳しく分析されている。

〈第7章の2　国税の調査〉

※（❶）及び（❷）は、上記趣旨の❶・❷と対応している。

○当該職員の調査等に係る質問検査権（❶）

　　　74条の2：所得税・法人税・地方法人税・消費税

　　　74条の3：相続税・贈与税・地価税

　　　74条の4：酒税

　　　74条の5：たばこ税・揮発油税・地方揮発油税・石油ガス税・

　　　　　　　　石油石炭税・国際観光旅客税・印紙税

　　　74条の6：航空機燃料税・電源開発促進税

○74条の7：提出物件の留置き（❷）

○74条の7の2：特定事業者等への報告の求め（仮想通貨取引等への

　対応）

○74条の8：権限の解釈（❶）

○74条の9：納税義務者に対する調査の事前通知等（❷）

○74条の10：事前通知を要しない場合（❷）

○74条の11：調査の終了の際の手続（❷）

○74条の12：当該職員の事業者等への協力要請（❶）

○74条の13：身分証明書の携帯等（❶）

○74条の13の2：預貯金者等情報の管理（マイナンバー関係）

○74条の13の3：口座管理機関の加入者情報の管理（同上）

○74条の13の4：振替機関の加入者情報の管理等（同上）

　このうち、74条の2〜74条の6（当該職員の調査等に係る質問検査権）、74条の8（権限の解釈）、74条の12（当該職員の事業者等への協力要請）及び74条の13（身分証明書の携帯等）については、上記〈税務調査手続が国税通則法上に整備された趣旨〉で掲げた❶に対応する部分である。

　まず74条の2〜74条の6（当該職員の調査等に係る質問検査権）に、各税目の質問検査権に関する規定が横断的に置かれており、それぞれの規定において、国税庁、国税局もしくは税務署（以下「国税庁

等」という）又は税関（以下「税務署等」という）の職員が納税義務者に対して帳簿書類その他の物件の提示・提出を求めることができることも定められている。なお、これらの規定に基づく「当該職員の質問に対して答弁せず、若しくは偽りの答弁をし、又はこれらの規定による検査、採取、移動の禁止若しくは封かんの実施を拒み、妨げ、若しくは忌避した者」及び「物件の提示又は提出の要求に対し、正当な理由がなくこれに応じず、又は偽りの記載若しくは記録をした帳簿書類その他の物件（その写しを含む。）を提示し、若しくは提出した者」については、1年以下の懲役又は50万円以下の罰金に処するとする罰則規定も別途第10章に置かれている（通則法128二・三。両罰規定は通則法130）。

また、74条の8（権限の解釈）は、上述の質問検査の権限について「犯罪捜査のために認められたものと解してはならない」とする解釈規定である。これについても、上述の質問検査権に関する規定と同様に、改正前に各個別租税法に置かれていた規定を国税通則法に集約したものである。この解釈規定の対象には、後述の物件の留置き（通則法74の7）及び特定事業者等への報告の求め（通則法74の7の2）の権限も含まれている。

さらに、74条の12（当該職員の事業者等への協力要請）は、調査における事業者（特別の法律により設立された法人を含む）又は官公署への協力要請についての規定であり、74条の13（身分証明書の携帯等）は、質問検査権を行使する際の身分証明書（＝質問検査章）の携帯及び提示についての規定である。この二つの条についても、上述の質問検査権等に関する規定と同様に、各個別租税法に置かれていた規定を集約して、同法において横断的に整備されたものである。

一方、これまで掲げた各条以外の規定は、基本的に、上記〈税務調査手続が国税通則法上に整備された趣旨〉で掲げた❷に対応する部分である。

まず、74条の7（提出物件の留置き）は、改正前に調査実務の運用上行われていた物件の預り・返還等について明確化した規定である。

同条では改正前の運用上の「預り」を「留置き」と規定するのみであるが、返還等については政令に根拠規定が置かれている（留置き時の書面の交付義務については通則令30の3①、返還義務については同条②、善管注意義務については同条③）。

次に、74条の9（納税義務者に対する調査の事前通知等）は調査の事前通知の義務規定であり、74条の10（事前通知を要しない場合）はその例外を定めている。そして、74条の11（調査の終了の際の手続）は、調査を終了する際の手続について規定している。

最後に74条の7の2（特定事業者等への報告の求め）と74条の13の2（預貯金者等情報の管理）〜74条の13の4（振替機関の加入者情報の管理等）については、平成23年12月の改正よりも後の改正で挿入されている条文であるため、❶と❷のいずれも付していない。

このうち、まず74条の7の2（特定事業者等への報告の求め）については、近年、仮想通貨取引やインターネットを通じた業務請負の普及など経済取引の多様化・国際化が進展していることから、こうした経済取引の健全な発展を図る観点からも、適正な課税を確保することが重要であるとの趣旨により、令和元（平成31）年度税制改正によって創設された制度である。その内容としては、納税義務者が自主的に簡便・正確な申告等を行うことができる利便性の高い納税環境を整備するとともに、高額・悪質な無申告者等の情報を課税庁が照会するための仕組みが整備されている。

また、①74条の13の2（預貯金者等情報の管理）、②74条の13の3（口座管理機関の加入者情報の管理）及び③74条の13の4（振替機関の加入者情報の管理等）については、税務調査における金融機関や証券会社等への照会等にマイナンバー制度を利用しようとするもので、①は平成28年度税制改正によって、②及び③は令和元（平成31）年度税制改正によって創設されたものである。

Ⅱ 確定手続の流れ

　次に、申告納税方式による確定手続の一連の流れの中で税務調査手続がどのような位置付けになるのか、確認しておこう。

　図表1−1は、申告納税方式による国税の確定手続の流れを示した俯瞰図である。

■図表1−1　国税の確定手続（申告納税方式）の流れ（主なもの）

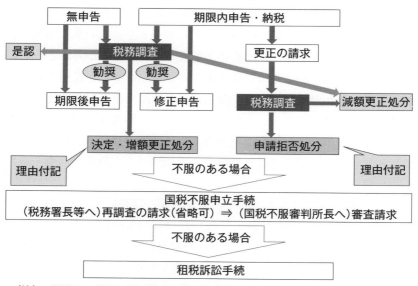

（注）　網掛けの箇所は、課税庁による行為を示している。

　このうち、本書の主題となる手続である税務調査を強調して示しているが、調査終了時に行われる修正申告等の勧奨、そしてその勧奨に応じない場合になされることになる各種処分及びそれに伴う理由付

記、さらにそれらの処分に不服がある場合に行うことになる不服申立手続の概要などについても、本書では解説の対象としている。なお、不服申立手続を経てその結果になお不服がある場合に行うこととなる租税訴訟手続については、税理士が補佐人としてこの手続に関与する際には必ず「弁護士である訴訟代理人とともに」出廷しなければならないので（税理士法２の２①）、補佐人たる税理士はかかる手続については（その道のプロである）弁護士のアドバイスに従えばよいため、本書では解説しないこととしている。

III 税務調査手続の流れ

　ここでは、税務調査手続の流れを俯瞰的に確認しておこう。

■図表1-2　税務調査手続の流れ（イメージ）

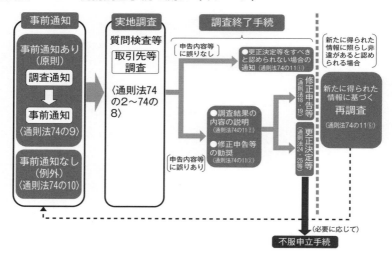

　図表1-2で示したように、一連の税務調査手続は、①事前通知➡②実地の調査➡③調査終了手続の3段階に大きく区分することができる。そこで本書においても、この①について**第2章**、②について**第3章**、③について**第4章**、③に伴って課されることになる附帯税について**第5章**において詳しい解説をし、その後の不服申立手続の概要について**第6章**において解説するという具合に、税務調査手続の流れに沿って解説を進める構成としている。

　上記**I**で述べたように、国税通則法に税務調査手続に関する規定が整備された趣旨の一つに、一連の税務調査手続について明確化・法制

化を図ることがあったのだが、この趣旨に基づいて、調査のスタートからゴールまでの一連の手続の根拠規定が設けられているというわけである。この調査のスタートとは事前通知（通則法74の9。事前通知を要しない場合につき通則法74の10）であり、ゴールとは調査終了の際の手続（通則法74の11）のことである。そして、調査が終了するには、①いわゆる是認（図表1－2では「更正決定等をすべきと認められない場合の通知」）、②修正申告・期限後申告（図表1－2では「修正申告等」）、③更正決定等の三つのゴールのうちのどれかに必ず行き着くことになり、いずれの終了手続も法令に明確に規定されている。

　また、一連の調査手続が完全に終結した後においても、新たに得られた情報に照らし非違があると認められる場合に限って、例外的に、再び振出しに戻って質問検査等を行うこと（これは、一般的に「再調査」と称されている）ができることとされている（通則法74の11⑤）。

　以下では、上述のスタートとゴールの手続の概要について解説しておこう。

① 事前通知の概要

　実地の調査を行う場合、原則として、あらかじめ納税義務者（税務代理人がある場合には、その税務代理人を含む）に事前通知をしなければならない（通則法74の9）。この事前通知に先立って納税義務者や税務代理人の都合を聴取する際に、併せて調査通知が行われる（FAQ（職員）問1－1）。ここで「調査通知」とは、実地の調査を行う旨、調査対象税目及び調査対象期間の通知をいう（通則法65⑤かっこ書）。

　ただし、納税義務者の申告や過去の調査結果の内容又はその営む事業内容に関する情報その他税務署等が保有する情報に鑑みて、違法・不当な行為を容易にし、正確な課税標準等又は税額等の把握を困難にするおそれその他国税に関する調査の適正な遂行に支障を及ぼすおそれがあると国税庁長官、国税局長もしくは税務署長又は税関長（以下

「税務署長等」という）が認める場合には、事前通知を要さないこととされている（通則法74の10）。

② 調査終了手続の概要

調査終了手続については、図表1－2に示したように、(1)**申告内容等に誤りのない場合**と、(2)**申告内容等に誤りのある場合**で、区分される。

(1) 申告内容等に誤りのない場合

税務署長等は、国税に関する実地の調査を行った結果、その申告内容等に誤りがないため更正決定等をすべきと認められない場合には、納税義務者に対して、「その時点において更正決定等をすべきと認められない」旨を書面（＝いわゆる是認通知書）により通知しなければならない（通則法74の11①）。

(2) 申告内容等に誤りのある場合

調査を行った結果、その申告内容等に誤りがあるため更正決定等をすべきと認められる場合には、税務署等の調査担当職員は、納税義務者に対して、その調査結果の内容（更正決定等をすべきと認めた額及びその理由を含む）を説明しなければならない（通則法74の11②）。

そしてその説明の際、調査担当職員は、納税義務者に対して、修正申告又は期限後申告を勧奨することができ、この場合、「その勧奨に納税義務者が応じて修正申告書等を提出したときには、不服申立てをすることはできないが更正の請求をすることはできる」旨を説明するとともに、その旨を記載した書面を交付しなければならない（通則法74の11③）。

また、その勧奨に納税義務者が応じない場合には、税務署長により更正決定等がなされることになる（通則法24、25等）。

Ⅳ 税務調査の意義

　ここでは税務調査の意義を確認するが、まずは念のために、その法的性格を確認することからはじめよう。

１　税務調査の法的性格

　そもそも、税務調査には任意調査と強制調査[*3]とがあり、本書で扱っているのは前者である。そして、この任意調査は、さらに「純粋な任意調査」（＝納税義務者に対して罰則等の不利益を伴わない任意の税務調査）と「間接強制を伴う任意調査」とに区分することができる[*4]。

■図表１－３　任意調査と強制調査

税務調査
- 任意調査
  - 純粋な任意調査
  - 間接強制を伴う任意調査（＝本書の対象）
- 強制調査＝租税犯則調査

＊3　「強制調査」とは、国税通則法第11章（犯則事件の調査及び処分。通則法131〜160）に基づき、裁判所の発する令状により、臨検・捜索及び証拠物又は没収すべき物件の差押え等をする租税犯則調査をいう（通則法132①。金子宏『租税法』（弘文堂、第24版、2021）1157〜1158頁参照）。

このうち、本書で扱っている税務調査は、基本的に「間接強制を伴う任意調査」である。すなわち、国税通則法74条の２～74条の６に規定される質問検査権（以下、単に「質問検査権」という）は、「国税の適正な課税、徴収、納付を実現することを目的とするものであり、当該職員の質問検査を実効あらしめるため、質問に対する不答弁・虚偽答弁や検査妨害等の行為を犯罪として処罰することとし、間接的に正当な答弁や検査の受忍を強制するもの」（精解1412頁）と理解されているのである[5]。

　もっとも、ここで「犯罪として処罰すること」とされている罰則（＝質問検査拒否妨害等罪（通則法128二）。**第３章Ⅰ 6 参照**）は、現状として、実際の課税実務ではほとんど適用されることはなく[6]、機能不全に陥っているという問題がある。このように、間接強制を担保する罰則が機能していないということは、現状では、質問検査権が行使される税務調査は、事実上は「純粋な任意調査」に区分されるものと考えることもできるかもしれない。しかし、課税庁が、本来制裁制度ではない実体的な課税制度であるはずの必要経費、損金又は仕入税額控除の否認によって事実上の調査拒否に対する制裁としての威嚇力を発揮させているという現状がある[7]。また、令和４年度税制改正で、税務調査で帳簿を提示しなかった場合等に加算税を10％加重する措置が講じられている（改正通則法65④、66④。令和６年１月１日

＊４　「純粋な任意調査」と「間接強制を伴う任意調査」については、野一色直人『国税通則法の基本 その趣旨と実務上の留意点』（税務研究会出版局、2020）37頁参照。

＊５　金子前掲＊３・995頁にも同旨の説明があり、これは一般的な理解であるといってよい。

＊６　昭和50年代以降に適用された事案は見受けられないとされている（齋藤文雄「質問検査権を巡る諸問題－質問検査に対する受忍義務の履行確保のための方策を中心として－」税務大学校論叢50号（2006）185～186頁参照）。また、かつて高松国税局長であった品川芳宣名誉教授は、このような罰則について、「最近の課税実務において立件されることが殆どない」（品川『国税通則法の理論と実務』（ぎょうせい、2017）463頁）と述べている。

＊７　調査拒否に対する罰則が機能不全に陥っていることやかかる現状につき、青木丈「法128条罰則(3)～質問検査拒否妨害等罪等」日本弁護士連合会・日弁連税制委員会編『国税通則法コンメンタール　税務調査手続編』（日本法令、2023）515～519頁参照。

以後に法定申告期限等が到来する国税について適用。**第5章Ⅳ3**参照）。したがって、調査拒否に対する罰則が機能していないといっても、事実上の調査拒否に対する制裁は機能しているといえるので、質問検査権が行使される税務調査（以下、単に「税務調査」という）を事実上「純粋な任意調査」と位置付けることはできまい。

2 税務調査の意義

　それでは、「税務調査」とはどのような意味なのであろうか。そもそも「税務調査」は法令上は用いられておらず、実務上の用語である。法令上は単に「調査」という用語が用いられているわけだが、その意義については、明文の定義規定は置かれていない。そこでここでは、この意義について言及している裁判例や通達の定めを確認しよう。

　なお、調査で行われる「質問検査等」という用語の意義については、国税通則法上、「第74条の2から第74条の6まで（当該職員の質問検査権）の規定による質問、検査又は提示若しくは提出の要求」をいうものと定義付けられている（通則法74の9①柱書かっこ書）（図表1－4）。

■図表1－4　質問検査等とは…

「第74条の2から第74条の6まで（当該職員の質問検査権）の規定による質問、検査又は提示若しくは提出の要求」をいう（通則法74の9①柱書かっこ書）。

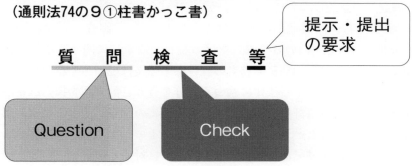

(1)　「調査」の意義について言及した裁判例

　これまで確認してきたように、「国税の調査」については、国税通則法第7章の2（通則法74の2〜74の13の4）に一連の手続に関する規定が置かれている。また、同法には、同章のほかにも、24条（更正）、25条（決定）、32条（賦課決定）等の多くの規定中に「調査」という用語が使われている。もっとも、前述のように同法上に「調査」の定義規定は置かれていない。

　この点、裁判例では、「通則法24条（更正）の調査とは、課税標準等又は税額等を認定するに至る一連の判断過程の一切を意味するものと解せられ、課税庁の証拠資料の収集、証拠の評価あるいは経験則を通じての要件事実の認定、租税法その他の法令の解釈を経て更正処分に至るまでの思考、判断を含む極めて包括的な概念である」と解されている（広島地判平成4年10月29日税資193号274頁（同控訴審の広島高判平成7年12月12日税資214号729頁及び同上告審の最判平成9年2月13日税資222号450頁も同旨））。

(2)　通達の定め

　平成23年12月の税制改正によって国税通則法に第7章の2（国税の調査）が設けられたことに伴い制定された調査通達では、同法24条の規定における「調査」と第7章の2における「調査」は基本的に同義であると考えられることから、上記の裁判例の考え方を踏まえて、「調査」の意義について、次のように定められている。

　すなわち、国税通則法第7章の2において、「調査」とは、国税（通則法74の2〜74の6までに掲げる税目に限る）に関する法律の規定に基づき、特定の納税義務者の課税標準等又は税額等を認定する目的その他国税に関する法律に基づく処分を行う目的で調査担当職員が行う一連の行為（証拠資料の収集、要件事実の認定、法令の解釈適用など）をいうこととされている（調査通達1−1(1)）。この調査には、処分後の救済手続である「再調査の請求」に対する決定や申請等（例

えば、青色申告の承認申請）に対する審査のために行われる一連の行為が含まれる（調査通達1－1⑵）。また、この「調査」に該当する行為であっても、次に掲げるような一連の行為のうち納税義務者に対して質問検査等を行わないものは、同法74条の9から74条の11まで（納税義務者に対する調査の事前通知等、事前通知を要しない場合、調査の終了の際の手続）の規定は適用除外となることとされている（調査通達1－1⑶）。

〈調査の事前通知や終了手続の対象外となる行為の例〉

① 更正の請求に対して部内の処理のみで請求どおりに更正を行う場合の一連の行為

② 修正申告書・期限後申告書の提出又は源泉徴収に係る所得税の納付があった場合において、部内の処理のみで更正・決定又は納税の告知があるべきことを予知してなされたものには当たらないものとして過少申告加算税、無申告加算税又は不納付加算税の賦課決定を行うときの一連の行為

⑶ 調査と質問検査等の関係

　以上の通達の定めから、税務調査には、質問検査等が伴うものとそうでないものの2種類があることが分かる（図表1－5）。

　図表1－5の②は課税庁の部内処理のみで一連の行為が終了する調査であるから、税務調査手続という観点から税理士の実務上問題となることはない。

■図表1－5　二つの税務「調査」

通則法７章の２における
「調査」

①質問検査等を行う調査
（調査通達１－１(1)・(2)）

・更正決定等を目的とする一連の
行為のほか、再調査決定や申請
等の審査のために行う一連の行
為も含まれる。

②質問検査等を行わない調査
（調査通達１－１(3)）

・更正の請求に対して部内の処理
のみで請求どおりに更正を行う
場合など。

通則法74の９～74の11（事前通知
等・調査終了手続）は適用除外。

　これに対して①は、納税義務者や税理士と課税庁の職員が直接接触する「調査」であるから、重要である。この納税義務者・税理士と課税庁の職員が接触する手続としては、ここで扱った「調査」のほかに「行政指導」というものがある。この行政指導は調査とは違い、国税通則法第７章の２の規定が基本的に適用されないので、両者の峻別が実務上は重要である。そこで次の**V**では、その問題をとりあげることとする。

(4)　実地の調査の意義

　以上のように、税務調査には質問検査等を行うものとそうでないものの２種類がある。このうち質問検査等を行う調査は、さらに「実地の調査」と「実地外の調査」＊8に分類される（図表１－６）。

＊8　法令上は「実地外の調査」という用語はないが、ここでは便宜上このように呼称している。

■図表1－6　税務調査の類型

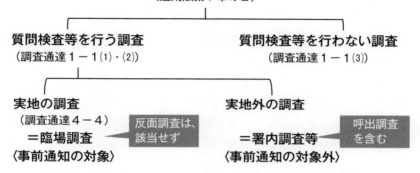

それでは、「実地の調査」とは、具体的に何を意味するのだろうか。これについて、通達で次のように定められている（調査通達4－4）。

〈「実地の調査」の意義〉
　「実地の調査」とは、国税の調査のうち、調査担当職員が納税義務者の支配・管理する場所（事業所等）等に臨場して質問検査等を行うものをいう。

　要は、「実地の調査」とは、いわゆる臨場調査のことを指すということである。なお、通達には「納税義務者の支配・管理する場所（事業所等）等」とされているが、税理士などの税務代理人（通則法74の9③二。**第2章Ⅲ2参照**）の事務所で行われる税務調査についてもこれに含まれることになる。
　一方、税務署から呼び出されて行われるようないわゆる呼出調査を含む署内調査については、臨場調査ではないので、「実地の調査」には該当しない。
　これに関連して、納税義務者の事務所に臨場して調査が行われる予

定であったが、納税義務者の都合により税務署内で調査が行われたような場合（納税義務者による調査開始場所の変更の求めが認められた場合（**第2章Ⅵ10(2)**参照））については、納税義務者の事務所に臨場する予定であったとしても、結果として、税務署内で調査を行ったのであれば、その調査は「実地の調査」には該当しないこととされている（FAQ（職員）問1-59）。

　同様に、いわゆる反面調査についても、当該納税義務者の支配・管理する場所で行われるわけではないので、「実地の調査」には該当しない。　なお、事前通知や一部の調査終了手続については、その対象が「実地の調査」に限定されている。

(5)　税務調査手続上の瑕疵がその後の処分に与える影響

　上記**Ⅰ**で述べたように、平成23年12月の税制改正において国税通則法第7章の2に「国税の調査」に係る一連の規定が整備された。同改正前は、税務調査の具体的な手続は法定されず運用に委ねられていたのである。したがって、同改正によって、税務調査手続に係る適正手続の保障（due process of law）が実現したと捉えれば、法定された税務調査手続（これについては、**第2章**以下で詳しく解説する）に瑕疵があった場合には、その後の課税処分に何らかの影響を与えることになってしかるべしと考えることもできる*9。

　しかし、これについては、平成23年12月改正前後で裁判所の判断に変わりはなかった。すなわち、東京高判平成3年6月6日訟月38巻5号878頁（以下「平成3年判決」という）が示した次のような判断枠組みが、改正後の裁判例においても踏襲され続けていたのである（例えば、調査結果の内容説明がなされなかった事例として横浜地判令和元年9月18日税資269号-90（順号13313）及び東京高判令和元年11月

＊9　調査手続の違法と課税処分の関係については、舘彰男「法第7章の2　税務調査　概論」日本弁護士連合会・日弁連税制委員会編『国税通則法コンメンタール　税務調査手続編』（日本法令、2023）173～185頁参照。

6日税資269号－114（順号13337）、事前通知の瑕疵について加算税の賦課決定処分に係る事例として東京高判令和2年3月4日税資270号－29（順号13389））。

〈平成3年判決が示した判断枠組み〉
「調査手続の単なる瑕疵は更正処分に影響を及ぼさないものと解すべきであり、調査の手続が刑罰法規に触れ、公序良俗に反し又は社会通念上相当の限度を超えて濫用にわたる等重大な違法を帯び、何らの調査なしに更正処分をしたに等しいものとの評価を受ける場合に限り、その処分に取消原因があるものと解するのが相当である。」

ところが、最近、この平成3年判決の判断枠組みを否定し、新たな解釈を示した裁判例が現れた。すなわち、東京高判令和4年8月25日TAINS Z888－2477（以下「令和4年判決」という）*10は、原判決（宇都宮地判令和3年12月23日税資271号－147（順号13649）が示した平成3年判決を踏襲する判断枠組みを削除し、平成23年12月改正の趣旨に照らして調査結果の内容説明（通則法74の11②。**第4章Ⅲ[1]参照**）がなされなかった場合について次のような新たな判断枠組みを示したのである。

〈令和4年判決が示した新たな判断枠組み〉
「国税については、納付すべき税額が納税者のする申告により確定することを原則とする納税申告方式が採用されているところ、従前から、実務においては、調査により非違が発見された場合、税務当局が更正決定等により是正する前に、まずは納税者による自発的な修正申

*10　評釈として、倉見智亮・新・判例解説 Watch 租税法176号（2023）1頁以下、木山泰嗣・税理66巻7号（2023）120頁以下、青木丈・税務 QA257号（2023）59頁以下参照。

告等を促すことが望ましいという観点から、修正申告等の勧奨が行われてきた。上記規定〔著者注：通則法74の11①〜③〕は、税務当局の納税者に対する説明責任を強化する観点から、調査終了の際の手続について、実務上行われてきた運用上の取扱いを法令上明確化したものである。この改正の趣旨からすると、税務当局が国税に関する調査結果の内容について納税者に対する説明責任を果たさず、その結果、自ら納税義務の内容の確定を行う意思のある納税義務者の修正申告等の機会が実質的に失われたと評価される事案については、税務当局による説明義務が定められた趣旨に反するものとして、当該手続を経てされた課税処分を違法な処分として取り消すべき場合があると解される。」

　このように、まず令和４年判決が平成３年判決の判断枠組みを明確に否定したことは、平成23年12月改正によって税務調査手続が法定されたことを積極的に捉え、適正手続の保障を尊重する姿勢を示したものと評価することができよう。この射程は、基本的に、法定されている税務調査手続全般に及ぶものと考えて差し支えないだろう。

　また、令和４年判決が示した新たな判断枠組みは、やはり法定された手続規定の趣旨に照らして、申告納税制度を前提とする調査終了手続における課税庁の説明責任を認めるものであり、本件の認定事実を当てはめた結論の妥当性はさておき[11]、納税義務者の手続的な権利救済の機会を拡げたものとして評価することができよう。そして、この判断枠組みは、令和４年判決で争われた調査結果の内容説明（通則法74の11②）に関するものだが、今後は、これ以外の税務調査手続

---

*11　令和４年判決は、かかる判断枠組みを本件の認定事実に当てはめると、「本件調査の手続が前記通則法74条の11の趣旨に反するものであったとは認められない」ので、「控訴人に対して本件調査結果の内容説明が行われなかったことが、本件各処分の取消事由になるとは認められない」と結論づけ、納税義務者は敗訴している（納税義務者は上告せず、確定）。

（事前通知（通則法74の9、74の10）や提出物件の留置き（通則法74の7）等）の瑕疵による課税処分の効力についても、同様の観点による解釈が示されることが期待される。

税務調査と似て非なる「行政指導」

　税務署から納税義務者に対して、「申告内容のお尋ね」というような文書が届くことがある。これによって、税務署は納税義務者の申告内容の当否を確認するのだが、これは、これまで解説してきた「税務調査」とは別の手続で、「行政指導」に該当する。

税務調査　≠　行政指導

---

① 行政指導の意義

　「行政指導」とは、「行政機関がその任務又は所掌事務の範囲内において一定の行政目的を実現するため特定の者に一定の作為又は不作為を求める指導、勧告、助言その他の行為であって処分に該当しないもの」をいう（行手法２六）。

　行政機関が行政指導をする際のルールについては、行政手続法第４章（行手法32〜36の２）に一連の根拠規定が置かれている。そこではまず、次の内容の一般原則が定められている（行手法32）。

〈行政指導の一般原則〉
(1)　行政指導に携わる者は、次の２点に留意しなければならない。
　①　いやしくもその行政機関の任務又は所掌事務の範囲を逸脱してはならないこと。
　②　行政指導の内容があくまでも相手方の任意の協力によってのみ

実現されるものであること。

(2) 行政指導に携わる者は、その相手方が行政指導に従わなかったことを理由として、不利益な取扱いをしてはならない。

また、行政手続法第4章には、この一般原則のほか、次に掲げる諸規定が置かれている。

〈行政指導に係る諸規定〉

(1) 申請に関連する行政指導（行手法33）

(2) 許認可等の権限に関連する行政指導（行手法34）

(3) 行政指導の趣旨、内容、責任者、根拠法令等の明示（行手法35①・②）

(4) 行政指導の中止等の求め（行手法36の2）

② 国税に関する行政指導に対する適用除外

国税に関する行政指導についても、これまで示してきた行政手続法上の諸規定が適用される。ただし、次に掲げるものについては、適用除外とされている（行手法3①十四、通則法74の14②）。

〈適用除外とされる国税に関する行政指導〉

(1) 税務調査に関連する行政指導

(2) 行政指導に係る書面の交付

(3) 複数の者を対象とする行政指導

このうち、まず(1)について、税務調査に係る質問検査権の行使（通則法74の2等）は、概念上は行政指導に該当するのだが[*12]、行政手続法3条1項14号の「その他その職務の遂行上必要な情報の収集を直

接の目的としてされる」行政指導に該当するため、適用除外である*13。

　また、(2)及び(3)については、行政手続法には「行政指導に係る書面の交付」（行手法35③）及び「複数の者を対象とする行政指導」（行手法36）に係る規定も置かれているのだが、この二つの規定を適用してしまうと、「税務行政全体の遂行上真に支障となる特別の事情が存すると言わざるを得ないことから」（精解1051頁）、国税に関する法律に基づく納税義務の適正な実現を図るために行われる行政指導については、適用除外とされている（通則法74の14②）。

③　行政指導の二つの類型

　ところで、行政指導には、①法律に根拠を有するものと、②法律に根拠を有しないものの2種類がある。

行政指導 {
　①　法律に根拠を有するもの（例：修正申告等の勧奨）

　②　法律に根拠を有しないもの（例：お尋ね文書）

　国税に関する行政指導では、例えば、税務調査終了の際の修正申告・期限後申告（以下、Ｖにおいて「修正申告等」という）の勧奨（通則法74の11③）が①に該当し、上記Ｖの冒頭に述べたお尋ね文書が②に該当する。

＊12　髙木光ほか『条解 行政手続法』〔須田守〕（弘文堂、第2版、2017）95頁参照。

＊13　行政管理研究センター編『逐条解説 行政手続法』（ぎょうせい、改正行審法対応版、2017）84頁参照。

④ 行政指導の中止等の求め

法律に根拠を有する行政指導を受けた者が、その行政指導がその法律に規定する要件に適合しないと思料するときは、その行政指導をした行政機関に対し、その旨を申し出て、その行政指導の中止その他必要な措置をとることを求めることができることとされている（行手法36の２）。これを「行政指導の中止等の求め」という。

行政指導の中止等の求めは、国税に関する行政指導にも適用されるので、上述の修正申告等の勧奨に際して、その勧奨が違法であると納税義務者が思料する場合には、行政指導の中止等の求めを行う余地がある[14]。ただし、その行政指導が相手方について弁明その他意見陳述のための手続を経てされたものである場合には行政指導の中止等の求めはできないこととされているので（行手法36の２①ただし書）、その勧奨の際に意見聴取の機会が与えられた場合[15]には、行政指導の中止等の求めは不可となるものと解される[16]。

もっとも、修正申告等の勧奨が違法・不当と思われる場合であっても、税務調査に立ち会う税理士としては、行政指導の中止等の求めという手続を採るまでもなく、調査の過程で調査担当職員や税務署長等との折衝により解決を図ることが現実的であるといえるだろう[17]。

---

[14] 修正申告等の勧奨の際に「行政指導の中止等の求め」の書面が提出された場合の課税庁の対応については、FAQ（職員）問４−34（本書362〜363頁）参照。

[15] 修正申告等の勧奨の際の意見聴取の具体例については、FAQ（職員）問４−35（本書363頁）参照。

[16] この点、精解1052頁（注二）では、「修正（期限後）申告の勧奨は（…中略…）行政指導に該当するが、勧奨の際には相手方の意見を聴取して行われることから『弁明その他意見陳述の手続を経てされた場合』に該当するため、この行政指導の中止等を求めることができる規定は適用されない」と述べられている。

[17] 青木丈『新しい国税不服申立制度の理論と実務』（ぎょうせい、2016）35頁参照。

⑤ 行政指導と税務調査の違い

　申告納税制度の下、特に確定手続においては、課税庁と納税義務者が直接接触する機会はほとんどないのだが、例外的にこの両者が接触する手続がこれまで解説してきた行政指導と税務調査である。それでは、行政指導と税務調査の違いとは何だろうか。

　前述のように、行政指導に従わない場合であっても、その相手方は不利益な取扱いを受けることはない（行手法32②）*18。すなわち、行政指導は、相手方の自発的な意思に基づく協力を求めるものであり、相手方に何ら法令上の義務を負わせるものではない。この点、正当な理由なく協力を拒んだ場合に罰則（通則法128二・三）が適用される税務調査とは法的性格が異なっている。そして行政指導には、税務調査に関する国税通則法上の一連の規定（通則法74の2～74の11）は適用されない。したがって、くどいようだが、行政指導は調査ではないのである。

　ところで、国税通則法65条5項は、更正を予知しないでした修正申告について、過少申告加算税を賦課しない旨を規定している（**第5章Ⅳ④(3)**参照）。同項が「国税についての調査があつたことにより」と規定していることから、税務調査を経た修正申告については同項の適用がないことについては、周知のとおりである。それでは、上記Ⅴの冒頭に行政指導の典型例として挙げたお尋ね文書を契機として、修正申告をした場合は、更正を予知したことになるのだろうか。これまで述べてきたように行政指導は税務調査ではないので、答えは否ということになる。つまり、お尋ね文書などの行政指導を契機とした修正申告については、基本的に、過少申告加算税は課されないのである。こ

---

*18　前述のように例えば修正申告等の勧奨（通則法74の11③）は行政指導に該当するが、この勧奨に応じなかったことにより更正処分等を受けることになったとしても、それは課税庁として適正な課税の実現を図るために行う「勧奨」（＝お勧め）であるので、行政手続法32条2項の「不利益な取扱い」には該当しないものと考えられる（通達逐条36頁参照）。

のことは、実務上、重要である。

| 税務調査後の修正申告 | ➡ | 過少申告加算税あり |

| 行政指導後の修正申告 | ➡ | 過少申告加算税なし |

　なお、やはり先に行政指導の例として挙げた修正申告等の勧奨（通則法74の11③）については、税務調査の後に行われる行政指導であるから、勧奨に応じて修正申告した場合であっても、当然のことながら国税通則法65条5項の適用はない（原則として、過少申告加算税が課される）。

　以上のように、（修正申告で過少申告加算税が課されない）行政指導の具体例については、調査通達1－2（「調査」に該当しない行為）で、次のようなものが列挙されている。

〈税務調査に該当しない行政指導の例〉
(1)　申告書の自発的な見直し要請
　①　添付書類の不備について、納税義務者の自発的な提出を要請する行為
　②　税務署等での形式的なチェックの結果、申告書に計算誤り等が疑われる場合に、納税義務者に自発的な見直しを要請した上で、必要に応じて修正申告又は更正の請求を要請する行為
(2)　提出された申告書の記載事項のチェックの結果、法の適用誤りが疑われる場合に、納税義務者に適用誤りの有無を確認するための情報の自発的な提供を要請した上で、必要に応じて修正申告又は更正の請求を要請する行為
(3)　無申告のため申告義務の有無を確認する必要がある場合に、申告義務があると疑われる者に、その確認のための情報（事業活動の有無等）の自発的な提供を要請した上で、必要に応じて自発的な申告を要請する行為[*19]
(4)　税務署等が保有している情報又は提出された所得税徴収高計算書

の記載事項の確認の結果、源泉徴収税額が過少である疑いがある場合に、納税義務者に自主納付等を要請する行為

(5) 源泉徴収義務の有無を確認する必要がある場合に、源泉徴収義務があると疑われる者に、その確認のための情報（対象となる所得の支払の有無）の自発的な提供を要請した上で、必要に応じて自主納付を要請する行為

　上記Ⅳにおいて、税務調査には質問検査等が伴うものとそうでないものの２種類があり、それぞれに通達の定めがあることを解説した。その質問検査等と行政指導の関係は、図表１－７のようになる。

■図表１－７　税務調査と行政指導の違い

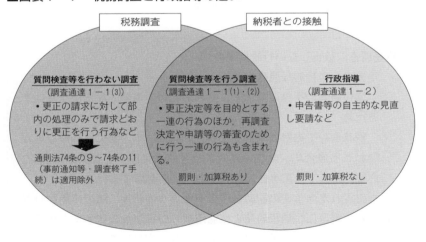

---

*19　この行政指導の際に、納税義務者から帳簿書類等が提示され、申告指導を依頼された場合は、その帳簿書類等を確認しつつ申告指導を実施しても差し支えないとされている。しかしながら、更正決定等を目的として、帳簿書類等の提示を求め、個別具体的な非違事項を指摘する行為は、質問検査権の行使であり実地の調査に該当するので、そのような行為を行う場合には、調査開始日までに相当の時間的余裕を置いて事前通知を行う（事前通知の例外事由に該当する場合には事前通知を行うことなく調査を行う）など、一連の調査手続を実施する必要がある（FAQ（職員）問２－６）。

このように、課税庁が納税義務者と接触する場合には、その目的によって行政指導と税務調査のいずれに該当するかが異なることになるので、税務職員が行政指導又は税務調査を行う際には、納税義務者に対しいずれの事務として行うかを明示した上でそれぞれの行為を行わなければならない。なお、納税義務者に対し「行政指導」である旨を明示した上で臨場した場合において、その場で「調査」に切り替えて質問検査等を行うことは、「調査」と「行政指導」の区分を明示することとした意義にそぐわないことから不適当であるとされている（FAQ（職員）問２－６）。

 # 税理士が税務代理人となる税務調査の税目

　ここでは、税務調査で税理士が税務代理人となる主な税目を確認しておこう。上記Ⅰで確認したように、国税通則法74条の２～74条の６（当該職員の調査等に係る質問検査権）に、各税目の質問検査権に関する規定が横断的に置かれており、その内容は次のとおりである。

〈当該職員の調査等に係る質問検査権の対象税目〉
①　所得税、法人税・地方法人税、消費税（通則法74の２）
②　相続税、贈与税、地価税＊20（通則法74の３）
③　酒税（通則法74の４）
④　たばこ税、揮発油税、地方揮発油税、石油ガス税、石油石炭税、国際観光旅客税、印紙税（通則法74の５）
⑤　航空機燃料税・電源開発促進税（通則法74の６）

　このうち、税務調査において税理士が税務代理人となることが想定されるのは、主として所得税（復興特別所得税を含む。以下同じ）、法人税（地方法人税を含む。以下同じ）、消費税（地方消費税を含む。以下同じ）、相続税及び贈与税である。したがって、本書で解説する税務調査手続の対象税目として想定しているのも、基本的にこれらの税目である。なお、法人の調査においては、一般的には、法人税、消費税及び源泉所得税（源泉徴収に係る復興特別所得税を含む。以下同じ）の調査が同時に行われている。また、個人事業主等の調査におい

＊20　地価税については、平成10年分以降、当分の間、課税自体が停止されている（措法71）。

ても、一般的には、所得税、消費税及び源泉所得税の調査が同時に行われている。

　また、これら以外の税目で、特に印紙税、国際観光旅客税及び電源開発促進税（以下「印紙税等」という）は、税理士業務の対象税目とされていないので（税理士法２①かっこ書、税理士令１）、印紙税等に関して、税理士は国税通則法上の「税務代理人」には該当しないものと解される。したがって、印紙税等について「同意を記載した税務代理権限証書」を提出したとしても、印紙税等の調査に関する事前通知については納税義務者に対して行われることとなり、また、調査結果の内容説明についても同様に納税義務者に対して行われることとなる（FAQ（税理士）問14参照）。

税務代理権限証書の留意事項

本章の最後に、税務調査手続に関する税務代理権限証書（税理士法30、税理士規15）のポイントを解説しておこう。税務代理権限証書は、基本的に申告書の提出時に添付するものであるが（調査立会いに際して提出することもあり得る）、その申告時点で、税務調査の事前通知の方法等について明示しておく必要があるからである。また、令和4年度税制改正における税理士法改正によって税務代理権限証書の様式が見直されており、税務調査終了の際の手続に係る同意欄が設けられることになった（令和6年4月施行）。

① 現行の税務代理権限証書（令和6年3月31日まで）

まず、現行の税務代理権限証書の様式（令和6年3月31日まで提出用）は、次頁のとおりである。このうち、税務調査手続に関わる箇所は、⑴「**過年分に関する税務代理**」欄、⑵「**調査の通知に関する同意**」欄及び⑶「**代理人が複数ある場合における代表する代理人の定め**」欄である。

⑴ 「過年分に関する税務代理」欄

「1　税務代理の対象に関する事項」の「税目」欄に記載した税目に関する調査の際には、「1　税務代理の対象に関する事項」の「年分等」欄に記載した年分等より前の年分等（以下「過年分」という）についても税務代理（税理士法2①一に規定される税務代理をいう。以下同じ）を委任する場合にチェック（□に✓印を記載。以下同じ）する。ただし、過年分の税務代理権限証書において、今回委任する代理

| 受 印 | 税 務 代 理 権 限 証 書 | ※整理番号 | |

令和 年 月 日		氏名又は名称	
殿	税 理 士 又 は 税理士法人	事務所の名称 及 び 所 在 地	電話( ) －
		連絡先	電話( ) －
		所属税理士会等	税理士会 支部 登録番号等 第 号

上記の 税 理 士／税理士法人 を代理人と定め、下記の事項について、税理士法第2条第1項第1号に規定する税務代理を委任します。　　　　　　　　　　　　　　　　　　　　　　　　　　　　　　　令和 年 月 日

過 年 分 に 関 す る 税 務 代 理	下記の税目に関して調査が行われる場合には、下記の年分等より前の年分等（以下「過年分」といいます。）についても税務代理を委任します（過年分の税務代理権限証書において上記の代理人に委任している事項を除きます。）。【委任する場合は□にレ印を記載してください。】	□
調査の通知に 関 す る 同 意	上記の代理人に税務代理を委任した事項（過年分の税務代理権限証書において委任した事項を含みます。以下同じ。）に関して調査が行われる場合には、私（当法人）への調査の通知は、当該代理人に対して行われることに同意します。【同意する場合は□にレ印を記載してください。】	□
代理人が複数ある場合における代表する代理人の定め	上記の代理人に税務代理を委任した事項に関しては、上記の代理人をその代表する代理人として定めます。【代表する代理人として定める場合は□にレ印を記載してください。】	□

| 依 頼 者 | 氏 名 又 は 名 称 | |
| | 住所又は事務所の 所 在 地 | 電話( ) － |

1 税務代理の対象に関する事項

税　目 (該当する税目にレ印を記載してください。)		年 分 等
所得税（復興特別所得税を含む） ※ 申 告 に 係 る も の	□	平成・令和　　　　　　　年分
法 人 税 (復興特別法人税・ 地方法人税を含む	□	自 平成・令和 年 月 日 至 平成・令和 年 月 日
消 費 税 及 び 地方消費税（譲渡割）	□	自 平成・令和 年 月 日 至 平成・令和 年 月 日
所得税（復興特別所得税を含む） ※ 源 泉 徴 収 に 係 る も の	□	自 平成・令和 年 月 日 至 平成・令和 年 月 日 （法 定 納 期 限 到 来 分）
税	□	
税	□	
税	□	
税	□	

2 その他の事項

| ※事務処理欄 | 部門 | | 業種 | | 他部門等回付 | ・ ・ ( ) 部門 |

人に委任している事項を除く。

(2) 「調査の通知に関する同意」欄

　今回委任する代理人に税務代理を委任した事項（過年分の税務代理権限証書において委任した事項を含む。以下同じ）に関する調査の際には、依頼者への調査の事前通知は、今回委任する代理人に対して行われることに同意する場合にチェックする。

　調査対象税目・期間等のすべてについて、納税義務者への事前通知は税務代理人に対して行われることに同意する旨（以下「事前通知に関する同意」という）が記載された税務代理権限証書（以下「同意のある税務代理権限証書」という）が提出されている場合には、納税義務者への都合の聴取、調査通知及び事前通知は税務代理人に対して行われることとなる。

　ここで「事前通知に関する同意」の対象は、①「同意のある税務代理権限証書」に記載した税目及び②過去に提出した税務代理権限証書に記載した税目となる。そのため、直近年分等について「同意のある税務代理権限証書」が提出されている場合には、過年分等に「同意のない税務代理権限証書」を提出した税目についても「同意」したことになることとされている。なお、提出された税務代理権限証書に「事前通知に関する同意」と過年分等も税務代理を委任する旨が記載されている場合には、その税務代理権限証書に記載された税目については、過去に税務代理権限証書を提出していないときでも「同意」の対象となることとされている（FAQ（職員）問1－78）。

　これについては、**第2章Ⅲ③(1)**も参照されたい。

(3) 「代理人が複数ある場合における代表する代理人の定め」欄

　今回委任する代理人に税務代理を委任した事項に関して代理人が複数あるときに、今回委任する代理人をその代表する代理人として定める場合にチェックする。この代表する代理人を定めた場合は、他の代理人に税務代理を委任した事項に関する調査の際には、当該他の代理

人への調査の通知は、代表する代理人に対して行われる。ここに
チェックがないと、複数の代理人全員に対して事前通知が行われるこ
とになる。これについては、**第2章Ⅲ③(2)**も参照されたい。

　なお、税務代理権限証書の下部の「2　その他の事項」欄に、復代
理人を選任している旨及び復代理人の氏名を記載することができる。
この場合、原代理人である「税務代理人」と復代理人の双方が税務代
理権限証書を提出しているときは、双方に対し事前通知が行われるこ
ととなる。一方、復代理人が税務代理権限証書を提出していない場合
には、その復代理人に対して事前通知を行う必要はないが、納税義務
者又は原代理人である「税務代理人」に対して事前通知した際に、復
代理人が税務代理する旨の申立てがあった場合には、税務代理権限証
書の提出を指導した上で、その復代理人に事前通知を行うこととされ
ている（FAQ（職員）問1－73)。

② 　新たな税務代理権限証書（令和6年4月1日以降）

　次に、令和6年4月1日以降に使用することになる税務代理権限証
書の様式は、次頁のとおりである。この改正様式では、「調査の通
知・終了の際の手続に関する同意」欄が新設されている。この欄で
は、今回委任する代理人に税務代理を委任した事項に関する調査の際
に、依頼者への次の①～③の通知又は説明等は、今回委任する代理人
に対して行われることに同意する場合にチェックする。

　これについては、**第4章Ⅳ**も参照されたい。

〈代理人に委任する通知又は説明等〉

① 　調査の事前通知

② 　調査終了時点において更正決定等をすべきと認められない場合に
　おける、その旨の通知

③ 　調査の結果、更正決定等をすべきと認められる場合における、調

税 務 代 理 権 限 証 書

| 受　　　印 | | | ※整理番号 | |

	税 理 士 又 は 税理士法人	氏名又は名称	
令和　年　月　日 　　　　　　殿		事務所の名称 及び所在地	電話(　　)　　－
		所属税理士会等	税理士会　　　　　　支部 登録番号等　第　　　　　　号

上記の　税理士
　　　　税理士法人　を代理人と定め、下記の事項について、税理士法第２条第１項第１号に規定する税務代理を委任します。　　　　　　　　　　　　　　　　　　　　　　令和　年　月　日

過 年 分 に 関 す る 税務代理	下記の税目に関して調査が行われる場合には、下記の年分等より前の年分等（以下「過年分」といいます。）についても税務代理を委任します（過年分の税務代理権限証書において上記の代理人に委任している事項を除きます。）。【委任する場合は□にレ印を記載してください。】	□
調査の通知・ 終了の際の 手続に関する 同　　　意	上記の代理人に税務代理を委任した事項（過年分の税務代理権限証書において委任した事項を含みます。以下同じ。）に関して調査が行われる場合には、私（当法人）への下表の通知又は説明等は、私（当法人）に代えて当該代理人に対して行われることに同意します。【同意する場合は□にレ印を記載してください。】	
	調査の通知	□
	調査終了時点において更正決定等をすべきと認められない場合における、その旨の通知	□
	調査の結果、更正決定等をすべきと認められる場合における、調査結果の内容の説明等 （当該説明に併せて修正申告等の勧奨が行われる場合における必要な説明・書面の交付を含む。）	□
代理人が複数 ある場合にお ける代表する 代理人の定め	上記の代理人に税務代理を委任した事項に関しては、当該代理人をその代表する代理人として定めます。【代表する代理人として定める場合は□にレ印を記載してください。】	□

依 頼 者	氏名又は名称	
	住所又は事務所 の　所　在　地	電話(　　)　　－

1　税務代理の対象に関する事項

税　　目 （該当する税目にレ印を記載してください。）		年　分　等
所得税（復興特別所得税を含む） ※　申告に係るもの	□	平成・令和　　　　　　　　　　年分
法　人　税 （復興特別法人税・ 地方法人税を含む）	□	自　平成・令和　年　月　日　至　平成・令和　年　月　日
消 費 税 及 び 地方消費税（譲渡割）	□	自　平成・令和　年　月　日　至　平成・令和　年　月　日
所得税（復興特別所得税を含む） ※　源 泉 徴 収 に 係 る も の	□	自　平成・令和　年　月　日　至　平成・令和　年　月　日 （法　定　納　期　限　到　来　分）
	□	
	□	
	□	

2　税務代理の対象となる書類の受領に関する事項

3　その他の事項

- -

委 任 状

令和　年　月　日

上記の＿＿＿＿＿＿＿＿＿＿＿＿＿＿＿＿＿＿＿＿を代理人と定め、＿＿＿＿＿＿＿＿＿＿＿

＿＿＿＿＿＿＿＿＿＿＿＿＿＿＿＿＿＿＿＿＿について、委任します。

依頼者：＿＿＿＿＿＿＿＿＿＿＿　　（住所又は事務所の所在地は、上記税務代理権限証書に記載のとおり）

| ※事務処理欄 | 部門 | | 業種 | | 他部門等回付 | ・　　・　　(　　) 部門 |

査結果の内容説明等（その説明に併せて修正申告等の勧奨が行われる場合における必要な説明・書面の交付を含む）

　なお、この①～③の通知等の相手方については、上述の納税義務者の同意がない場合には、国税通則法74条の９第３項１号に規定される「納税義務者」（法人の場合は代表者）となる。ただし、納税義務者に対して通知等を行うことが困難な事情等がある場合には、権限委任の範囲を確認した上で、その納税義務者が未成年者の場合にはその法定代理人、法人の場合にはその役員もしくは経理に関する事務の上席の責任者又は源泉徴収事務の責任者等、一定の業務執行の権限委任を受けている者を通じてその納税義務者に通知等を行うこととしても差し支えないこととされている（調査通達４－５）。

③　税務代理が終了した旨の通知書
（令和６年４月１日以降）

　また、上記②の新たな税務代理権限証書と併せて、令和６年４月１日以降は、次頁に記載する「税務代理権限証書に記載した税務代理の委任が終了した旨の通知書」も使えるようになる。

　この通知書は、課税庁に提出した税務代理権限証書に記載した税務代理の委任が終了した場合に、その税務代理の委任を受けていた税理士・税理士法人が提出するものである。つまり、これは、委任を受けていた税理士自身が、その委任が終了したことを所轄税務署等に通知するために使用する書面である。

税務代理権限証書に記載した税務代理の
委 任 が 終 了 し た 旨 の 通 知 書

| 受付印 | | ※整理番号 | |

令和 年 月 日 　　　　　殿	税 理 士 又 は 税理士法人	氏名又は名称	
		事務所の名称 及 び 所 在 地	電話(　　　) 　　　－
		所属税理士会等	税理士会　　　　　　　　支部 登録番号等　　第　　　　　　　　号

平成・令和　　　年　　月　　　日 (e-Tax受付番号：　　　　　　　　　) に提出した「税務代理権限証書」に記載した税務代理については、令和　　年　　月　　　日に委任が終了した旨を通知します。

| 過年分に
関する
税務代理 | 上記の「税務代理権限証書」に記載した各税目に関する年分に加えて、当該「税務代理権限証書」の「過年分に関する税務代理」欄の□にレ印がある場合における当該過年分の各税目に係る税務代理についても、委任が終了した旨を通知します。【通知する場合は□にレ印を記載してください。】 | □ |

| 依頼者で
あったもの | 氏名又は名称 | |
| | 住所又は事務所
の 所 在 地 | 電話 (　　　) 　　　－ |

参考（任意）

上記の「税務代理権限証書」に記載した事項

過年分に関する税務代理		有	□	無	□
調査の通知・終了の際の手続に関する同意					
	調査の通知	有	□	無	□
	調査終了時点において更正決定等をすべきと認められない場合における、その旨の通知	有	□	無	□
	調査の結果、更正決定等をすべきと認められる場合における、調査結果の内容の説明等（当該説明に併せて修正申告等の勧奨が行われる場合における必要な説明・書面の交付を含む。）	有	□	無	□
代理人が複数ある場合における代表する代理人の定め		有	□	無	□

1　税務代理の対象に関する事項	
税　　目 （該当する税目にレ印を記載してください。）	年　分　等
所得税（復興特別所得税を含む） ※ 申 告 に 係 る も の　□	平成・令和　　　年分
法　　人　　税 （復興特別法人税・ 地方法人税を含む）　□	自 平成・令和　年　月　日 至 平成・令和　年　月　日
消　費　税　及　び 地方消費税（譲渡割）　□	自 平成・令和　年　月　日 至 平成・令和　年　月　日
所得税（復興特別所得税を含む） ※ 源泉徴収に係るもの　□	自 平成・令和　年　月　日 至 平成・令和　年　月　日 （法 定 納 期 限 到 来 分）
□	
□	
□	
2　税務代理の対象となる書類の受領に関する事項	
3　その他の事項	

委任状に記載した委任が終了した旨の通知書

令和　　年　　月　　日

令和　　年　　月　　日 (e-Tax受付番号：　　　　　　　　　) に提出した「委任状」に記載した委任については、令和　　年　　月　　日に終了した旨を通知します。

氏名又は名称：

（住所又は事務所の所在地は、上記「税務代理権限証書に記載した税務代理の委任が終了した旨の通知書」に記載のとおり）

参考（任意）

上記の「委任状」に記載した事項

委任事項	

| ※事務処理欄 | 部門 | | 業種 | | 他部門等回付 | ・ ・ (　　) 部門 |

第2章

事前通知

　実地の調査を行う場合、原則として、あらかじめ納税義務者に事前通知をしなければならない。そして、この事前通知に先立って納税義務者や税理士の都合を聴取する際に、併せて調査通知が行われる。

　ただし、一定の要件に該当する場合には、事前通知を行わず無予告調査をすることもできる。

　また、本章では、事前通知の相手方となる「納税義務者」及び「税務代理人」の意義も解説しているが、これらの用語は国税通則法7章の2に規定されている税務調査手続全般で用いられている。

I 制度創設の趣旨

　まずここでは、事前通知の具体的な手続に入る前に、それが創設された趣旨について確認しておこう。

① 事前通知が創設された趣旨

　国税通則法74条の9において、税務署長等が税務調査を行う場合には、原則としてそれに先立ち、事前通知を行うこととされている。この規定が平成23年12月の税制改正で創設された趣旨について、財務省主税局の立案担当者は「調査手続の透明性・納税者の予見可能性を高める観点から、税務調査に先立ち、課税庁が原則として事前通知を行うこととして、（…中略…）<u>現行の運用上の取扱いを法律上明確化することとされました</u>」（平24改正解説233頁。下線著者）と説明している。

　この趣旨のポイントは、下線部分、すなわち、この改正前の運用上の取扱いを法律上明確にするためであったことである。というのも、この趣旨を徹底するために、本改正に至る国会審議において法案に修正が加えられており[*1]、この修正が現在の実務に少なからず影響を与えているからである。

[*1] この国会審議の経緯については、青木丈「国税通則法抜本改正（平成23〜27年）の経緯」青山ビジネスロー・レビュー5巻2号（2016）15頁、三木義一「国税通則法改正の経緯とその真の内容」日本弁護士連合会・日弁連税制委員会編『国税通則法コンメンタール　税務調査手続編』（日本法令、2023）34〜38頁参照。

2　国会審議での修正事項と実務への影響

　平成23年12月改正に至る国会審議では、修正法案[*2]により、国税の調査に関する規定のうち、従来の運用上の取扱いを超える新たな手続の追加に係る部分が削除された。提出時の法案と修正後に成立・公布された改正法との規定の対比を見え消しの状態で以下に示す。

国税通則法（平成23年12月改正時で、修正前法案との見え消し）

（納税義務者等に対する調査の事前通知等）

第74条の9　税務署長等（国税庁長官、国税局長若しくは税務署長又は税関長をいう。以下第74条の11（調査の終了の際の手続通知）までにおいて同じ。）は、国税庁等又は税関の当該職員（以下同条までにおいて「当該職員」という。）に納税義務者~~、調書等の提出義務者又は納税義務者の取引先等（以下「納税義務者等」という。）~~に対し実地の調査（税関の当該職員が行う調査にあつては、消費税等の課税物件の保税地域からの引取り後に行うものに限る。以下同条までにおいて同じ。）において第74条の2から第74条の6まで（当該職員の質問検査権）の規定による質問、検査又は提示若しくは提出の要求（以下「質問検査等」という。）を行わせる場合には、あらかじめ、当該納税義務者等（当該納税義務者又は調書等の提出義務者について税務代理人がある場合には、当該税務代理人を含む。次条第2項において同じ。）に対し、その旨及び次に掲げる事項を~~通知~~記載した書面を調査開始日（~~質問検査等を行う実地の調査（以下この条において単に「調査」という。）を開始する日をいう。以下この条において同じ。）前に交付する旨を通知した上で、当該~~

　経済社会の構造の変化に対応した税制の構築を図るための所得税法等の一部を改正する法律案。

書面を調査開始日前に交付するものとする。

一　質問検査等を行う実地の調査（以下この条において単に「調査」という。）を開始する日時

二　調査を行う場所

三　調査の目的

四　調査の対象となる税目~~（調査の相手方が当該納税義務者である場合に限る。）~~

五　調査の対象となる期間

六　調査の対象となる帳簿書類その他の物件

七　その他調査の適正かつ円滑な実施に必要なものとして政令で定める事項

~~2　前項の規定にかかわらず、当該納税義務者等の同意がある場合には、当該書面の交付は調査開始日に行うことができる。~~

2̶3　税務署長等は、~~前~~第1項の規定による通知書面の交付を受けた納税義務者等から合理的な理由を付して同項第1号又は第2号に掲げる事項について変更するよう求めがあつた場合には、当該事項について協議するよう努めるものとする。

3̶4　~~前2~~第1項において、次の各号に掲げる用語の意義は、当該各号に定めるところによる。

一　〔略〕

~~二　調書等の提出義務者　第74条の2第1項第1号ロ及び第74条の3第1項第1号ロに掲げる者~~

~~三　納税義務者の取引先等　第74条の2第1項第1号ハ、同項第2号ロ、同項第3号ロ及び第4号ロ、第74条の3第1項第1号ハから卜まで並びに同項第2号ロ及びハに掲げる者（第74条の2第2項の規定により同条第1項第2号ロに掲げる者に含まれることとなる者、同条第3項の規定により同条第1項第3号ロ又は第4号ロに掲げる者とみなされることとなる者及び第74条の3第3項の規定により同条第1項第2号ロに掲げる者に含まれることとなる者を含む。）、第74条の5第5号ロ及びハの規定により当該職員による質問検査等の対象となることとなる者並びに第74条の6第1~~

　この修正の趣旨は、前述のように、本改正は運用で実施されている調査手続を法令上明確化するためのものに過ぎないことを徹底するために、改正前の運用上の取扱いを法令上明確化する部分のみを残し、手続を新たに追加する部分を削除するというものであった。そのため、具体的な修正内容としては、上記のように、事前通知の際の書面の交付に係る部分が削除され、従前の運用上の取扱いと同様、（口頭による）通知とされたのである（通則法74の9①柱書等）。

　このように、事前通知に係る規定について、通知事項は改めずに、通知の方法のみを書面から口頭（実務上は電話）に変更したため、改正法施行後の実務上の混乱を招いてしまった。国税通則法74条の9第１項各号に列記される通知事項（調査開始日時、調査場所、調査目的、調査対象税目、調査対象期間、調査対象物件及びその他政令で定める事項）はすべて書面で通知することを想定して規定されたものであるので、これを電話で伝えることは容易ではないし、通知を受ける側もメモ取りが大変である（言った言わないで揉める要因にもなるだろう）。調査担当職員は通知するための書面を作り、それを見ながら電話しているのであろうし、改正法は書面通知を禁じているわけでもないので、運用により書面通知（e-Tax のメッセージボックスを利用する方法もあり得る）を実施した方が、課税庁と納税義務者のいずれにとってもスムーズで適正な手続が実現できるものと思われる。

II 事前通知の対象となる調査の範囲

　ここでは、事前通知の対象とされている税務調査の範囲について解説しよう。

①　事前通知の対象となる調査

　税務調査を行う場合には、原則として、それに先立ち、納税義務者[*3]に対して事前通知を行うこととされている。そして、この事前通知の対象となる税務調査は、「実地の調査」に限定されている（通則法74の9①柱書）。**第1章Ⅳ②(4)**で述べたように、「実地の調査」とは、いわゆる臨場調査のことである。

　一方、税務署から呼び出されて行われるようないわゆる呼出調査を含む署内調査については、臨場調査ではないので、「実地の調査」には該当せず、事前通知の規定の適用対象外である。同様に、いわゆる反面調査についても、当該納税義務者の支配・管理する場所で行われるわけではないので、「実地の調査」には該当しない。そもそも反面調査は、納税義務者本人（税務代理人を含む）が相手方となる調査ではないので（反面調査は、納税義務者の取引先等[*4]が相手方となる）、事前通知の対象外である（下記Ⅲ①参照）。

---

*3　ここで「納税義務者」とは、例えば所得税では、所得税法の規定による所得税の納税義務がある者・納税義務があると認められる者又は確定損失申告書・準確定申告書を提出した者をいう（通則法74の9③一。下記Ⅲ①参照）。以下同じ。

*4　「納税義務者の取引先等」とは、例えば、納税義務者に金銭・物品の給付をする義務や給付を受ける権利が認められる者をいう（平成23年12月改正法附則39②二）。

② 事前通知対象外の調査への対応

　このように、実地の調査（＝臨場調査）が事前通知の対象であり、呼出調査などの署内調査や反面調査は事前通知の対象外となる。

　もっとも、このような法令上は事前通知の対象外となる調査であっても、運用上の対応として、一定の事前の連絡が行われることとされている。

　すなわち、まず呼出調査については、運用上の対応として、来署等を依頼するための連絡の際などに、調査の対象となる税目・課税期間や調査の目的等を説明することとされている（FAQ（一般）問22）。

　また、反面調査についても、事前通知に関する法令上の規定はないが、運用上、原則として、あらかじめその対象者へ連絡を行うこととされている（FAQ（一般）問23）。

　なお、これらについて、立法論になるが、運用上一定の事前連絡をしているのであれば、それを法定手続として明確化することが、上記Ⅰで述べた平成23年12月改正法の趣旨に適うものと思われる。

Ⅲ 事前通知の相手方

　事前通知の対象となる相手方は、「納税義務者」とされている（通則法74の9①柱書）。また、その納税義務者に税務代理人がある場合には、その「税務代理人」も相手方となる（通則法74の9①柱書かっこ書）。

```
・事前通知の対象      ・ 納税義務者 （通則法74の9①柱書）
  となる相手方        ・ 税務代理人 （通則法74の9①柱書かっこ書）
```

　そこで以下では、「納税義務者」及び「税務代理人」の意義を確認するが、これらの用語は、ここで解説する事前通知の相手方だけでなく、国税通則法第7章の2に規定されている税務調査手続全般で用いられているので、重要である。

1　納税義務者の意義

　事前通知の相手方となる「納税義務者」とは、各税目に関する調査ごとに、主として次に掲げるものをいう（通則法74の9③一）。

```
〈「納税義務者」の意義〉
(1)　所得税に関する調査（通則法74の2①一イ）
　①　所得税の納税義務がある者
　②　納税義務があると認められる者
```

③　損失申告・年の中途で死亡した場合の確定申告・年の中途で出
　国をする場合の確定申告等の規定による申告書を提出した者
⑵　**法人税に関する調査（通則法74の2①二イ）**
　○法人
⑶　**消費税に関する調査（通則法74の2①三イ）**
①　消費税の納税義務がある者
②　納税義務があると認められる者
③　還付を受けるための申告書を提出した者
⑷　**相続税・贈与税に関する調査（通則法74の3①一イ）**
①　相続税・贈与税の納税義務がある者
②　納税義務があると認められる者

　このように事前通知の相手方は「納税義務者」に限定されているため、いわゆる反面調査の相手方である「取引先」については、各税目に関する質問検査を行使する相手方とはされているが（通則法74の2①一ハ・二ロ・三ロ、74の3①一ハ～ト。**第3章Ⅰ[1]**参照）、事前通知の相手方とはされていない。
　なお、複数税目（申告所得税、相続税、法人税等）の同時調査（例：法人税の調査とともに、法人代表者に対し申告所得税、相続税の同時調査を実施する場合等）では、調査の対象となる納税義務者が法人と個人（法人の代表者）とで異なるので、納税義務者それぞれに対して事前通知を行う必要がある（FAQ（職員）問1-54）。
　また、事前通知は納税義務者（法人の場合は代表者[5]）に対して行うことが原則であるが、納税義務者に対して通知等を行うことが困

＊5　事前通知した法人の代表者が調査中に死亡した場合については、法令上は特段の手続は規定されていないので、改めて法令上の事前通知を行う必要はないが、事前通知の内容が引き継がれていないことも考えられるので、運用上は、前代表者に事前通知した内容を改めて説明した上で調査を実施することとされている（FAQ（職員）問1-53）。

難な事情等がある場合には、権限委任の範囲を確認した上で、その納税義務者が未成年者の場合にはその法定代理人、法人の場合にはその役員もしくは経理に関する事務の上席の責任者又は源泉徴収事務の責任者等、一定の業務執行の権限委任を受けている者を通じてその納税義務者に通知等を行うこととしても差し支えないこととされている（調査通達4－5）。

　納税管理人が選任されている場合は、納税管理人を通じて納税義務者からの連絡を促し、その連絡があったときには、調査等を行う旨を通知することとされている（この際、納税義務者に対しては税務代理人を選任することが可能である旨を説明する。FAQ（職員）問1－48）。一方、納税義務者が国内に住所や居所あるいは法人における事務所・事業所を有していない場合で、納税管理人の選任もないときには、例えば調査対象者の親族や関連法人など、調査対象者と国内で連絡をとれる者を探し、その者を通じて納税管理人を定める手続を行った上で、その納税管理人を通じて納税義務者からの連絡を促し、その連絡があったときには、調査等を行う旨を通知することとされている（この際、納税義務者に対しては税務代理人を選任することが可能である旨を説明する。FAQ（職員）問1－49）。

　納税義務者が被保佐人である場合は、被保佐人は意思表示の受領能力を有する（民法98の2）ことから、基本的には被保佐人に対する事前通知を行うこととなるが、実質として事理弁識能力が著しく不十分であるなど、本人に通知することが適当でない場合には、個々の事案に応じて判断することとされている（FAQ（職員）問1－52）。

②　税務代理人の意義

　また、事前通知の相手方となる「税務代理人」とは、税務代理権限証書を提出している次に掲げる者をいう（通則法74の9③二）。

〈「税務代理人」とは〉

税務代理権限証書を提出している…

 ①税理士・税理士法人
 ②いわゆる通知弁護士（弁護士法人及び弁護士・外国法事務弁護士共同法人を含む。税理士法51①・③）

③ 税務代理人がある場合の通知方法

(1) 総　説

　税理士法では、調査の事前通知をする場合に、税務代理権限証書を提出している税理士があるときは、併せてその税理士に対しその調査の日時場所を通知しなければならないこととされている（税理士法34①）。ここで「併せて」とされているので、税務代理人がある場合の事前通知は、原則としては、納税義務者と税務代理人の双方に対して行われることとなる。この場合の事前通知の順序については、法令上特段の定めがないことから、個々の事案の内容に応じて調査担当職員が判断することとされている（FAQ（職員）問1 −80）。

【原　則】

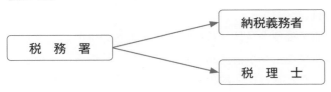

　ただし、納税義務者の同意がある場合には、事前通知はその税務代理人に対してすれば足りることとされている（通則法74の9⑤、税理士法34②）。

【納税義務者の同意がある場合】

　この場合、納税義務者の同意があることを示すためには、税務代理権限証書に、その納税義務者への調査の事前通知は税務代理人に対してすれば足りる旨の記載がなければならない（通則規11の３①、税理士規17の２①）。その具体的な方法は、税務代理権限証書の「調査の通知に関する同意」欄の□に✓印を記載しておくことである（図表２－１）。これについては、**第１章Ⅶ①(2)**も参照されたい。

　もっとも、このような納税義務者の同意がなかった場合であっても、納税義務者から税務代理人を通じて通知して差し支えない旨の申立てがあったときは、納税義務者には①実地の調査を行う旨、②調査対象税目及び③調査対象期間のみを通知し（この三つを併せて「調査通知」という（下記Ⅵ①参照））、それ以外の事前通知事項についてはその税務代理人を通じて納税義務者に通知することとして差し支えないこととされている（調査通達８－１ただし書）。

　また、税務代理人が税理士法人である場合には、税務代理権限証書を提出している税理士法人に電話して、代表社員税理士又は担当の社員税理士のいずれかに対して事前通知することとされている（FAQ（職員）問１－71）。

　税務代理人（開業税理士又は社員税理士）本人への事前通知等が困難なときや、所属税理士へ事前通知を行ってほしい旨の申出を税務代理人本人から受けたときには、納税義務者と税務代理人の委嘱関係を確認した上、委嘱の事実が明らかであれば、口頭等により所属税理士を通じて税務代理人へ事前通知を行っても差し支えないこととされている（FAQ（職員）問１－72）。

■図表2－1　税務代理人がある場合の通知方法

税務代理権限証書の様式（令1.5.1以降提出分）

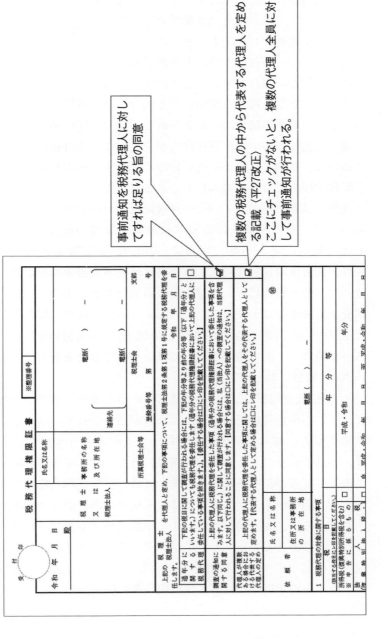

納税義務者に対して事前通知がなされた後に税務代理の委嘱を受けた場合については、税務代理権限証書が提出された時点が納税義務者に対して事前通知した調査開始日時より前であるときには、新たに税務代理人となった税理士等にも事前通知を行うこととされている。この場合、新たに税務代理人となった税理士等に関し、調査開始日時等の変更を求める合理的な理由がある場合（下記Ⅵ10(2)参照）には、申出により変更を協議することとされている（FAQ（税理士）問13）。

　調査対象期間の中で税務代理人が交代している場合については、事前通知は、原則として、直近年分等に税務代理権限証書を提出している税務代理人に対してのみ行うこととされている（税務代理人が税務代理権限証書を提出していない課税期間について調査の立会いを行う場合には、その期間に係る税務代理権限証書の提出が必要となる。FAQ（職員）問1－69）。同様に、調査着手直前に税務代理人が変更され、変更後の税務代理人から税務代理権限証書の提出がなされた場合には、その税務代理人に対して事前通知事項を改めて通知した上で調査を実施することとなる。この場合、新たに税務代理人となった税理士等から、合理的な理由を付して調査開始日時等の変更の求めがあった場合（下記Ⅵ10(2)参照）には、その変更を協議することになる（FAQ（職員）問1－70）。

　ところで、申請等に対する審査に当たって実地の調査が行われる場合、直近の申告書に税務代理権限証書が添付されているときは、その税務代理人に対して事前通知が行われるのだろうか。これについては、申請等審査のための実地の調査に当たって、申請書に関する税務代理権限証書が提出されている場合には、税務代理人に対して事前通知を行う必要があるが、申告書にのみ税務代理権限証書が添付されている場合には、税務代理人に対する事前通知は不要とされている。ただし、この場合であっても、申請書の「税理士署名」欄に署名がある税理士等について、納税義務者が実地の調査の立会いを望む場合には、その税理士に対し税務代理権限証書の提出を指導の上、その税務代理人に対する事前通知を行うこととされている（FAQ（職員）問

1 −74）。

　また、納税義務者が調査立会いを依頼しないと言っている税務代理人に対しても事前通知をする必要があるのだろうか。これについては、事前通知が必要か否かは形式的には税務代理権限証書の提出の有無により判断するが、調査に際し税務代理が解消されている事実を把握した場合には、その事実に基づき税務代理の有無を判断することとなる。したがって、納税義務者に対して事前通知を行った際に、納税義務者が税務代理人に対して調査立会いを依頼しない（税務代理を依頼しない）との申立てがあった場合には、委嘱契約の有無を確認し、税務代理が解消されている場合には、その税務代理人に対する事前通知は不要とされている（税務代理が解消されていない場合は、税務代理人に対しても事前通知を行う必要がある。FAQ（職員）問 1 − 67）。一方、納税義務者に対して事前通知した際に、申告時の関与税理士を解任したと言われた場合については、税理士法では「解任を証明する書類」に関して特段規定されていない。そして、解任を証明する書類を納税義務者と税務代理人の間で作成した場合であっても、課税庁に提出する必要はなく、解任を証明する書類の提出を求める必要もないものとされている。この場合、調査担当職員は事後のトラブル防止等の観点から、署内の「調査経過記録書」に申告時の関与税理士を解任したことを納税義務者から聴取した旨を記載する必要があることとされている（FAQ（職員）問 1 −75）。これに関して、**第 1 章Ⅶ③**で述べたように、令和 6 年 4 月以降は、委任を受けていた税理士自身が当該委任が終了したことを所轄税務署等に通知するための「税務代理が終了した旨の通知書」を提出できるようになる。

⑵　複数の税務代理人がある場合

　複数の税務代理人がある場合は、原則としては、その税務代理人全員に対して通知しなければならない（FAQ（税理士）問16）[＊6]。しかし、これは通知をする側、される側双方にとって、面倒であまり意味のない手続である。そこで平成27年度税制改正において、納税義務

者が複数の税務代理人のうちから代表する税務代理人を定めた場合（税務代理権限証書に、その税務代理権限証書を提出する者を代表する税務代理人として定めた旨の記載がある場合）には、これらの税務代理人への事前通知は、その代表する税務代理人に対してすれば足りることとされた（通則法74の9⑥、通則規11の3②、税理士法34③、税理士規17の2②）。

　そのため、税務代理人が複数ある場合には、税務代理人の代表をあらかじめ決めておき、その代表者に係る税務代理権限証書の「代理人が複数ある場合における代表する代理人の定め」欄の□に✓印を記載しておくべきであろう（前掲図表2－1）。

　これに関連して、代表する税務代理人として定められた後に、他の税務代理人に係る税務代理権限証書が追加で提出される場合があるが、この場合、その代表する税務代理人が追加で提出された税務代理権限証書について知らないということがあり得る。そのため、代表する税務代理人に対しては、他の税務代理人が何名いるか伝えることとされている（他の税務代理人が具体的に誰であるかについては、事前通知時点において他の税務代理人に係る委任が継続しているかと併せて納税義務者に確認することとなる。FAQ（税理士）問19）。

　なお、例えば、法人税の調査とともに、法人代表者に対し申告所得税及び相続税の同時調査が実施される場合など複数税目（申告所得税、相続税、法人税等）の同時調査が行われる場合は、法人税と相続税については納税義務者が異なるので、法人税の委任を受けている税務代理人を代表する税務代理人として定めていたとしても、相続税の委任を受けている税務代理人を代表することはできない。したがって、法人税の委任を受けている税務代理人への通知をしたとしても、相続税の委任を受けている税務代理人への通知も別途必要となる（FAQ（職員）問1－66）。

＊6　調査を行う時点において、税務代理人の関与が解消されていない限り、事前通知が行われる税目について委任を受けているすべての税務代理人に対して事前通知する必要があるものとされている（FAQ（職員）問1－65）。

Ⅳ 通知の方法

　事前通知は、調査担当職員から納税義務者や税務代理人に対して電話により口頭で行われることが一般的である。そのため、納税義務者や税務代理人が事前通知事項の内容を記載した書面の交付を要望しても、かかる書面は交付されない（FAQ（一般）問12、FAQ（税理士）問12）[*7]。また、個人の納税義務者への事前通知については、税務代理人を通じて行う場合を除き、納税義務者本人に事前通知を行う必要があるので、納税義務者の親族等に納税義務者に事前通知の内容を伝えるよう依頼することはできない（FAQ（職員）問1－47）。

　もっとも、事前通知の方法は、法令上、特段規定されていないので、納税地等に臨場の上、納税義務者に直接、口頭にて事前通知を行うことや、不在の場合に、事前通知を行うための連絡を依頼するための「連絡票」を納税義務者の納税地等に差し置くことは可能であると解されている。しかし、法令上は、「あらかじめ、当該納税義務者に対し、…実地の調査を行う旨を…通知するものとする」（通則法74の9①柱書。下線著者）と規定されているので、事前通知又は「連絡票」の差置きの際に納税義務者と面接でき、納税義務者から臨場当日に調査が可能である旨の申入れがあったとしても、事前通知は調査開始日前までに相当の時間的余裕をもって行う必要があることから、原則として、同日にそのまま調査に移行することはできない。なお、納税義務者と電話による連絡が取れないことから、事前通知を行うため

[*7]　ただし、納税義務者に直接電話による事前通知を行うことが困難と認められる場合は、課税庁から直接納税義務者に対して事前通知事項の内容を記載した書面を郵送することもあるとされており、この依頼を税務代理人が調査担当職員に相談することもできる（FAQ（税理士）問12）。

に納税地等に臨場したところ納税義務者と面接することができたような場合には、事前通知を要しない調査（通則法74の10。下記Ⅶ参照）に該当するかを検討した上で、事前通知を行わずに臨場することも選択肢となると考えられている（FAQ（職員）問1－2）。

　なお、税理士関与のない納税義務者への事前通知の方法については、FAQ（職員）問1－4及び問1－5（本書309～310頁）を参照されたい。

V 事前通知の要否

　ここでは、法令に基づく事前通知が必要な場合と不要な場合について、FAQ（職員）で取り上げられている主な事例を紹介しよう。

① 事前通知が原則として必要とされる事例

(1) 実地外の調査から実地の調査に移行する場合

　実地の調査以外の調査として、電話により納税義務者に申告内容の確認が行われていたが、その後、納税義務者の事業所に臨場して調査が実施されることとなったような場合、改めて事前通知が行われるのだろうか。

　これについては、法令上、納税義務者に対して臨場して質問検査等を行う場合は、あらかじめ事前通知を行うこととされているので（通則法74の9①柱書）、実地の調査を行う前に、実地の調査以外の調査として電話による申告内容の確認を行っていたとしても、納税義務者の事業所に臨場して調査を実施することとなった場合は、原則として、事前通知を行った上で実地の調査を実施する必要がある（FAQ（職員）問1－7）。

(2) 実地の調査の過程で実質所得者を把握した場合

　個人に対する実地の調査の過程で、その納税義務者たる個人が単なる名義人であり、他に実質所得者と想定される個人がいることが把握され、その実質所得者たる個人に対して実地の調査が行われる場合（所法12に該当するような場合）は、基本的には、改めてその実質所

得者たる個人に対し、事前通知を行う必要がある。

　ただし、事前通知することにより違法又は不当な行為を容易にし、正確な課税標準等又は税額等の把握を困難にするおそれが認められる場合（通則法74の10。下記Ⅶ参照）は、臨場先から統括官等に電話により事前通知を行わないことについて承諾を得た上で、事前通知を行うことなく実地の調査を実施することとされている（FAQ（職員）問1－8）。

(3)　反面調査から本調査に移行する場合

　納税義務者の取引先等に対して反面調査が行われていたところ、その取引先等の申告内容について非違が疑われた場合、どのような手続で本調査に移行されるのだろうか。

　これについては、納税義務者の取引先等に対する反面調査の過程において、その取引先等の申告内容に非違が疑われた場合は、基本的には、その取引先等の所轄税務署等の調査担当職員が改めて、その取引先等に対し事前通知を行った上で実地の調査を行うことになる。

　ただし、その取引先等が、反面調査を実施している調査担当職員の所轄税務署等の納税義務者であり、事前通知することにより違法又は不当な行為を容易にし、正確な課税標準等又は税額等の把握を困難にするおそれが認められる場合（通則法74の10。下記Ⅶ参照）には、臨場先から統括官等に電話により事前通知を行わないことについて承諾を得た上で、事前通知を行うことなく実地の調査を実施することとされている（FAQ（職員）問1－10）。

(4)　各種申請の承認の適否の確認のために臨場する場合

　納税義務者の事業所等に臨場し、青色申告承認申請等の各種申請に対する処分に係る事実の確認等（質問検査等）を行う行為も、実地の調査に該当するので（調査通達1－1(2)）、法令上の事前通知が必要となる（FAQ（職員）問1－11）。

⑸ 　消費税の還付申告がされ、還付理由等の確認のために臨場する場合

　消費税の還付申告書の提出に対して、還付理由等を確認するため納税義務者の納税地に臨場して質問検査等を行う場合は、実地の調査に該当するので、原則として、法令上の事前通知を行う必要がある（FAQ（職員）問1－16）。

② 　事前通知が不要とされる事例

　事前通知が不要とされるのは、次の⑴〜⑷の事例である。なお、⑵〜⑷の事例において、運用上は、特段の事情がない限りは、あらかじめ日程調整を行った上で臨場することとされている（それぞれで引用したFAQ（職員）の各問）。

⑴ 　調査を中断・延期した後に改めて実地の調査を行う場合

　災害等のやむを得ない事情により調査を中断・延期し、その事情が解消された後に再度調査を開始する場合には、法令上の事前通知は不要だが、改めて納税義務者等と日程調整を行い、理解と協力を得た上で実施することとされている（FAQ（職員）問1－6）。

⑵ 　租税条約に基づく情報交換実施のための調査の場合

　租税条約に基づく情報交換実施のための調査は、国税通則法に規定される質問検査権の対象外となるため、法令上の事前通知は不要とされている（FAQ（職員）問1－13）。

⑶ 　法定監査を実施する場合

　法定調書の提出義務者は、国税通則法74条の9において事前通知の対象となる納税義務者には含まれないので、監査先に臨場して法定監査を実施する場合であっても、法令上の事前通知は不要とされている

（FAQ（職員）問1－14）。

⑷　事業者又は官公署への協力要請規定に基づき臨場する場合

　事業者又は官公署への協力要請（通則法74の12。**第3章Ⅲ①**参照）については、事業者又は官公署において任意の協力依頼に基づき情報の収集を行う場合は、国税通則法74条の2～74条の6に規定される実地の調査には該当しないので、事業者又は官公署に臨場する場合であっても、法令上の事前通知は不要とされている（FAQ（職員）問1－17）。

VI 事前通知事項

　実地の調査（以下、VIにおいて単に「調査」という）が行われる場合には、原則として、納税義務者に対して事前通知がされるわけだが、具体的にどのような事項が通知されるのだろうか。

① 事前通知事項～総説（調査通知の意義）

　法令上、事前通知事項として掲げられているものは、次の11項目である（通則法74の9①、通則令30の4①・②）。これらが通知されることによって、その調査の対象が特定されることになる（調査通達4－1参照）。

　なお、事前通知の際に、これらの通知事項の一部について通知がされなかった場合であっても、そのことのみをもってただちに調査が無効とはならないと考えられている（事前通知をした後において、通知漏れの事項を把握したような場合には、その通知事項を追加して通知する必要があることとされている。FAQ（職員用）問1－83）。ただし、その通知漏れが、事前通知手続が法定されている趣旨に反すると認められるような場合には、その手続を経てされた課税処分を違法な処分として取り消される場合があるものと解される（**第1章IV②(5)参照**）。

〈事前通知事項〉
① 調査を行う旨
② 調査を開始する日時

③　調査を行う場所

④　調査の目的

⑤　調査の対象となる税目

⑥　調査の対象となる期間

⑦　調査の対象となる帳簿書類その他の物件

⑧　調査の相手方である納税義務者の氏名（名称）及び住所（居所）

⑨　調査を行う税務署等の職員の氏名及び所属官署

⑩　調査開始日時又は場所の変更に関する事項

⑪　事前通知事項以外の事項について非違が疑われることになった場合には、その事項に関し調査を行うことができる旨

　このうち、特に①、⑤及び⑥を併せて「調査通知」という（通則法65⑤かっこ書）。

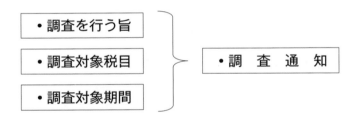

　この調査通知は、事前通知に先立って納税義務者や税理士の都合を聴取する際に、併せて行うこととされている（FAQ（職員）問1－1）。この調査通知についても、納税義務者から税務代理を委任されており「事前通知に関する同意」のある税務代理人がある場合には、事前通知と同様に、その税務代理人に対して行われる（FAQ（税理士）問23）。

　この調査通知後の修正申告・期限後申告については、平成28年度税制改正において創設された過少申告加算税（5％（期限内申告税額と50万円のいずれか多い額を超える部分は10％））、無申告加算税（10％

（税額が50万円を超える部分は15％））が課されることとなる（通則法
65①かっこ書・②、66①かっこ書・②。**第5章Ⅳ4(3)参照**）。

　以下では、上記の11項目のうち②〜⑪について解説していこう。

2 調査を開始する日時

　事前に通知されるのは、調査を開始する日時である（通則法74の9
①一）。調査に要する時間や日数等は調査開始後の状況により異なる
ので、事前通知の時点であらかじめ知らされることはない。調査の臨
場が複数回に及ぶこととなる場合には、調査開始後に次回以降の臨場
日などを納税義務者と調整することになる（FAQ（一般）問19）。

　また、調査を効率的に実施する観点から、実際に臨場して調査を開
始する前に帳簿等の一部を徴求されることがあるが、その場合、その
行為は質問検査権の行使（帳簿等の提示・提出を求める行為）に該当
するため、その場合の「調査を開始する日時」は、その帳簿等の一部
を徴求する日時となる（事前に準備しておいてもらいたい帳簿等の一
部を臨場して伝えるだけである場合には、単なる打合せと考えられる
ことから、質問検査等を行う実地の調査の開始には当たらないことと
されている（FAQ（職員）問1-18）。

　税務代理人が調査初日に立ち会わない場合については、税務調査
は、税務代理人に対して行うものではなく、納税義務者に対して実施
するものであることから、事前通知すべき調査開始日時は、納税義務
者に対して調査を開始する日時を通知することになる。したがって、
税務代理人が調査初日に立ち会わない場合であっても、納税義務者に
対する調査開始日時を通知することになるとされている（FAQ（職
員）問1-68）。

3 調査を行う場所

　調査を行う場所とは具体的には、「調査を開始する日時において質

問検査等を行おうとする場所」をいう（通則法74の9①二、通則令30の4②）。やはりこの「場所」についても、上述の「日時」と同様に、調査開始時点のものとなっている。

調査の進展に伴って調査開始時とは別の場所に移動することもあり得るが、そのような場合の移動先については、事前通知の対象となる「調査を行う場所」には該当しないことになる[8]。

一方、調査初日に複数の場所（自宅と事業所等）で同時に調査が行われる場合は、臨場するすべての場所が通知されることになる（FAQ（職員）問1-19）。

④ 調査の目的

調査が何のために行われるのか、ということについては、納税義務者や税理士としては気になるところであろう。

もっとも、この「調査の目的」（通則法74の9①三）の具体的な内容については、国税通則法施行令30条の4第2項において、次のようなものが示されている。

〈「調査の目的」の内容〉
- 申告書の記載内容の確認
- 申告書の提出がない場合における納税義務の有無の確認
- その他これらに類するもの

このように、事前に通知される調査の目的は、一般的・抽象的な内容となる。そのため、例えば、「在庫の状況を確認したい」とか「交際費の内容を確認したい」とか「タレコミがあった」といった個別具

---

[8] 武田昌輔監修『DHC コンメンタール国税通則法』（第一法規、加除式、1982）3955-113頁。

体的な経緯までは教えてもらえないのだ。ただ、こういったことは、目的というよりも、調査を行う「理由」に当たるかと思われる。これについてはFAQ（一般）において、「事前通知の際には、なぜ実地の調査が必要なのかについても説明してもらえるのですか」との問いに対して、「法令上、調査の目的（例えば、提出された申告書の記載内容を確認するため）については事前通知すべきこととされていますが、実地の調査を行う理由については、法令上事前通知すべき事項とはされていませんので、これを説明することはありません」との回答がある（FAQ（一般）問18）。

これと同様の観点から、今回の調査にその納税義務者が選定された理由についても通知されない。これについて、納税義務者から調査の選定理由を説明してほしいと言われた場合には、調査の選定理由は法令上の事前通知事項ではないことを納税義務者に丁寧に説明の上、調査への理解と協力を求めることとされている（FAQ（職員）問1－21）。

なお、上記〈「調査の目的」の内容〉において、「申告書の提出がない場合における納税義務の有無の確認」（通則令30の4②）とあるが、無申告法人の調査については、内国法人は原則として申告義務があることから（法法4）、「申告すべき内容の確認」を通知することとされている（FAQ（職員）問1－22）。

⑤　調査の対象となる税目

所得税や法人税といった「調査の対象となる税目」についても、当然のことながら事前通知事項である（通則法74の9①四）。ただし、加算税については、「その額の計算の基礎となる税額の属する税目の国税とする」こととされていることから（通則法69）、加算税の事前通知は不要とされている（FAQ（職員）問1－23）。

また、源泉所得税については、所得税の一部であるが、源泉徴収に係る所得税の納税義務とそれ以外の所得税の納税義務は別個に成立す

るものであることから、源泉徴収に係る所得税はそれ以外の所得税の納税義務とは別に、事前通知の規定（通則法74の９）が適用されるものと解されている（調査通達４－１(2)）。そのため、源泉所得税の調査が行われる際には、申告所得税の調査に係る通知とは別に、源泉所得税の調査を行う旨の通知が行われることになる（FAQ（職員）問１－25）。

　復興特別所得税及び復興特別法人税は、所得税や法人税とは別個に納税義務が成立・確定する国税であり、国税通則法上の調査手続規定を準用することとされている（東日本大震災からの復興のための施策を実施するために必要な財源の確保に関する特別措置法32、62）。そのため、申告所得税・法人税の調査対象年分について復興特別所得税・復興特別法人税の申告がある場合や申告義務があるのではないかと思料される場合には、復興特別所得税・復興特別法人税についても調査対象税目とし、源泉所得税の調査対象期間に復興特別所得税の法定納期限がある場合には復興特別所得税についても調査対象税目として事前通知を行う必要がある（FAQ（職員）問１－27）。

　地方法人税は、法人税とは別個に納税義務が成立・確定する国税であり、質問検査等を行うことができることとされている（通則法74の２①二）。そのため、地方法人税については、その申告義務が法人税の申告義務がある全法人に課されていることに鑑みて、法人税を調査対象税目とする場合には、地方法人税についても調査対象税目として事前通知を行う必要がある（FAQ（職員）問１－27）。

　消費税の調査が行われる場合は、「消費税及び地方消費税」が調査対象税目として通知されることとなる（この場合の地方消費税は、「譲渡割」に係る部分をいう。FAQ（職員）問１－26）。

　印紙税については、運用上、同時処理を行うことが前提とされている。ここで「同時処理」とは、調査の過程で印紙の貼付漏れ等を把握した場合に、その事実を指摘した上で、納税義務者が自主的な見直しをして不納付の申出を行うものである。この場合、申告所得税や法人税の調査で当初から印紙税の調査を行うこととしているものではない

ため、原則として、法令上の事前通知は不要とされている（ただし、印紙税単独調査を同時に行う場合は、原則として、法令上の事前通知を行う必要がある*9。FAQ（職員）問1-24）。

6　調査の対象となる期間

調査の対象となる「期間」とは、基本的には国税通則法2条9号で定義付けられている「課税期間」、すなわち、「国税に関する法律の規定により国税の課税標準の計算の基礎となる期間」をいう。

なお、その事前通知された課税期間の調査に際して、それよりも過去の期間や進行年分*10に係る帳簿書類その他の物件についても質問検査等の対象とする必要があることがあるが、そのような場合であっても、直接の調査の対象ではないその過去の期間や進行年分については事前通知なく調査を行うことができることとされている（調査通達5-5、FAQ（職員）問1-28）。

7　調査の対象となる帳簿書類その他の物件

調査の事前通知に際しては、「調査の対象となる<u>帳簿書類その他の物件</u>」（下線著者）についても伝えなければならない（通則法74の9①六）。

(1)　「帳簿書類その他の物件」の意義

ここではまず、「帳簿書類その他の物件」の意義を確認しておこう。

そもそも、各税目の調査に係る質問検査権の規定（通則法74の2～

---

*9　ただし、第1章Ⅵで述べたように、印紙税については、税理士に税務代理をする権限は与えられていない。

*10　進行年分については、更正決定等を目的とした調査の対象期間とはならないので、事前通知事項である「調査の対象となる期間」には含まれない（FAQ（職員）問1-28）。

74の6）において、検査の対象とされているのが「帳簿書類その他の物件」である。なお、この「帳簿書類」には、その作成・保存に代えて電磁的記録の作成・保存がされている場合におけるその電磁的記録が含まれる（通則法34の6③かっこ書）。

「帳簿書類その他の物件」の典型的な具体例としては、国税に関する法令の規定に基づき保存等が義務付けられている「帳簿書類」として、青色申告者に対する所得税の調査では、次のようなものが挙げられる。なお、帳簿書類とは「帳簿」と「書類」を併せた概念であり、次の例では①が帳簿に、②及び③が書類に該当する。

〈保存等の義務がある帳簿書類の例〉
　青色申告者に対する所得税の調査では…
① 仕訳帳、総勘定元帳等の帳簿（所規58）
② 棚卸表、貸借対照表、損益計算書等の決算関係書類（所規60、61）
③ 注文書、契約書、領収書等の関係書類（所規63）

また、以上のような法令に保存等が義務付けられている帳簿書類だけでなく、調査の目的を達成するために必要と認められる帳簿書類その他の物件（国外に保存しているものを含む）も「帳簿書類その他の物件」に含まれる（調査通達1-5）。

一方、帳簿書類以外の「物件」の具体例としては、金銭、預金通帳、有価証券、棚卸商品、不動産等の各種資産や、帳簿書類作成の基礎となる原始記録などが挙げられる（FAQ（職員）問1-30、通達逐条48頁）。また、電子帳簿保存法上、備え付けることとされている電子計算機、プログラム、ディスプレイ及びプリンター並びにこれらの操作説明書（電帳規2②二）についても、「物件」に含まれる（FAQ（職員）問1-35）。

なお、以上の「帳簿書類その他の物件」の写し（PDF形式・CSV

形式）については、令和 4 年 1 月から e-Tax によるオンライン提出が可能となっている（**第 3 章 I ③(2)**参照）。

(2) 通知内容

　以上のような「帳簿書類その他の物件」について、調査の対象とするものについては、それをあらかじめ特定して事前通知しなければならないというわけである（通則法74の 9 ①六）。

　この帳簿等の物件については、「国税に関する法令の規定により備付け又は保存をしなければならないこととされているものである場合にはその旨を併せて通知」しなければならない（通則令30の 4 ②）。そのため、法令上、帳簿等の保存義務がある納税義務者に対しては、例えば「所得税法の規定により保存することとされている仕訳帳、総勘定元帳……などの帳簿や請求書、領収書綴り……などの書類のほか……」といった通知がされることになる（通達逐条101頁）。

　一方、法令上、保存義務等が課されていない帳簿等については、その一般的な名称又は内容を例示して通知することとされている（調査通達 5 － 3）。これについては、納税義務者が作成・保存している物件には多種多様なものがあり、具体的な名称や作成単位も区々であること等を勘案すれば、その帳簿等の名称や単位を個別具体的に特定して通知することは困難である。そのため、例えば、上述の法令上の保存義務等がある帳簿等を明示した上で、「その他所得税の申告書の記載内容や納付すべき所得税が正しいかどうかを確認するために必要な帳簿書類その他の物件」といった一定程度、包括的な内容を付加して通知することになるものと考えられている（FAQ（職員）問 1 －31、通達逐条100頁）。

　また、帳簿等の物件の作成期間や対象期間については、法令上は通知することとされていないが、事前に準備を依頼する場合等は、必要に応じて通知することとされている（FAQ（職員）問 1 －32）。

　無申告者に対する調査の場合には、調査を実施するに際し、納税義務者に事前に電話で確認できるのであれば、どのような帳簿書類等が

保存されているかを聴取した上で、調査開始日に用意しておいてほしい帳簿書類等を明示し、「その他○○税の納税義務の有無（法人税の場合は「納税義務の有無」に代えて「申告すべき内容」）を確認するために必要な帳簿書類その他の物件」といった包括的な通知を行うこととされている（FAQ（職員）問1－33）。

　消費税の調査では、調査対象期間の基準期間に係る帳簿等の物件も検査する必要がある。これについては、消費税の調査において、消費税の納税申告書の記載内容を確認するため、その納税申告書の課税期間を調査対象期間として通知した場合には、通知した課税期間の申告の確認のために、基準期間の帳簿書類等の検査を行うことは事前通知した調査の範囲内であることから（調査通達5－5）、調査対象期間以前に作成又は取得された帳簿書類その他の物件の調査を行う場合であっても、事前通知した課税期間の申告内容の確認のために調査を行うのであれば、「○○年分の○○税が正しいかどうかを確認するために必要な帳簿書類その他の物件」といった包括的な通知を行うこととされている（FAQ（職員）問1－36）。

(3)　電子帳簿等保存制度を利用している納税義務者への通知

　前述のように、「帳簿書類その他の物件」については、「国税に関する法令の規定により備付け又は保存しなければならないこととされているものである場合にはその旨を併せて通知するものとする」（通則令30の4②）と規定されている。これに対して、電子帳簿保存法においては、国税関係帳簿書類を「国税関係帳簿（国税に関する法律の規定により備付け及び保存をしなければならないこととされている帳簿（かっこ内省略））又は国税関係書類（国税に関する法律の規定により保存をしなければならないこととされている書類をいう。以下同じ。）」（電帳法2二）と定義し、国税関係帳簿書類を電子帳簿保存法施行規則で定めるところにより電磁的記録により備付け及び保存している場合には、その国税関係帳簿書類に係る電磁的記録の保存等をもってその保存等に代えることができることとされている（電帳法4）。また、

電子メールにより授受した注文書や契約書等の電子帳簿保存法7条の規定により保存しなければならないこととされている電子取引の取引情報に係る電磁的記録も、その他の物件に含まれることとなる。そのため、これらの「電磁的記録」についても、調査の対象となる物件に含まれる。

　したがって、これら電子帳簿保存法の規定の適用があることが予想される納税義務者には、例えば「所得税法の規定により保存することとされている帳簿書類等（それらを電磁的記録により保存している場合はその電磁的記録を含む）及び電子帳簿保存法の規定により保存しなければならないこととされている電磁的記録がある場合にはその電磁的記録…」と通知することとされている（FAQ（職員）問1－34）。

⑧　調査の相手方の氏名等

　調査の相手方である納税義務者の氏名及び住所（居所）についても、事前に通知される（通則法74の9①七、通則令30の4①一）。また、この納税義務者が法人である場合には、「名称」及び「所在地」となる（通則令10①一かっこ書、会社法4）。

　なお、納税義務者の「住所又は居所」については、「事務所及び事業所を含む」（通則令4②一かっこ書）と規定されていることから、源泉所得税の調査にあっては、「納税義務者の住所又は居所」として、基本的には源泉徴収の対象とされている給与等の支払事務を取り扱う事務所や事業所等が通知されることになる（FAQ（職員）問1－20）。

⑨　調査担当職員の氏名等

　その調査を担当する職員の氏名及び所属官署についても、事前通知される（通則法74の9①七、通則令30の4①二）。

複数の職員が調査を担当することもよくあるが、そのような場合は、代表する職員の氏名及び所属官署のみが通知される（通則令30の4①二かっこ書）。また、これと併せて、調査担当者の人数についても、通知される（FAQ（一般）問19）。この場合、通知された代表者以外の担当職員の氏名等を知るには、調査担当職員には身分証明書等の携行が義務付けられているので（通則法74の13、調査指針2章3(1)）、調査で対面した際に身分証明書の提示を求めればよいだろう（**第3章Ⅰ④(2)**参照）。

　また、法令上、質問検査等を行う調査担当職員が事前通知することに限定されてはいないので、調査に臨場しない統括官等が事前通知を行うことも可能とされている（FAQ（職員）問1－37）。

　人事異動により繰越事案の調査担当職員が変更となる場合については、事前通知した調査担当職員を変更する場合の手続は法定されていないので、改めて法令上の事前通知を行う必要はないが、調査は納税義務者の理解と協力を得ながら円滑に行う必要があることから、運用上、調査担当職員を変更する場合は、その旨を速やかに納税義務者に連絡することとされている（FAQ（職員）問1－38）。

　調査中に納税義務者が所轄税務署以外の納税地に転出した場合については、転出先の所轄税務署等においては、転出元署から引き継がれた調査に関する情報等に基づき、実質的に調査を継続することになるので、法令上の事前通知を改めて行う必要はないが、臨場して調査を実施する場合には、納税義務者に対し、事前に、その転出先署において転出元署で実施していた調査を継続する旨及び転出先署の調査担当職員名を連絡し、日程調整の上、臨場することとされている。なお、国税通則法74条の2第5項の規定の適用により（**第3章Ⅰ④(3)**参照）、引き続き転出元署職員が調査を継続する場合も、法令上の事前通知を改めて行う必要はないが、同項の規定により転出先署職員に代わり引き続き転出元職員が質問検査権を行使する旨を適宜の方法により納税義務者に説明することになるとされている（FAQ（職員）問1－39）。

一般調査部門の調査に国際税務専門官（又は情報技術専門官）の支援を受けることとなった場合は、基本的に、支援を受ける一般調査部門の調査担当職員の氏名・所属官署を事前通知事項として通知することとされている。また、他署の国際税務専門官（又は情報技術専門官）が調査に同行することが予定されている場合は、法令上は臨場する全員の職員の氏名等を通知することとはされていないが、必要に応じ、同行する職員の氏名・所属官署（臨場人数を含む）も併せて通知することとされている（FAQ（職員）問1－41）。

　国税局の資料調査課と税務署との合同調査の場合は、資料調査課の担当総括主査、担当専門官又は担当主査を調査担当職員の代表者として事前通知するとともに、所轄署の調査担当職員（代表者）の氏名等についても併せて通知することとされている（FAQ（職員）問1－42）。

　調査初日に調査担当職員がやむを得ず変更となった場合は、事前通知した調査担当職員を変更する場合の手続は法定されていないので、改めて法令上の事前通知を行う必要はないが、事前通知事項である「調査を行う当該職員の氏名」が変更されることとなるため、その旨を速やかに納税義務者に連絡した上で調査を実施しなければならない（FAQ（職員）問1－43）。また、調査初日や調査中に調査担当職員を追加することは可能と考えられているが、税務調査は、納税義務者の理解と協力を得ながら、円滑に行う必要があることから、そのような場合には、その旨を速やかに納税義務者に説明することとされている（FAQ（職員）問1－44）。さらに、調査初日に複数の調査場所で同時に調査が行われる場合は、事前通知事項として、調査を行う場所とそこで調査を行う職員の氏名・所属官署（複数の場合は代表する者の氏名・所属官署）をそれぞれ通知し、併せて、運用上、調査場所ごとの臨場人数も連絡することとされている（FAQ（職員）問1－45）。

10 調査開始日時又は場所の変更に関する事項

(1) 通知事項

　調査の事前通知に際しては、「調査開始日時又は場所の変更に関する事項」についても伝えることとされている。これは具体的には、納税義務者又は税務代理人（以下、Ⅵにおいて、両者を併せて「納税義務者等」という）から日時又は場所の変更を求められた場合の対応（通則法74の9②）についてもあらかじめ通知しておくというものである（通則法74の9①七、通則令30の4①三）。

(2) 日時又は場所の変更を求める手続

　そこで以下では、日時又は場所の変更を求める手続についても解説しておこう。

　事前通知を受けた納税義務者等は、調査を開始する日時又は場所について、合理的な理由を付してその変更を求めることができる（通則法74の9②）。この変更を求める方法については、特に法令で定められていないことから、口頭による申出で差し支えない（FAQ（一般）問17）。

　この変更の求めは、税務代理人も行うことができる（調査通達8－2）。この場合の合理的な理由には、納税義務者の事情のみならず、税務代理人の事情に基づく理由も含まれることになる（FAQ（職員）問1－77）。なお、複数の税務代理人がおり、代表する税務代理人の定めがある場合は、他の税務代理人についても、合理的な理由があれば、事前通知を受けた調査開始日時等の変更を求めることができる。ただし、この場合、事前通知事項の変更に係る通知については、事前通知と同様に、代表する税務代理人に対して行われることとなるので、変更に係る申出は代表する税務代理人を通じて行わなければならない（FAQ（税理士）問21）。

この変更の求めの際、「合理的な理由」を付さなければならない趣旨は、当初の事前通知の際に設定された調査開始日時・場所については、通常は納税義務者等の都合等をも勘案されたものであるので、適正公平な課税の観点から、調査の適切かつ円滑な実施に支障を及ぼすことのないようにするためであると解されている（精解1004頁）。

　そこで、この「合理的な理由」の具体例としては、次の場合が挙げられている（調査通達5－6）。なお、「多忙である」という理由については、単に多忙であることをもって、合理的な理由に該当するとは判断できないが、多忙であることの具体的内容を聴取し、個々の実情を考慮した上で、「業務上やむを得ない事情」として調査日時等の変更が可能か否かを検討することとされている（FAQ（職員）問1－55）。

〈「合理的な理由」の具体例〉
　納税義務者等の病気・怪我等による一時的な入院や親族の葬儀等の一身上のやむを得ない事情、納税義務者等の業務上やむを得ない事情がある場合

　もっとも、そもそも調査は納税義務者の理解と協力を得て行うものであること（調査通達制定文）に鑑みれば、上記の例示に該当しない場合であっても、不当に調査の開始を遅らせるものであると判断される事情等でなければ、運用上は、個々の事案の事実関係に即して弾力的な判断がなされるべきである（通達逐条109〜110頁）。

　そして、この変更の求めを受けた税務署長等は、その日時又は場所の変更を求めた納税義務者等と協議するよう努めなければならない（通則法74の9②）。この協議の際の「合理的な理由」に該当するか否かの判断については上述のように弾力的な判断がなされるべきだが、調査通達及び調査指針では、「個々の事案における事実関係に即して、当該納税義務者の私的利益と実地の調査の適正かつ円滑な実施の必要

性という行政目的とを比較衡量の上判断する」こととされている（調査通達5－6、調査指針2章2(2)参照）。

この協議の結果、合理的な理由が認められない場合については、例えば、単に多忙であることを理由に、繰り返し調査日時の変更を申し出るなど納税義務者等からの変更の申出の理由が合理的なものと認められない場合は、その旨を納税義務者等に十分説明し、事前通知した日時により調査を行うことになるものとされている（FAQ（職員）問1－57）。なお、このような場合に納税義務者は不服申立てをすることができるのか否かについては、日時又は場所の「変更の求め」は行政手続法上の「申請」*11に該当せず、税務署長等は納税義務者からの求めに対して何らかの処分を行うものではないことから、不服申立てをすることはできないと解されている（FAQ（職員）問1－56）。

ところで、事前通知後に課税庁側から調査の開始日時や場所を変更することはできるのだろうか。これについては、法令上は課税庁側の都合により事前通知した調査開始日時や場所を変更する場合の手続については特段規定されていないので、真にやむを得ない場合等に限り、納税義務者等と協議の上、変更することは可能であるとされている（FAQ（職員）問1－58）。

⑪　事前通知を要しない関連調査

調査の事前通知に際しては、「事前通知事項以外の事項について非違が疑われることになった場合には、当該事項に関し調査を行うことができる旨」についても伝えることとされている。これについて規定上は、国税通則法「第74条の9第4項の規定の趣旨」を通知することとされている（通則法74の9①七、通則令30の4①四）。

そこで国税通則法74条の9第4項を確認すると、同項は、調査担当

---

*11　「申請」とは、法令に基づき、行政庁の許認可等を求める行為であって、その行為に対して行政庁が諾否の応答をすべきこととされているものをいう（行手法2三）。

職員が調査によりその調査に係る調査の目的、税目、期間、帳簿書類その他の物件（上記■で列挙した事前通知項目のうち④～⑦）以外の事項についての非違が疑われることとなった場合には、その事項に関し質問検査等を行うことができ（通則法74の9④前段）、この場合にその事項に関する質問検査等について改めて事前通知を行う必要がない旨を定めている（通則法74の9④後段）。つまり、その調査の目的、税目、期間、帳簿書類その他の物件については、調査の対象が通知された事項に完全に限定されているというわけではなく、調査着手後に非違が疑われるに至った場合にはその後に判明した新たな事項についても質問検査等を行うことができるということである（精解1004～1005頁）。

そして、このように事前通知された事項以外の事項について非違が疑われた場合には、調査担当職員は、納税義務者に対し調査対象に追加する税目、期間等を説明し理解と協力を得た上で、調査対象に追加する事項についての質問検査等を行うこととされている（調査指針2章3(2)）。

事前通知した調査対象税目以外の税目につき、質問検査等を行う場合とは、例えば、法人税・所得税等の調査の過程で確認した各種書類について、事前通知していない印紙税の納付（印紙貼付）漏れが疑われる場合や、資産課税部門における譲渡所得の調査の過程において、金銭の流れを検討した結果、事前通知していない贈与税の申告漏れが疑われる場合等が該当する（FAQ（職員）問1－61）。

また、課税期間を追加する場合とは、事前通知した調査対象期間を調査している過程で非違を把握し、その非違が認められる取引先との取引が調査対象期間よりも前の課税期間にも存在するなど、調査対象期間よりも前の課税期間にも同様の非違が疑われる場合等が該当する（調査中に法定申告期限が到来した課税期間にも同様の非違が疑われる場合には、納税義務者の事務負担等の観点から合理的と認められるときは、調査対象としても差し支えないこととされている。FAQ（職員）問1－62）。

もっとも、FAQ（一般）の問32には、「調査の過程で、事前通知を受けた税目・課税期間以外にも調査が及ぶこととなった場合には、調査の対象を拡大する旨や理由は説明してもらえるのですか」との問いに対して、「この場合には、納税者の方に対し、調査対象に追加する税目、課税期間等について説明し理解と協力を得た上で行いますが、当初の調査の場合と同様、追加する理由については説明することはありません」（下線著者）との回答がある。

　しかし、調査の対象をあらかじめ特定することが事前通知制度の趣旨であることに鑑みれば、その特定された調査対象を拡大することになるわけであるから、当初の事前通知時とは異なり、基本的には調査対象を拡大する理由の説明があってしかるべきではなかろうか。

　これについてはFAQ（職員）問1－60で、「納税義務者に説明する義務はありませんが、調査を円滑に進める観点から、調査に支障がないと判断される場合には、その範囲内で、説明することは差し支えありません」とされているので、積極的に説明がなされるべきである。

　なお、以上の手続によって調査対象が拡大されたものの、結果的には問題がなかったという場合もあり得るが、そのような場合であっても、調査手続実施上の不備には当たらないものと考えられている（FAQ（職員）問1－63）。そして、この場合には、通知された事項以外の期間において非違が把握されていないので、その期間について、納税義務者に対して「更正決定等をすべきと認められない旨の通知書」（＝いわゆる是認通知書）が交付されることとなる（**第4章Ⅱ** **1**(2)参照）。

Ⅶ 無予告調査

　これまで解説してきたように、実地の調査に際しては、原則として、あらかじめ事前通知をしなければならない（通則法74の９）。ただし、一定の要件を満たす場合には、事前通知をせずに実地の調査を行うこと（以下「無予告調査」という）が認められている（通則法74の10）。

　なお、無予告調査を実施した結果、特に非違事項が認められなかった場合であっても、手続違反とはならないと解されている。これは、国税通則法74条の10の規定は、事前通知を行うことなく調査を実施した結果として必ず非違が発見されることを要件としているものではないので、事前通知の要否について必要な判断を適切に実施している限りにおいては、調査の結果として非違事項が認められなかった場合であっても、訴訟において、手続違反と判断されることにはならないと考えられているからである（FAQ（職員）問２－10）。

１ 無予告調査の要件の概要

　まず、無予告調査の要件を定める規定（通則法74の10）の内容を整理すると、図表２－２のようになる。

■図表2－2　無予告調査の要件等

┌─ 背景＝判断の前提 ─┐
①申告の内容
②過去の調査結果の内容
③営む事業内容に関する情報
④課税庁が保有する情報
└──────────┘ に鑑み…

┌─ 税務署長等が判断 ─────────────────────┐
❶　違法・不当な行為を容易にし、正確な課税標準等・税額等の把握を
　　困難にするおそれがあると認められるか？
❷　国税に関する調査の適正な遂行に支障を及ぼすおそれがあると認め
　られるか？
└──────────────────────────────┘

YES　　　　　　　　　　　　　　　　　　　NO

無予告調査可能　　　　　　　　　　　無予告調査不可
（事前通知を要さない）　　　　　　　（事前通知が必要）

② 　判断の前提となる情報

　図表2－2の左上にある判断の前提となる「①申告の内容」等に
は、次のような情報が含まれると考えられている（通達逐条112頁）。

〈判断の前提となる情報の例〉
①　申告の内容
　　適正な申告書が提出され納付されているか、申告事績の趨勢など
から申告内容に不審点がないか、等の情報
②　過去の調査結果の内容
　　過去の調査において、検査忌避、仮装・隠蔽、取引先と通謀した
不正な行為が行われた事実があるか、第三者の立会いを要求するこ
とにより調査の適正な遂行に支障が生じた事実があるか、記帳・帳
簿保存義務が遵守されていたか、等の情報

---

③　営む事業内容
　　業種・業態、取引形態、決済手段、業界特有の取引慣行等の事業
内容に関する情報
④　課税庁が保有する情報
　　法定資料、部外からの投書等の情報

　このうち③については、通達で、「単に不特定多数の取引先との間
において現金決済による取引をしているということのみをもって事前
通知を要しない場合に該当するとはいえないことに留意する」と定め
られている（調査通達５－７）。つまり、いわゆる現金商売であると
いうことのみをもって無予告調査を行うことはできないということで
ある。これについては、「現金取引を行っている」、「過去に不正計算
があった」、「同業者に不正計算が多い」といった理由は、それぞれ事
前通知を行うことなく調査を実施する場合の判定の一要素にはなるも
のの、そのいずれかのみをもって判断することはできないこととされ
ている。すなわち、事前通知を要しない調査の適否検討に当たって
は、内外観調査を含めた資料情報、過去の調査状況、申告内容等から
事前通知の例外事由に該当するかを総合的に判断することになるとい
うことである（ＦＡＱ（職員）問２－４）。このことは、次に税務署長
等が判断することとなる図表２－２の❶及び❷の要件が定められてい
ることからも明らかである。
　また、④については、ＦＡＱ（職員）において、次の①～③などが
該当するものとされている（ＦＡＱ（職員）問２－２）。

〈課税庁が保有する情報の具体例〉
①　報道機関による報道、インターネット上のウェブサイト、刊行物
　など、公開されている情報源に基づき収集した情報
②　法定調書や職員が独自に収集した資料情報
③　調査対象者の従業員、取引先等から寄せられた情報

③ 判断の要素

　以上の四つの情報に鑑みて、税務署長等は図表2－2中段の❶及び❷の要件の該当性を判断することとなる。

　このうち❶の「違法・不当な行為」の範囲については、通達で次のように定められている（調査通達5－8）。

〈「違法・不当な行為」の範囲〉
　事前通知をすることにより、事前通知前に行った違法・不当な行為の発見を困難にする目的で、事前通知後は、このような行為を行わず、又は適法な状態を作出することにより、結果として、事前通知後に、違法・不当な行為を行ったと評価される状態を生じさせる行為が含まれることに留意する。

　また、❶及び❷の具体例として、通達では図表2－3のように定められている。

　図表2－3のうち、①～⑥については、納税義務者（①～⑤）又は第三者（⑥）の行為が、合理的に推認可能であることが必要とされていることがポイントである。このうち特に納税義務者の行為については、単に①から⑤までに掲げた一定の事情があるという可能性をうかがわせる情報が存在することだけをもって、それら一定の事情があると認めるに足るものと判断するのではなく、その情報について国税当局としての合理的な知見・判断能力をもって客観的に評価した結果、それら一定の事情があると「合理的に推認される場合」をいうとされている（FAQ（職員）問2－3）。

　これに関連して、例えば、個人事業を営んでいた際に行われた複数回の調査において、その都度多額の不正があり、原始記録等も破棄していた個人事業者が法人成りした場合に、その状況をもって事前通知

■図表2－3　判断要素の具体例

❶　違法・不当な行為を容易にし、正確な課税標準等・税額等の把握を困難にするおそれがあると認められる場合（調査通達5－9）
事前通知することにより，納税義務者において，例えば以下のような事情が合理的に推認される場合 ① 国税通則法128条2号・3号（不提示・虚偽答弁・忌避妨害等）を行うことを助長 ② 調査の実施を困難にすることを意図し逃亡 ③ 帳簿書類等その他の物件を破棄・移動・隠匿・改ざん・変造・偽造 ④ 過去の違法・不当な行為の発見を困難にする目的で，質問検査等を行う時点において適正な記帳・書類の適正な記載と保存を行っている状態を作出 ⑤ 納税義務者の使用人・取引先・その他の第三者に対し，①～④に掲げる行為を行うよう，又は調査への協力を控えるよう要請（強要・買収・共謀することを含む）
❷　国税に関する調査の適正な遂行に支障を及ぼすおそれがあると認められる場合（調査通達5－10）
⑥ 事前通知することにより，税務代理人以外の第三者が調査立会いを求め，それにより調査の適正な遂行に支障を及ぼすことが合理的に推認される場合 ⑦ 事前通知を行うため相応の努力をして電話等による連絡を行おうとしたものの，応答を拒否され，又は応答がなかった場合 ⑧ 事業実態が不明であるため，実地に臨場した上で確認しないと事前通知先が判明しない等，事前通知を行うことが困難な場合

の例外事由に当たると判断できるのだろうか（法人成り後、調査未実施）。これについては、個人事業時の調査において把握した状況も、代表者の税に対する認識という観点から、事前通知を行うことなく調査を実施する場合の判定の一要素にはなるものの、それのみをもって判断するのではなく、内外観調査を含めた資料情報、申告内容等から事前通知の例外事由に該当するかを総合的に判断することになる（FAQ（職員）問2－5）。

　一方、図表2－3の⑦及び⑧については、事前通知自体が困難な場合に関する例示となっている。

④ 調査着手後の通知・説明

(1) 総　　説

　以上の要件を満たして無予告調査を実施する場合であっても、臨場後速やかに、調査の目的、対象税目、対象期間、対象物件、対象者の氏名等、担当者の氏名・所属官署等を通知するとともに、それらの事項以外の事項についても、調査の途中で非違が疑われることとなった場合には、質問検査等の対象となる旨を説明し、納税義務者の理解と協力を得て調査を開始することとされている（調査指針2章2(3)(注) 2）。

　それでは、例えば、納税義務者本人が臨場先に不在であったため、電話等により納税義務者本人に調査に着手することにつき理解を得たが、詳細な通知を行う時間的余裕がなかった場合など、運用上、臨場後速やかに通知することとされている通知事項について口頭で通知することが困難な場合には、どのような通知がなされるのだろうか。これについては、調査に着手することにつき納税義務者の理解が得られている場合には、円滑な調査実施の観点から、調査の対象となる帳簿書類その他の物件など通知事項の詳細について、調査の過程で速やかに通知することとしても差し支えないとされている（納税義務者に対して調査に着手することにつき理解を求める際は調査通知を併せて行うことに留意する。FAQ（職員）問2－8）。

　また、無予告調査の臨場後、相応の努力をしても納税義務者に接触できず通知ができないなど、調査の進展が阻害されるような場合においては、個別事案に即して判断した上で、通知せずに反面調査等に移行しても差し支えないとされている。このように反面調査等に移行した場合であっても、その後納税義務者に接触でき、質問検査等を行えることとなった場合は、速やかに通知事項を通知してから質問検査等を開始しなければならない（FAQ（職員）問2－9）。

ただし、事前通知を行わないこととした理由については、説明され
ない（FAQ（一般）問21参照）。この事前通知を行わなかった理由に
ついて、調査担当職員は、質問検査等を行う上での法律上の一律の要
件とされているものではない旨を納税義務者に丁寧に説明の上、調査
への理解と協力を求めなければならない（FAQ（職員）問2－7）。

(2)　税務代理人に対する通知・説明

　法令上、事前通知を行うことなく調査を実施する場合に、臨場後、
税務代理人へ連絡することは特段規定されていないが、税務代理人が
ある場合には、その税務代理人に対しても、臨場後速やかに納税義務
者へ通知した事項を通知することとされている（調査指針2章2(3)注
2）。

　なお、税務代理権限証書の提出はないものの、申告書に署名を行っ
ている税理士があり、納税義務者がその税理士の立会いを求める場合
には、税務代理権限証書の提出を指導した上で、その税理士に対して
も納税義務者へ通知した事項を通知することとされている（FAQ（職
員）問2－11）。

VIII　税理士法上の書面添付制度

　税理士又は税理士法人（以下、本章において両者を併せて「税理士等」という）が税務代理人として申告書を提出する際に、税理士法33条の2に規定される書面を添付しておくと、税務調査の事前通知の前に、所轄税務署等の職員からその税理士に対して、添付書面の記載内容についての意見を述べる機会が付与される（税理士法35①）。

①　書面添付制度の概要

　税理士等が申告書（申告納税方式の国税又は申告納付・申告納入の方法による地方税の課税標準等を記載したものに限る。以下、本章において同じ）を作成したときは、その申告書の作成に関し、計算し、整理し、又は相談に応じた事項を記載した「税理士法第33条の2第1項に規定する添付書面」（以下「添付書面」という）をその申告書に添付することができる（税理士法33の2①、税理士規17・第9号様式・第10号様式）。これを「書面添付制度」という。

　ここで「申告書の作成に関し、計算し、整理し、又は相談に応じた事項」とは、例えば、申告書に記載された課税標準等に関する①伝票の整理、②各種帳簿の記入・整理・計算、③損益計算書・貸借対照表の計算・作成、④税務に関する調整、⑤所得金額・税額の計算、⑥これらに関する相談等のどの段階から、具体的にどのように関与してきたのかの詳細をいう*12。

---

*12　日本税理士会連合会編『税理士法逐条解説』（日本税理士協同組合連合会、8訂版、2023）145頁。

② 事前通知前の意見聴取

　この書面添付がある場合、所轄税務署等の職員は、税務調査の日時場所をあらかじめ通知するときには、その通知前に、税務代理人である税理士に対して、添付書面の記載事項について意見聴取の機会を与えなければならない（税理士法35①）（図表２−４）。

■図表２−４　書面添付制度の概要

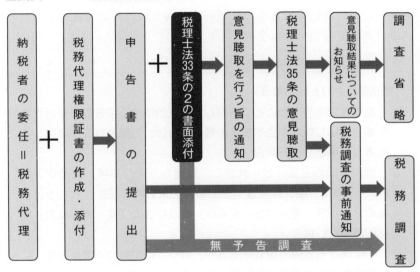

（出典）　日本税理士会連合会業務対策部『書面添付制度に係る書面の良好な記載事例と良好ではない記載事例集』３頁をもとに作成。

　ここでまずポイントは、申告時に税務代理権限証書（税理士法30、税理士規15）の添付がないと意見聴取の対象とはならないということである。なお、これは事前通知をすることが前提とされているので、（上記Ⅵで解説した）無予告調査の場合も意見聴取の対象とはならない。
　意見聴取の時期・方法については、事前通知予定日の１週間から２

週間前までに、調査担当職員から税務代理権限証書に記載された税理士等に対して意見聴取を行う旨の電話連絡があり、取り決められることになる。この場合、意見聴取は事前通知予定日の前日までに了することとされ、原則として税理士等に来署依頼する方法により行うこととされている（書面添付指針[*13]2章2節2）。

この意見聴取の結果、調査の必要がないと認められた場合には、税務調査は行われない。この場合、税理士等に対し「現時点では調査に移行しない」旨の連絡を、原則として「意見聴取結果についてのお知らせ」を所轄税務署長から送付することにより行うこととされている。ただし、次に掲げるものに該当する場合には電話連絡により行われる（書面添付指針2章2節5(1)）。

〈電話連絡が行われる場合〉
① 意見聴取を行ったことに基因して自主的に修正申告書が提出された場合又はじ後の申告や帳簿書類の備付け、記録及び保存に関して指導した事項がある場合
② 添付書面の2面「3 計算し、整理した主な事項」欄及び3面「5 その他」欄又は税理士法33条の2第2項に規定される添付書面の2面「3 審査した主な事項」欄及び3面「4 審査結果」欄に記載がない場合
③ ②に掲げる各欄の記載はあるが、明らかに記載に不備がある、又は内容が具体性に欠けるなど、②に準ずると認められる場合

一方、意見聴取の結果、調査の必要があると認められた場合には、事前通知の前に、税理士等に対し意見聴取結果と「調査に移行する」

[*13] このほか、「資産税事務における書面添付制度の運用に当たっての基本的な考え方及び事務手続等について（事務運営指針）」、「法人課税部門における書面添付制度の運用に当たっての基本的な考え方及び事務手続等について（事務運営指針）」等も参照。以下同じ。

旨の電話連絡がある（書面添付指針2章2節5(2)）。なお、税務代理人が数人あり、納税義務者が定めた代表となる税務代理人以外の税務代理人が書面添付をしている場合で、意見聴取の結果、実地の調査を行うときには、調査に移行する旨をその書面を添付している税務代理人に伝えた後に、調査対象となる納税義務者及び代表する税務代理人に対して事前通知を行うこととされている（FAQ（職員）問1－76）。

　また、意見聴取の段階で申告内容の誤りに気づき、（事前通知前に）自主的に修正申告をした場合には、原則として加算税の対象にはならない（更正予知（通則法65⑤。**第5章Ⅳ4(3)参照**）に当たらず（書面添付指針2章2節3））。この意味で、書面添付制度は有効である。

第3章

実地の調査

　実地の調査では質問検査権が行使されることとなるが、「質問」及び「検査」とは具体的に何を意味するのだろうか。
　また、調査で提出した物件の「留置き」の意義と手続についても解説しよう。
　さらに、調査に際して、課税庁は事業者等への協力要請等をすることができることになっている。

 # 実地の調査で行使される質問検査権

まずここでは、実地の調査で行使されることとなる質問検査権の意義を確認しよう（「質問検査等」の意義については、**第1章Ⅳ2**参照）。

1 主な税目に関する質問検査権の概要

実地の調査で行使されることとなる質問検査権の内容については、税目ごとに国税通則法に横断的に根拠規定が置かれている（通則法74の2〜74の6）。

図表3−1は、主な税目（**第1章Ⅵ**で解説した税理士が税務代理人となる税務調査の税目）に関する質問検査権の内容を整理したものである。なお、当然のことながら、質問の相手方は人であり、検査の対象は物件となる。

2 質問の相手方

図表3−1のうち、特に「質問の相手方」については、事前通知の相手方にもなっている者に下線が引いてある。これは言い方を換えれば、実地の調査で行使される質問権の相手方には、事前通知の対象外である者（例えば取引先等≒反面調査の相手方）も含まれるということである。

また質問の相手方には、これらの者のほか、調査のために必要がある場合には、これらの者の代理人、使用人その他の従業者についても含まれる（調査通達1−4）。

■図表３−１　主な税目ごとの質問検査権の内容

税目（根拠条文）	質問の相手方（事前通知の相手方）	検査の対象（根拠条文）
所得税 （通則法74の２①一 イ〜ハ）	① 所得税の納税義務がある者・納税義務があると認められる者（源泉徴収義務者を含む） ② 損失申告・年の中途で死亡した場合の確定申告・年の中途で出国をする場合の確定申告等の規定による申告書を提出した者 ③ 支払調書、源泉徴収票等の提出義務者 ④ ①・②の者の取引先等	左記の者の事業に関する帳簿書類その他の物件（税関職員が行う調査については、課税貨物又はその帳簿書類その他の物件） （通則法74の２①柱書）
法人税・地方法人税 （通則法74の２①二 イ・ロ）	① 法人 ② 法人の取引先等	
消費税（税関以外） （通則法74の２①三 イ・ロ）	① 消費税の納税義務がある者・納税義務があると認められる者 ② 還付申告書を提出した者 ③ ①・②の者の取引先等	
消費税（税関） （通則法74の２①四 イ・ロ）	① 課税貨物を保税地域から引き取る者 ② ①の者の取引先等	
相続税・贈与税 （通則法74の３①一 イ〜ト・②）	① 相続税・贈与税の納税義務がある者・納税義務があると認められる者 ② 法定資料の提出義務者 ③ ①の者と債権債務関係にあり、又はあったと認められる者 ④ ①の者と株主・出資関係にあり、又はあったと認められる者 ⑤ ①の者に対して財産譲渡関係にあり、又はあったと認められる者 ⑥ ①の者と当該財産の譲受関係にあり、又はあったと認められる者 ⑦ ①の者の財産を保管し、又は保管したと認められる者 ⑧ 公証人	［①〜⑦］ 左記①の者の財産又はその財産に関する帳簿書類その他の物件 （通則法74の３①柱書） ［⑧］ 公証人の作成した公正証書のうち左記①の者に関する部分 （通則法74の３②）

③ 検査の対象

(1) 検査（権）の対象

　検査の対象となる「帳簿書類その他の物件」（「帳簿書類その他の物件」の意義については、**第２章Ⅵ⑦(1)参照**）には、国税に関する法令の規定により備付け、記帳又は保存をしなければならないこととされている帳簿書類のほか、国税通則法74条の２〜74条の６に規定される国税に関する調査又は国税通則法74条の３に規定される徴収[*1]の目的を達成するために必要と認められる帳簿書類その他の物件も含まれる（調査通達１−５。**第２章Ⅵ⑦(1)参照**）。なお、国外において保存するものも含まれる（調査通達１−５（注））。

　また、検査権には、検査した物件の提示又は提出を求めることも含まれる（通則法74の２①柱書、74の３①柱書等）。このうち「物件の提示」とは、調査担当職員の求めに応じ、遅滞なくその物件（写しを含む）の内容をその職員が確認し得る状態にして示すことをいい、「物件の提出」とは、調査担当職員の求めに応じ、遅滞なくその職員に物件（写しを含む）の占有を移転することをいう（調査通達１−６）。

---

*1　相続税及び贈与税の質問検査権は、他の税目とは異なり、「徴収について必要があるとき」にもその行使ができることとされている（通則法74の３①柱書）。この点、特に相続税法においては、一定の要件の下に延納及び物納が認められているところ、それぞれの要件に該当するか否かの調査を行うこととされているが（相法39②、42②）、この調査は国税徴収法上の国税の滞納処分を行うための徴収職員による質問検査権に関する規定（徴収法141）の適用外である。したがって、「徴収について必要があるとき」（通則法74の３①柱書）とは、延納及び物納の要件に該当するか否かの調査について必要があるときを含むものと解される（精解965頁、武田昌輔監修『DHC コンメンタール国税通則法』（第一法規、加除式、1982）3953の７〜８頁、関戸勉・青木丈「法74条の３　当該職員の相続税等に係る質問検査権」日本弁護士連合会・日弁連税制委員会編『国税通則法コンメンタール　税務調査手続編』（日本法令、2023）234頁参照）。

⑵ 提出を求められた資料の e-Tax による提出

　なお、令和４年１月から、税務調査の際に、調査担当職員から求められた資料について、e-Tax により提出できるようになった（図表３－２）[*2]。

■図表３－２　提出を求められた資料の e-Tax による提出

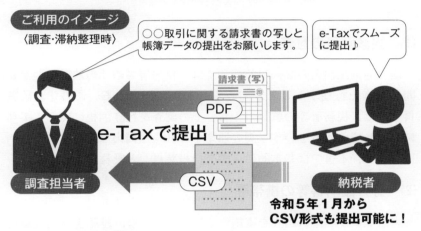

（出典）　国税庁作成資料

　具体的には、税務調査や滞納整理の際に、調査・徴収事務担当職員から求められた書類（請求書・納品書の写しや帳簿データなど）を提出する場合、書面による提出に代えて e-Tax を利用することで、データ（PDF 形式・CSV 形式[*3]）により、担当者（担当部署宛）へ提出することができることになっている。これは、e-Tax を利用している者であれば、法人・個人を問わず利用することができ、税理士による

[*2]　以下、⑵の解説については、東京国税局「e-Tax　税理士のための代理送信マニュアル」
　　　（令和５年２月版）「(参考) 調査関係書類の e-Tax ソフトによる提出」参照。
[*3]　CSV 形式は、令和５年１月からデータの提出が可能となった。

代理送信も可能である。なお、本制度を利用してe-Taxによる提出が可能な書類（＝調査関係書類）は、税務調査や滞納整理の際に、調査・徴収事務担当職員から求められた書類に限られる（申告、申請・届出等（イメージデータによる提出が可能な書類を含む）といった他の手続については、別途、所定の手続により提出する必要がある）。

④ 質問検査権を行使する「当該職員」の意義

(1) 当該職員の意義

国税通則法74条の2～74条の6では、税務署等の「当該職員」が質問検査権を行使することができることとされている。この「当該職員」とは、税務署等の職員のうち、その調査を行う国税に関する事務に従事している者をいう（調査通達1-3）。なお、この「当該職員」について、本書では基本的に「調査担当職員」と呼称している。

(2) 身分証明書等の携帯等

当該職員が実地の調査を実施する場合には、身分証明書（国税職務証票の交付を受けている場合は国税職務証票）及び質問検査章を必ず携帯し、質問検査等の相手方となる者に提示して調査のために往訪した旨を明らかにした上で、調査に対する理解と協力を得て質問検査等を行わなければならない（調査指針2章3(1)）。

そのため、納税義務者や税理士が実地の調査で対面した調査担当職員の氏名や身分等を知るためには、この身分証明書の提示を求めればよいだろう。もっとも通常は、納税義務者や税理士と調査担当職員が対面した際に名刺交換をすることになろう。この場合、調査担当職員が名刺を持っていないときには、身分証明書が提示されることになる。この点、税務署等の職員には、原則として名刺は支給されず、所持を希望する職員が独自に名刺を作成しているため、名刺を持っていない職員もいるのである。

これに関して、法令上も当該職員には質問検査章の携行及び（請求があったときの）提示が義務付けられている（通則法74の13）*4。

　この質問検査章の様式は、下記のとおりである（国税質問検査章規則2①、別表第一）。

```
第　　　号
                    税に関する質問検査章

            国税庁、国税局又は税務署

                              官　　氏　　　　　名

                                 年　　　月　　　日生

        年　　　月　　　日交付

                    国税庁長官、国税
                    局長又は税務署長          印
```

（用紙　日本産業規格Ｂ８）

　なお、調査担当職員がこの質問検査章の提示の求めに応じなかった場合には、その調査は違法となるので、その時点で調査の受忍を拒否することができるものと解される（下記**6**で後述する質問検査拒否妨害等罪（通則法128二）に該当せず。最判昭和27年３月28日刑集６巻３号546頁参照）。

＊4　身分証明書の携帯等（通則法74の13）については、脇谷英夫「法74条の13　身分証明書の携帯等」日本弁護士連合会・日弁連税制委員会編『国税通則法コンメンタール　税務調査手続編』（日本法令、2023）423頁以下で詳しく解説されている。

⑶ 納税地の異動があった場合の質問検査権の行使主体

　また、法人税、地方法人税又は消費税（以下、⑶において「法人税等」という）についての調査通知があった後にその納税地に異動があった場合において、その異動前の納税地を所轄する国税局長・税務署長が必要があると認めるときは、その異動前の納税地の所轄国税局・所轄税務署の当該職員は、その異動後の納税地の所轄国税局・所轄税務署の当該職員に代わり、その法人税等に関する調査（その調査通知に係るものに限る）に係る納税義務者等に対し、質問検査権を行使することができることとされている（通則法74の2⑤）。

　これは、令和3年度税制改正において、納税地の異動があった場合の質問検査権の行使主体が整備されたものである。その趣旨は、法人税等に関する調査については、法人・事業者の納税地の所轄税務署等の当該職員に限定されており、これを悪用して、調査中に納税地の異動を繰り返すことにより調査忌避が行われる事例＊5が散見されていたので，このような調査忌避行為への対応として整備されたものである（精解960〜961頁）。

⑤　権限の解釈

　これまで見てきた実地の調査で行使される質問検査権による調査担当職員（＝当該職員）の権限は、「犯罪捜査のために認められたものと解してはならない」と規定されている（通則法74の8）＊6。これは、

＊5　このような調査忌避が行われた事例として、いわゆるヒノックス事件（**第5章Ⅳ③⑻参照**）がある。

＊6　この規定の対象には、後述する物件の留置き（通則法74の7）及び特定事業者等への報告の求め（通則法74の7の2）の権限も含まれている。この「権限の解釈」（通則法74の8）については、菅原万里子「法74条の8　権限の解釈」日本弁護士連合会・日弁連税制委員会編『国税通則法コンメンタール　税務調査手続編』（日本法令、2023）290頁以下で詳しく解説されている。

実地の調査で行使される質問検査権は、租税の公平・確実な賦課徴収のために必要な資料の取得収集を目的とするものであって、犯罪の調査を目的とするものではないことを確認的に示している解釈規定[7]である[8]。

　したがって、質問検査権は、犯罪調査に直接結びつく作用を一般的に有するものではなく、その行使については憲法35条（住居等の不可侵）及び38条（自己に不利益な供述、自白の証拠能力）は適用がないものと解すべきということになる（最大判昭和47年11月22日刑集26巻9号554頁）。

⑥　関係罰則

　なお、以上述べてきた質問検査権の行使に対する納税義務者等による拒否・妨害等について、次の構成要件に該当する場合には、１年以下の懲役又は50万円以下の罰金に処されることとされている（通則法128二・三）[9]。

（質問検査権の行使に関わる罰則）
①　質問検査拒否妨害等罪
　質問検査権の規定（通則法74の２～74の６（74の３②を除く））による調査担当職員の質問に対して答弁せず、もしくは偽りの答弁をし、又はこれらの規定による検査、採取、移動の禁止・封かんの実施を拒み、妨げ、もしくは忌避した者

---

[7]　「解釈規定」の意義については、青木丈『租税法令の読み方・書き方講座』（税務経理協会、2018）62～65頁参照。
[8]　金子宏『租税法』（弘文堂、第24版、2021）996頁参照。
[9]　これらの罰則については、青木丈「法128条　罰則(3)～質問検査拒否妨害等罪等」日本弁護士連合会・日弁連税制委員会編『国税通則法コンメンタール　税務調査手続編』（日本法令、2023）507頁以下で詳しく解説している。

② **提示・提出要求不応諾罪**

　　質問検査権の規定（通則法74の2〜74の6）による物件の提示・提出の要求に対し、正当な理由がなく、これに応じない者

③ **虚偽記載等物件の提示・提出罪**[10]

　　質問検査権の規定（通則法74の2〜74の6）による物件の提示・提出の要求に対し、正当な理由がなく、偽りの記載・記録をした帳簿書類その他の物件（その写しを含む）を提示・提出した者

　そして、これらの場合、法人の代表者（人格のない社団等の管理人を含む）又は法人・人の代理人、使用人その他の従業者が、その法人・人の業務又は財産に関して上記の違反行為をしたときは、その行為者を罰するほか、その法人・人に対して同様の罰金刑が科されるという、いわゆる両罰規定も適用される（通則法130①）。

　もっとも、**第1章Ⅳ1**で述べたように、こうした罰則は、現状では機能不全に陥っており、実際の課税実務で適用されることはほとんどない。

---

[10]　物件の提示・提出の求めに当たっては、この罰則規定をもって強権的に行っているとの誤解を与えないよう、質問検査等の相手方の理解と協力の下、その承諾を得て行うとともに、ここでいう「正当な理由」については、個々の事案に即して具体的に判断する必要があるとされている（FAQ（職員）問3−1）。

Ⅱ 調査で提出した物件の留置き

　税務署等の職員は、国税の調査について必要があるときは、その調査において提出された物件を留め置くことができる（通則法74の7）。これを「提出物件の留置き」といい、これが適用される調査は、実地の調査に限定されていない。

1 規定の趣旨と「留置き」の意義

　上記Ⅰで解説したように、調査担当職員が実地の調査で行使する質問検査権には、検査の対象となる物件の提出を求めることが含まれている（通則法74の2①柱書、74の3①柱書等）。このように物件の提出の手続があるため、提出された物件を預かり、適正に管理する手続が必要になる。この根拠規定が「提出物件の留置き」（通則法74の7）というわけである。

　ここでまず「留置き」とは、「当該職員が提出を受けた物件について国税庁、国税局若しくは税務署又は税関の庁舎において占有する状態」をいう（調査通達2－1(1)本文。下線著者）。ただし、提出される物件が、調査の過程で調査担当職員に提出するために納税義務者や税理士が新たに作成した物件（提出するために新たに作成した写しを含む）である場合は、留置きに当たらない（調査通達2－1(1)ただし書）（図表3－3）。

■図表３－３　留置きの対象物件の範囲

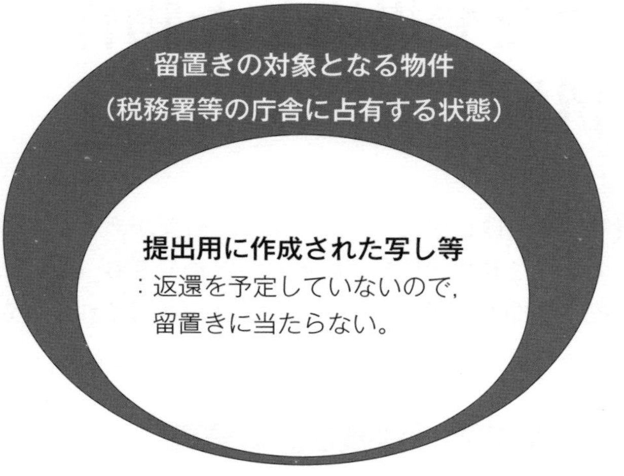

留置きの対象となる物件
（税務署等の庁舎に占有する状態）

提出用に作成された写し等
：返還を予定していないので,
　留置きに当たらない。

　したがって、提出用に新たに作成した写し（コピー）、電子データ
やそれをプリントアウトしたものを預ける場合については、通常は返
還を予定していないため、留置きには当たらない（FAQ（一般）問
４、問５、FAQ（職員）問３－５）。ただし、物件の写しであっても、
納税義務者等が事業の用に供するために調査前から保有しているもの
である場合など、返還を要するものを預かるときは「留置き」に該当
することになる（FAQ（職員）問３－６）。
　そうすると、通常は税務調査で検査の対象となる物件は、紙ベース
のものか電子データがほとんどであろうから、ほとんどの物件は提出
用にコピー等を作成することが可能である。したがって実際は、多く
の場合、提出物件が留置きに該当することはないのではないかと思わ
れる。なお、総勘定元帳を一冊まるごと提出するケースもあるようだ
が、著者は、そのようなことをすべきではなく、元帳のうち、必要な
ページをコピーするかプリントアウトして提出すればよいと考えてい
る。

② 留置きが実施されるケース

では、どのような場合に留置きが実施されるのかといえば、次に掲げるような、やむを得ず留め置く必要がある場合や、質問検査等の相手方となる者の負担軽減の観点から留置きが合理的と認められる場合に、留め置く必要性を説明し、帳簿書類等を提出した者の理解と協力の下、その承諾を得て[*11]実施することとされている（調査指針２章３(5)、FAQ（職員）問３－７）。

〈留置きが実施される例〉
① 質問検査等の相手方となる者の事務所等で調査を行うスペースがなく調査を効率的に行うことができない場合
② 帳簿書類等の写しの作成が必要であるが、調査先にコピー機がない場合
③ 相当分量の帳簿書類等を検査する必要があるが、必ずしも質問検査等の相手方となる者の事業所等においてその相手方となる者に相応の負担をかけて説明等を求めなくとも、税務署や国税局内においてその帳簿書類等に基づく一定の検査が可能であり、質問検査等の相手方となる者の負担や迅速な調査の実施の観点から合理的であると認められる場合
④ 不納付となっている印紙税の課税文書等の物件等について、後日、課税上の紛争が生ずるおそれがあるなど証拠保全の必要が認められる場合

---

*11 当然のことながら、納税義務者の承諾なく留置きを実施することはできない（FAQ（職員）問３－３参照）。

③ 留置きの手続

　提出物件の留置きの具体的な手続は、(1)**預り**➡(2)**留置き**➡(3)**返還**という流れに区分することができる。なお、国税局の調査担当部署における実地の調査等において、遠隔地にある納税義務者等の事業所等にある物件をその所轄税務署に留め置く場合には、局調査担当部署の調査担当職員が実施した留置きに係る手続の確認を、その調査担当職員の管理者に代わってその所轄署の筆頭統括官等が行うこととして差し支えないとされている（FAQ（職員）問3－9）。

(1)　預り手続

　調査担当職員が物件を留め置くために預かる際には、その物件の名称・種類、数量、提出年月日、物件提出者の氏名及び住所（居所）その他その物件の留置きに関し必要な事項を記載した書面（＝「預り証」*12）を作成し、その物件の提出者にこれを交付しなければならない（通則令30の3①）。

　この「預り証」を交付する相手方については、法令上は「預り証」はその物件を提出した者に交付することとされており（通則令30の3①）、必ずしも納税義務者本人に限定されていないので、留置きに当たっては、その物件を提出した者の承諾の下、「預り証」をその提出した者に交付することとなる。したがって、例えば、複数の店舗に同時に調査を実施する場合などで各店舗の店長等の責任者から提出を受けた帳簿書類等を留め置く場合には、調査対象者であるその納税義務

---

*12　行政指導において納税義務者等（市町村等を含む）から物件を預かる場合、行政指導については国税通則法第7章の2に規定される調査手続規定は適用されないが、行政指導の際に納税義務者等から物件を預かる必要がある場合には、納税義務者等の理解と協力の下、その承諾を得て「預り証」を使用しても差し支えないとされている。この場合、「預り証」については、「調査」の文言を抹消した上で使用し、不服申立てに関する教示文は交付しないこととされている（FAQ（職員）問3－4）。

者本人に対しても、電話等により留置きを行う旨の理解と協力を求め、その承諾を得た上で、店長など一定の権限を有する者に「預り証」を交付し、物件を留め置くことが適当であると考えられている（FAQ（職員）問3-10）。

　また、納税義務者等から提出を受けた他人名義の物件（例えば通帳等）について留め置く必要がある場合には、原則として、その名義人の承諾を得た上で留め置くことが必要と考えられている（この際の「預り証」の交付先は、その物件を提出した納税義務者等で差し支えないとされている。FAQ（職員）問3-11）。

　さらに、その物件の名義が実質と異なり、納税義務者等本人に帰属するものと認められる場合には、その納税義務者等本人の承諾により留め置くことができると考えられている（FAQ（職員）問3-11）。

　なお、留置きを目的として、調査担当職員が納税義務者等に対して物件の郵送を依頼することはできない（FAQ（職員）問3-8）。これは、留置きは実地の調査等の際に納税義務者等から任意に提出された物件を納税義務者等の承諾を得た上で預かるものであり、その際、預かる物件の名称や数量など必要な事項を記載した「預り証」をその物件を提出した者に交付し、署名を求める手続を要することから、納税義務者等に対し、留置きを目的として物件の郵送を依頼等することは適当でないからである。なお、署内調査等において、（提出した写しの返還を求めないとの申出をして）契約書の写しや元帳の写し等の郵送を依頼されることがあるが、これは、法令上の「物件の留置き」には該当しない。

(2)　留置手続

　預かった物件を管理する職員は、善管注意義務を負う。すなわち、その職員は、留め置いた物件を善良な管理者の注意をもって文書及び個人情報の散逸、漏洩等の防止にも配意して管理しなければならない（通則令30の3③、調査指針2章3⑸）。

　なお、納税義務者等から留置きした物件の閲覧の申出があった場合

には、特段の手続は必要なく、担当する税務職員の立会いの下で閲覧に応じることとされている（FAQ（職員）問3-13）。

(3)　返還手続

　調査担当職員は、留め置いた物件につき留め置く必要がなくなったときは、遅滞なく、これを返還しなければならない（通則令30の3②）。ここで「留め置く必要がなくなったとき」とは、留め置いた物件について署内で必要な検査が終了したとき、又は署内でその物件に係る必要な写し（コピー）をとったとき等が該当するものと考えられている（FAQ（職員）問3-14）。なお、返還が不要な場合は、その旨を申し出ることもできる。

　また、物件提出者から留置物件の返還の求めがあったときは、特段の支障がない限り速やかに返還しなければならない（調査通達2-1(2)、調査指針2章3(5)（注）1）。

　これらの返還は、原則として、留め置いた物件の全部を交付した「預り証」と引換えに行われることとなる。ただし、納税義務者等から一部について返還の求めがあり、返還しても特段の支障がない場合には、適正に返還されたことを客観的に証明する手段として、「預り証（交付用及び控用の双方）」の備考欄に、「左記の物件については令和〇年〇月〇日に返還を受けました。〇〇〇〇」と納税義務者等に署名を求めた上で、返還することとされている（FAQ（職員）問3-15）。

　以上のように、納税義務者等から預かり留め置いている帳簿書類等については、留め置く必要がなくなった段階で、遅滞なく返還する必要があるが、留め置く必要性がなくなる前に納税義務者等から返還の求めがあった場合であっても、特段の支障がない限り、返還に応じることとされている。ここで「特段の支障」とは、例えば、次のようなものが該当すると考えられている（FAQ（職員）問3-16）。

〈「特段の支障」に該当する場合〉

① 留め置いた物件のコピー等に相当な時間を要するため、遅滞なく返還することが困難な場合

② 留め置いた電子記録媒体内のデータを税務署内のパソコンで確認する際、データ変換等に時間を要し、すぐに返還することが困難な場合

　納税義務者等から「預り証」の返却が受けられない場合には[*13]、「帳簿書類等の物件の返還に当たって、納税義務者等の方が『預り証』を返却しなければならないことは、法律上明記されていませんが、適正に返還されたことを客観的に証明する手段として、返還確認欄に署名をしていただいた上で、『預り証』の返却をお願いしている」旨を説明することとされている。それでも「預り証（交付用）」の返却が受けられない場合には、「預り証（控用）」の返還確認欄に署名を求めるとともに、「預り証（控用）」の返還確認欄の余白に、「預り証（交付用）」の返却がなかった旨とその理由を記載することとされている。なお、納税義務者等が、署名にも応じない場合には、「預り証（控用）」の返還確認欄の余白に、①「預り証（交付用）」の返却がなかった旨とその理由、②署名に応じなかった旨とその理由を記載することとされている（FAQ（職員）問3−17）。

　また、物件を提出した納税義務者等の同意が確認できた場合には、税務代理人や役員など一定の権限を有する関係者に「預り証」の返還確認欄に署名を求めた上で返還しても差し支えないとされている。ただし、税務代理人に返還する場合には、「税務代理権限証書」のみではその納税義務者等の同意があったこととはならないため、その納税義務者等に直接同意の有無を確認することとされている（FAQ（職

---

*13　納税義務者等が「預り証」を税務調査の記録として残しておきたい場合には、「預り証」を返却する前にそのコピーを残しておけばよい（FAQ（職員）問3−18参照）。

員）問3-19）。

　なお、「預り証」の記載事項については、FAQ（職員）問3-20〜問3-24（本書347〜348頁）を参照されたい。

4　留置きに不服がある場合の救済手続

　それでは、返還の求めに応じてもらえないときは、どうしたらよいのだろうか。ここでは、留置きに不服がある場合の救済手続について解説しよう。この不服の態様としては、**(1)留置き自体に不服がある場合**と、**(2)留め置かれた物件の返還請求が拒否された場合**の二つがある。

(1)　留置き自体に不服がある場合

　前述のように、調査担当職員は、留置きの前段階で、「預り証」を作成し、これを交付する預り手続を履践しなければならない（通則令30の3①）。この預り手続になんらかの瑕疵があったり、預り手続の際に調査担当職員と納税義務者・税理士間で意思の疎通がうまくできていなかったような場合などに、納税義務者がその後の留置きという行為そのものに不服があるということがあり得よう。なお、このような場合、前述の返還請求をすることも、もちろん可能である。

　これについて、まず、課税庁による留置きは、「事実上の行為」に当たる。この事実上の行為は、行政不服審査法1条2項の「その他公権力の行使に当たる行為」に含まれる。そして同項は同法上の不服申立ての対象となる「処分」について「処分その他公権力の行使に当たる行為」と定義付けているので（行審法1②かっこ書、行訴法上の取消訴訟の対象となる「処分」の定義も基本的に同様（行訴法3②かっこ書））、留置き（＝事実上の行為）に不服がある場合には、行政不服審査法に基づく不服申立てをすることができる。なお、国税通則法には、行政不服審査法1条2項かっこ書のような定義規定は存在しないので、国税通則法上の「処分」には「その他公権力の行使に当たる行

為」は含まれないことになる。そのため、留置き自体に関して、国税通則法上の不服申立てをすることはできない。

```
〈処分の範囲〉
  通則法上の処分：処分

  行審法・行訴法上の処分：処分その他公権力の行使に当たる行為
                        （事実上の行為を含む）
```

　具体的には、（税務署・国税局を含む）国税庁の職員がした留置きに不服がある場合には、行政不服審査法4条4号に基づき、国税庁長官に対して審査請求をすることになる（審査請求期間は、原則として、処分があったことを知った日の翌日から起算して3か月以内（行審法18①本文））。

　また、この場合、国税通則法に基づく不服申立てのような審査請求前置の定めはないので、審査請求を経ずに直接、取消訴訟を提起することも可能である（行訴法8①）。

　なお、以上のように留置きは行政不服審査法上の「処分」に当たるので、留置きをする行政庁は、相手方に対し、その留置きにつき不服申立てをすることができる旨並びに不服申立てをすべき行政庁及び不服申立てをすることができる期間を書面で教示しなければならない（行審法82①本文）。そのため、「預り証」の交付と併せて、その旨を記載した教示文が提出者に交付されることになる（FAQ（職員）問3−25）*14。

(2)　留め置かれた物件の返還請求が拒否された場合

　次に、留め置かれた物件について返還請求をしたにもかかわらず拒

---

*14　これは、法定監査において物件を留め置く場合も同様である（FAQ（職員）問3−27）。

否されてしまった場合の救済手続について解説しよう。なお、前述のように、物件提出者から留置物件の返還請求があったときは、特段の支障がない限り速やかに返還しなければならないこととされている（調査通達２－１(2)、調査指針２章３(5)（注）１）。

　まず、返還請求に対する拒否は「国税に関する法律に基づく処分」（通則法75①柱書）に該当するので、国税通則法に基づく不服申立てをすることになる。この場合、同法が優先的に適用されるので（行審法１②、通則法80①）、前述のような行政不服審査法に基づく不服申立て（国税庁長官に対する審査請求）をすることはできない。

　一般的な国税不服申立てには、①処分をした税務署長等に対する再調査の請求と、②国税不服審判所長に対する審査請求の２種類がある（通則法75①一）。したがって、具体的には、返還請求が拒否された場合には、原則としてその返還拒否の通知を受けた日の翌日から起算して３か月以内に、①返還請求を拒否した職員が所属する税務署長等に対する再調査の請求又は②国税不服審判所長に対する審査請求のいずれかを選択して行うことができる（通則法75①一、77①本文）。

　この場合、審査請求前置の適用があるので、原則として、国税不服審判所長に対する審査請求を経ずに直接、取消訴訟を提起することはできない（通則法115①本文）。

　なお、課税庁の職員が返還請求を拒否する際には、前述の不服申立てに係る書面による教示を行う必要がある（行審法82①本文、調査指針２章３(5)（注）１）。これについて、納税義務者等からの返還の求めに対して、職員が返還できない旨を口頭で伝えた場合には、書面で教示する必要はないが（行審法82①ただし書）、納税義務者等が書面による教示を求めた場合には、書面により不服申立てに係る教示をしなければならない（行審法82③）。そして、このような教示に瑕疵があった場合（教示をしなかったり、教示の内容が誤っていた場合）には、一定の救済措置が整備されている（行審法83、通則法112）。

　以上の二つの留置きに関する不服申立ての特徴をまとめたものが図

表３－４である。

■図表３－４　留置きに関する不服申立て

		提出された物件の留置き	留め置かれた物件の返還請求の拒否
処分性	行政不服審査法	○ （行審法１②）	× （行審法１②）
	国税通則法	× ※国税通則法上の処分には、事実上の行為は含まれない。	○ （通則法75①）
	行政事件訴訟法	○ （行訴法３②）	○ （行訴法３②）
不服申立手続	根拠法	行政不服審査法	国税通則法
	不服申立先等	国税庁長官に対する審査請求	［税務署・国税局の職員が行う処分］ 当該職員が所属する税務署長・国税局長に対する再調査の請求 or 国税不服審判所長に対する審査請求
	直接出訴の可否	可	不可（審査請求前置）

（出典）　通達逐条65頁をもとに作成。

Ⅲ 事業者等への協力要請等

① 事業者・官公署への協力要請

　調査担当職員は、国税に関する調査について必要があるときは、事業者（特別の法律により設立された法人＊15を含む。Ⅲにおいて、以下同じ）又は官公署に、その調査に関し参考となるべき帳簿書類その他の物件の閲覧又は提供その他の協力を求めることができる（通則法74の12①）。ここで「事業者」とは、商業、工業、金融業、鉱業、農業、水産業等のあらゆる事業を行う者をいい、その行う事業についての営利・非営利の別は問わない（調査通達3－1）。

　これは、もともと所得税法、法人税法等の個別租税法に規定されていたそれぞれの調査における団体への諮問及び各税の調査等における官公署等への協力要請の条文（旧所法235、旧法法156の2、旧相法60の2、旧消法63等）が、平成23年12月の税制改正において、各租税法の質問検査権に関する規定を集約し国税通則法において横断的に整備されたこと（通則法74の2～74の6。**第1章Ⅰ**参照）と併せて、同様に同法74条の12に横断的・統一的に規定することとされたものである。

　その後、令和元（平成31）年度税制改正によって、事業者に、その調査に関し参考となるべき帳簿書類その他の物件の閲覧又は提供その

＊15　「特別の法律により設立された法人」とは、会社法や民法などの一般的な根拠法に基づく法人ではなく、特別の単独法によって法人格が与えられた法人を指し（調査通達3－2）、具体的には、農林中央金庫（農林中央金庫法2）や、日本政策金融公庫（株式会社日本政策金融公庫法1）等の政府関係機関等が、これに該当する。

他の協力を求めることができることが法令上明確化された。その趣旨は、事業者への協力要請については、その根拠となる租税法上の明文の規定を欠いていたことから、対象者（顧客）とのトラブルを懸念して協力要請に応じないケースも生じており、結果として、事業者間、納税義務者間のそれぞれにおいて不公平が生じていた状況を解消するためである（令元改正解説865頁）。

② 預貯金者等情報・加入者情報の管理

　番号法（平成25年法律第27号）は、平成27年10月に施行され、翌平成28年1月から同法に基づく個人番号（以下「マイナンバー」という）及び法人番号の利用が始まっている。このマイナンバー制度の創設当初は、預貯金口座のうち、法定調書の作成が義務付けられている一部のもののみが付番の対象とされていた。しかし、平成27年9月に番号法が改正され、すべての預貯金口座が付番の対象とされることになり（図表3-5）、この改正法は平成30年1月から施行されている。その改正の目的は、次の2点である[16]。なお、従来から、番号法上、課税庁は、金融機関や証券会社に対してマイナンバーが付された情報の提供を求めることができることとされている（番号法19十四、番号令25・別表八）。

〈預貯金付番の目的〉
① 　預金保険機構等によるペイオフのための預貯金額の合算において、マイナンバーの利用を可能とする。
② 　金融機関に対する社会保障制度における資力調査や税務調査でマイナンバーが付された預金情報を効率的に利用できるようにする。

---

*16　武田昌輔監修『DHC コンメンタール国税通則法』（第一法規、加除式、1982）3957の94頁。

■図表3−5　預貯金付番に係る法整備の概要

マイナンバー法等の改正により、新たに預金保険でマイナンバーを利用できるようにするとともに、その改正法案の中で、国民年金法、国税通則法等を改正し、銀行等に対する社会保障制度の資力調査や国税・地方税の税務調査でマイナンバーが付された預金情報を効率的に利用できるよう所要の措置を講ずる。
（注）内閣官房において関係の法律改正を一括法案として提出する予定。

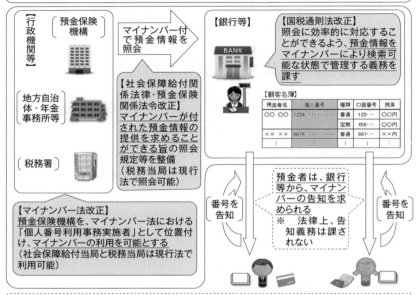

【付番促進のための見直し措置の検討】
　付番開始後3年を目途に、預金口座に対する付番状況等を踏まえて、必要と認められるときは、預金口座への付番促進のための所要の措置を講じる旨の見直し規定を法案の附則に規定する方向で検討。

（出典）　財務省作成資料

　上記〈預貯金付番の目的〉の②に対応するために、平成27年9月の番号法改正と併せて国税通則法も改正され、次に具体的に解説する(1)**預貯金者等情報の管理**の規定（通則法74の13の2）が設けられた。

　さらに、同様に税務調査にマイナンバー制度を活用する規定として、(2)**口座管理機関の加入者情報の管理**（通則法74の13の3）及び(3)**振替機関の加入者情報の管理等**（通則法74の13の4）も、令和元（平成31）年度税制改正によって設けられている（図表3−6）。

■図表３－６　マイナンバーが付された証券口座情報の効率的な利用について

証券口座に係るマイナンバーの取得が進んでいない状況を踏まえ、上場株式等の振替事務を行っている証券保管振替機構（ほふり）がマイナンバーで検索可能な状態で加入者情報を管理すること等をマイナンバー法上位置付け、マイナンバー法施行前に開設された証券口座（既存口座）について地方公共団体情報システム機構（J-LIS）からのマイナンバーの取得・証券会社等への提供を可能とするとともに、国税通則法・地方税法の改正により、国税・地方税の税務調査でマイナンバーが付された証券口座情報を効率的に利用できるよう所要の措置を講ずる（令和２年４月１日施行）。

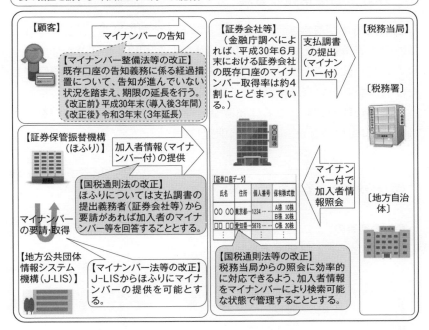

（出典）　財務省作成資料

　なお、平成27年９月の番号法改正によって、預貯金口座への付番のために、預貯金者は金融機関からマイナンバーの告知を求められることになっている。ただし、番号法上は預貯金者に告知義務は課されていないので、預貯金者へマイナンバーの告知を強制するか否かについては各金融機関の判断に委ねられており、現状では既存のすべての預貯金口座に付番されているわけではない。もっとも、この改正番号法では、預貯金への付番開始後３年を目途に、必要に応じて付番促進の

ための見直しの措置を講ずるとする検討条項も規定されているので（番号法附則（平成27年法律第65号）12④）、将来的には、すべての預貯金口座に付番される可能性もある。

(1) 預貯金者等情報の管理

金融機関及び農水産業協同組合（以下「金融機関等」という）は、預貯金者等情報をその金融機関等が保有する預貯金者等の番号（＝マイナンバー又は法人番号）により検索することができる状態で管理しなければならない（通則法74の13の２）。

ここで管理の対象となる「預貯金者等情報」とは、次のものをいう（通則法74の13の２かっこ書、通則規11の５）。

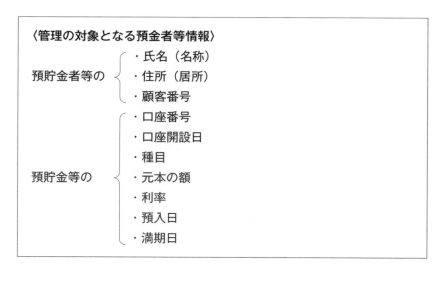

〈管理の対象となる預金者等情報〉

預貯金者等の
- ・氏名（名称）
- ・住所（居所）
- ・顧客番号

預貯金等の
- ・口座番号
- ・口座開設日
- ・種目
- ・元本の額
- ・利率
- ・預入日
- ・満期日

(2) 口座管理機関の加入者情報の管理

証券会社や金融機関等の口座管理機関（外国口座管理機関を除く）は、加入者情報をその加入者の番号（＝マイナンバー又は法人番号）

により検索することができる状態で管理しなければならない（通則法
74の13の３）。

　ここで管理の対象となる「加入者情報」とは、次のものをいう（通
則法74の13の３かっこ書、通則規11の６）。

〈管理の対象となる加入者情報〉

加入者の
- ・氏名（名称）
- ・住所（居所）
- ・顧客番号又は口座番号

社債等の
- ・種類
- ・銘柄
- ・その銘柄ごとの数又は金額

⑶　振替機関の加入者情報の管理等

　振替機関（＝証券保管振替機構）は、加入者情報をその振替機関が
保有する加入者の番号（＝マイナンバー又は法人番号）により検索す
ることができる状態で管理しなければならない（通則法74の13の４
①）。また、振替機関は、支払調書の提出義務者（＝株式の発行者又
は口座管理機関）から提供を求められたときは、その提出義務者に対
し、その振替機関が保有する加入者情報を提供しなければならない
（通則法74の13の４②）。

　ここで管理の対象となる「加入者情報」とは、次のものをいう（通
則法74の13の４②、通則規11の７）。

〈管理の対象となる加入者情報〉

振替機関又は　　　　　┌・氏名（名称）

その下位機関の加入者の └・住所（居所）

　　　　　　　┌・種類

株式等の　　　 ┤・銘柄

　　　　　　　└・その銘柄ごとの数又は金額を特定するためにその振
　　　　　　　　　替機関が定めるその加入者の記号又は番号（加入者
　　　　　　　　　コード）

③　特定事業者等への報告の求め

⑴　制度の内容と趣旨

　所轄国税局長は、特定取引の相手方又は特定取引の場を提供する事
業者*17・官公署（これを「特定事業者等」という）に対して、調査
について必要があり、次のいずれかに該当する場合には、特定取引者
に係る特定事項について、特定取引者の範囲を定め*18、60日を超え
ない範囲内においてその準備に通常要する日数を勘案して定める日ま
でに、報告することを求めることができることとされている（通則法
74の7の2①・②）。

---

*17　この「事業者」の範囲については、上記①で解説したものと同様である（調査通達3－
　　1）。

*18　「特定取引者の範囲を定め」とは、報告の求めの相手方である特定事業者等が報告の対象
　　となる特定取引者の範囲を合理的に特定することができるよう、国税局長が対象となる取引
　　内容や取引金額を具体的に指定することをいう（調査通達3－3）。

〈報告の求めができる場合〉
① 特定取引者が行う特定取引と同種の取引[*19]を行う者に対する国税に関する過去の調査において、その課税標準が1,000万円を超える者のうち過半数の者について、その取引に係るその税目の課税標準等又は税額等につき更正決定等をすべきと認められる場合
② 特定取引者が行う特定取引に係る物品又は役務を用いることにより課税標準等又は税額等について国税に関する法律の規定に違反する事実[*20]を生じさせることが推測される場合（実際に違反している事実が生じていることを要しない（調査通達3－8））
③ 特定取引者が行う特定取引の態様が経済的必要性の観点から通常の場合にはとられない不合理なものであることから、特定取引に係る課税標準等又は税額等について国税に関する法律の規定に違反する事実を生じさせることが推測される場合

　ここで、所轄国税局長、特定取引、特定取引者及び特定事項の意義は次のとおりである（通則法74の7の2③各号）。

〈用語の意義〉
○所轄国税局長
　　特定事業者等の住所（居所）の所在地[*21]を所轄する国税局長
○特定取引
　　電子情報処理組織を使用して行われる事業者等との取引、事業者等が電子情報処理組織を使用して提供する場を利用して行われる取引その他の取引のうち、この報告を求めなければこれらの取引を行

---

*19　「特定取引と同種の取引」とは、例えば、介在する事業者や物件等が異なっていても物件等の性質や取引内容などに共通の特徴があるものをいう（調査通達3－6）。
*20　これは、納税義務のある者が納税申告書を提出しないことや、納税申告書に記載した納付すべき税額に不足額があることなどをいう（調査通達3－8）。
*21　この「所在地」には、法人の本店又は主たる事務所の所在地のほか、支店等の住所も含まれる（調査通達3－9）。

う者を特定することが困難である取引[*22]

○特定取引者

　特定取引を行う者（特定事業者等を除き、上記①の要件に該当する場合にあっては、1,000万円の課税標準を生じ得る取引金額を超える特定取引を行う者に限る）[*23]

○特定事項

　氏名（名称）、住所（居所）及び番号（＝マイナンバー又は法人番号）

　本制度は、次のような趣旨から、令和元（平成31）年度税制改正によって創設された（令和元年度改正解説866〜867頁）。すなわち、税務調査における質問検査権については、調査の相手方となる者（納税義務者等）が特定されていることを前提としていることから、仮想通貨取引やインターネットを利用した在宅事業等による匿名性の高い所得を有する者を把握し、特定する手段としては活用することが困難な状況となっていた。こうした課題に対応し、適正公平な課税を実現するため、相手方となる事業者等の事務負担への配慮や制度の慎重な運用を図る観点をも踏まえ、高額・悪質な無申告者等を特定するため特に必要な場合に限って、担保措置を伴ったより実効的な手段として、事業者等へ報告を求める措置を創設することとされたものである（図表3－7）。

[*22]　これらの取引については、相手方との間の契約に基づく金品や役務等のやり取り全般を指し、有償の取引であるかどうかは問わず、また、補助金や給付金等の交付のほか、事業者等を介して行われる取引も含まれ、この取引には電子情報処理組織を使用しない取引も含まれる（調査通達3－10）。

[*23]　具体的には、特定事業者等と直接特定取引を行い、又は特定事業者等が提供（仲介）する場（プラットフォーム等）において他の者と特定取引を行う者が、これに該当する（令元改正解説867頁）。

■図表3−7　経済取引の多様化等に伴う納税環境の整備

○近年、仮想通貨取引やインターネットを通じた業務請負の普及など、経済取引の多様化・国際化が進展。
○こうした経済取引の健全な発展を図る観点からも、適正な課税を確保することが重要。
⇒　1.　納税者が自主的に簡便・正確な申告等を行うことができる利便性の高い納税環境を整備するとともに、
　　2.　高額・悪質な無申告者等の情報を税務当局が照会するための仕組みを整備することが必要。

1.　利便性の高い納税環境の整備

（例）仮想通貨交換業者が取引データを顧客（納税者）に提供。⇒ 納税者は専用アプリや国税庁が提供する様式等を活用して簡便に電子申告。

仮想通貨交換業者　　　取引データ　　　顧客（納税者）　　　e-Tax　　　税務署

（※）上記のほか、仮想通貨に関する所得税の取得価額の計算方法の明確化等を実施

2.　税務当局による情報照会の仕組み（改正の概要）

(1)　現在実務上行われている事業者等に対する任意の照会について、他の法律（金商法等）の例を踏まえ、規定を整備する。
(2)　高額・悪質な無申告者等を特定するため特に必要な場合に限り、担保措置を伴ったより実効的な形による情報照会を行うことができることとする。ただし、適正かつ慎重な運用を求める観点から、以下のとおり、照会できる場合及び照会情報を限定するとともに、事業者等による不服申立て等も可能とする。

○照会できる場合を以下のような場合に限定
　①多額の所得（年間1,000万円超）を生じうる特定の取引の税務調査の結果、半数以上で当該所得等について申告漏れが認められた場合
　②特定の取引が違法な申告のために用いられるものと認められる場合
　③不合理な取引形態により違法行為を推認させる場合
　（※）いずれも他の方法による照会情報の収集が困難である場合に限る。
○照会する情報を「氏名等（※）」に限定
　（※）「氏名等」とは、氏名並びに（保有している場合には）住所及び番号（個人／法人）をいう。

一定の条件に該当する対象者の氏名等を照会

国税局　　←報告　　事業者等
例：仮想通貨交換業者

（出典）　財務省作成資料

(2)　報告の求めに係る手続等

　所轄国税局長は、この報告の求めをしようとする場合には、あらかじめ、国税庁長官の承認を受けなければならない（通則法74の7の2④）。また、特定取引者の範囲その他報告を求める事項及び報告を求める期日については、書面で通知することにより行われる（通則法74

の7の2⑤）。

　そして、所轄国税局長がこの手続により特定事業者等に対して報告を求めるに当たっては、特定事業者等の事務負担に配慮しなければならないこととされている（通則法74の7の2⑥）。

　特定事業者等による「報告」の方法については、特定事業者等の顧客等の情報管理方法などを踏まえ、書面による提出のほか、電子媒体による提出など特定事業者等にとって合理的な方法によることができる（調査通達3－4）。

　また、この報告の求めは「国税に関する法律に基づく処分」（通則法75①一）に該当するので（通則法74の7の2②柱書）、報告を求められた特定事業者等においてその報告の求めに不服がある場合には、その所轄国税局長等に対する不服申立てやその後の訴訟を行うことができる（調査通達3－5）。

　なお、この報告の求めに対して、正当な理由がなくこれに応じず、又は偽りの報告をした者は、1年以下の懲役又は50万円以下の罰金に処することとされている（通則法128三）。また、この場合、法人の代表者（人格のない社団等の管理人を含む）又は法人・人の代理人、使用人その他の従業者が、その法人・人の業務又は財産に関して上記の違反行為をしたときは、その行為者を罰するほか、その法人・人に対して同様の罰金刑が科されるという、いわゆる両罰規定も適用される（通則法130①）。

第4章

調査終了手続

　実地の調査は、①いわゆる是認通知、②修正申告・期限後申告又は③更正決定等の三つのいずれかにより終了することになり、それぞれの手続のすべてに根拠規定が置かれている。

　また、これらにより一連の税務調査手続が完全に終結した後においても、新たに得られた情報に照らし非違があると認められる場合に限って、例外的に、再び税務調査を行うことができる。

 調査終了手続の概要
～総 説

まずここで、税務調査の終了手続の概要を確認しておこう。

1 調査終了手続の流れ

調査終了手続は、図表4－1のようなプロセスを辿ることになり、現在はそれぞれの手続のすべてに根拠規定が置かれている。

この流れはまず、実地の調査の結果、**(1)申告内容等に誤りのない場**

■図表4－1　調査終了手続の流れ

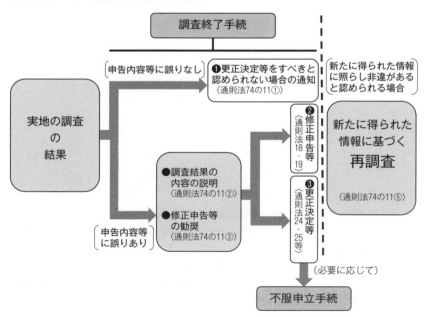

合と、(2)**申告内容等に誤りのある場合**に区分される。

(1)　申告内容等に誤りのない場合

　税務署長等は、国税に関する実地の調査を行った結果、その申告内容等に誤りがないため更正決定等をすべきと認められない場合（＝いわゆる是認の場合）には、納税義務者に対して、「その時点において更正決定等をすべきと認められない」旨を書面（＝いわゆる是認通知書）により通知しなければならない（通則法74の11①）。この書面が交付されることによって、税務調査は終了する（図表４－１の❶）。

(2)　申告内容等に誤りのある場合

　一方、調査を行った結果、その申告内容等に誤りがあるため更正決定等をすべきと認められる場合には、調査担当職員は、納税義務者に対して、その調査結果の内容（更正決定等をすべきと認めた額及びその理由を含む）を説明しなければならない（通則法74の11②）。

　そしてその説明の際、調査担当職員は、納税義務者に対して、修正申告（通則法19）又は期限後申告（通則法18）を勧奨することができ（通則法74の11③前段）、この場合、「その勧奨に納税義務者が応じて修正申告書等を提出したときには、不服申立てをすることはできないが更正の請求をすることはできる」旨を説明するとともに、その旨を記載した書面を交付しなければならない（通則法74の11③後段）。

　この勧奨に応じて、修正申告や期限後申告をすれば、それで調査は終了する（図表４－１の❷）。

　また、この勧奨に納税義務者が応じない場合には、税務署長により更正（通則法24）や決定（通則法25）がなされることになり、それらの処分で調査は終了する（図表４－１の❸）。なお、この場合、納税義務者が勧奨に応じないということは、更正等の処分に不服があるということになるであろうから、多くの場合はそれらの処分後に不服申立手続（通則法８章１節。**第６章**参照）に移行することになろう。もっとも、処分時に付記される理由を読んで納得することもあり得る

だろう。

　以上のように、税務調査の終わり方には、❶更正等をすべきと認められない旨の通知（＝是認通知）、❷修正申告等及び❸更正決定等の３種類があり、必ずこのいずれかによって税務調査は終了するということである。なお、この❶〜❸によって税務調査が終了した後に、調査担当職員による簡易な計算誤りなど、納税義務者に対し改めて質問検査等を行う必要がない明らかな誤りが判明した場合は、①納税義務者に対して、行政指導により自発的な情報の提供等を依頼し、必要に応じて修正申告書等の自発的な提出を要請、又は②納税義務者が①に応じない場合には、質問検査等を行うことなく更正処理を行うこととされている（更正処理に当たっては、事前に納税義務者等に対して調査として更正を行う旨及びその内容を説明することとされている。FAQ（職員）問４−26）*¹。

② 調査終了後の再調査

　以上により一連の税務調査手続が完全に終結した後においても、新たに得られた情報に照らし非違があると認められる場合に限って、例外的に、再び税務調査を行うことができる（これは、一般的に「再調査」と称されている。通則法74の11⑤）。

　逆にいえば、新たに得られた情報に照らして非違があると認められる場合でなければ、この再調査はできないということである。平成23年12月の改正で国税通則法に税務調査手続に関する諸規定が整備されて以降、税務調査が長引き、なかなか終わらなくなった、という話を

---

*１　単なる計算誤りが判明したことのみをもって、「新たに得られた情報」（通則法74の11⑤）に該当するとはいえないため、「調査のやり直し」（下記Ⅴ参照）を行うことはできないこととされている（FAQ（職員）問４−26（注）１）。また、簡易な計算誤り等により、課税標準等又は税額等の減少が見込まれるものについては、必要に応じて行政指導により自発的な情報の提供を要請し、質問検査等を行わない調査として減額更正を行うこととされている（同（注）２）。

よく聞くが、その理由の一つに、上述のように終了後の再調査が限定的にしか認められなくなったために、課税庁が調査の終了に慎重になったことが挙げられるかと思われる。

Ⅱ 申告内容等に誤りのない場合の手続

　ここでは、上記Ⅰで解説した税務調査の三つの終わり方の第一の更正決定等をすべきと認められない場合の終了手続（前掲図表4−1の❶）について、さらに詳しく解説しよう。

① 申告内容等に誤りのない場合の終了手続

　実地の調査の結果、申告内容等に誤りのない場合（＝いわゆる是認の場合）は、法令上、「更正決定等をすべきと認められない場合」と規定されている（通則法74の11①）。

(1) 「更正決定等」の範囲

　まず、ここで「更正決定等」の範囲については、次のように整理することができる（通則法58①一イかっこ書、29①かっこ書、32⑤かっこ書、74の11①かっこ書、調査通達6−2）。なお、これらの詳しい内容については、下記Ⅲ③を参照されたい。

〈「更正決定等」の範囲〉

・更正決定等
- ・更正（通則法24）
- ・再更正（通則法26）
- ・決定（通則法25）
- ・賦課決定（通則法32。附帯税を含む）
- ・源泉所得税の納税の告知（通則法36）

⑵　いわゆる是認通知書の交付

　そしてこの「更正決定等をすべきと認められない場合」には、税務署長等は、その更正決定等をすべきと認められないと判断される税目及び課税期間について、質問検査等の相手方となった納税義務者に対して、「その時点において更正決定等をすべきと認められない旨」を書面により通知しなければならない（通則法74の11①、調査指針2章4⑴）。なお、ここで「その時点」とは、税務署長等が更正決定等をすべきと認められないと判断した時点をいうものと解されるので、実務に当てはめると、その実地の調査について申告是認処理又は非課税決定処理決議を了した時点をいうものと考えられている（FAQ（職員）問4-11）。

　この書面は俗に「是認通知書」と称されているものだが、正式には「更正決定等をすべきと認められない旨の通知書」（以下「是認通知書」という）といい、その書式は、次頁のとおりである。なお、是認通知書の発信者名は、国税局で行う調査であるか税務署で行う調査であるかにかかわらず、すべて税務署長名となるとされている（FAQ（職員）問4-10）。

　是認通知書の法的性格については、その通知行為自体が何らかの法的効果を生じさせているものではなく、法律上は事実上の行為に当たると考えられているが、その通知をもって一連の調査が終了すること、また、法令上定められている「新たに得られた情報に照らして非違があると認めるとき」の要件に該当しない限り、同一税目・課税期間について質問検査等を行うことはできないことに留意する必要があるとされている（FAQ（職員）問4-1。下記Ⅴ参照）。

　そして是認通知書は、「国税に関する法律の規定に基づいて税務署長その他の行政機関の長又はその職員が発する書類」に該当するので、これを対面交付する場合には、交付送達を行った旨を記載した書面に受領者の署名（記名を含む）を求めなければならない（通則法12④、通則規1①、調査通達6-5）。ただし、この書面を郵便又は信

〒□□□-□□□□

（納税地）

_____

（氏名）　　　　　　　　　殿

_____第_____号　┌─整理番号─┐

令和　　年　月　　日　└──────┘

税 務 署 長

印

更正決定等をすべきと認められない旨の通知書

　下記の内容について、国税に関する実地の調査を行った結果、更正決定等をすべきと認められませんので通知します。

記

税　目	更正決定等をすべきと認められない課税期間等	（参考）　調査対象期間

備　考	

（　　）　　のうち（　　）　　目

書便（通則法12①）により送達する場合には、署名の手続は不要である。なお、是認通知書をいつ作成し、送付すればよいのかについては、実地の調査について申告是認処理又は非課税決定処理決議を行う際に、併せて是認通知書の決裁を了し、原則として、普通郵便にて通知することとされている（FAQ（職員）問4−12）。

　この是認通知書が交付されることによって、申告内容等に誤りのない場合の税務調査は終了する。もっとも、調査が終了したことについては、調査対象税目・期間の一部について調査結果の内容説明を行う際、又はそのすべてについて更正決定等をすべきと認められなかった場合にはその旨を連絡する際に、納税義務者に対し説明することとされている（是認通知書には、特段調査が終了した旨の記載は必要とされていない。FAQ（職員）問4−13）。

　いわゆる指導事項*2があった場合の対応については、国税通則法74条の11第1項には、いわゆる指導事項があった場合に、その通知の対象外とする規定は設けられていないので、指導事項があったとしても、最終的に更正決定等をすべきと認められないと判断した場合には、その旨を是認通知書により通知する必要がある（その際、指導事項として指摘した内容をその書面に記載する必要はない）。なお、納税義務者に対する指導事項の説明は、下記Ⅲ1で後述する調査結果の内容説明の前の段階で行う必要があるとされている（FAQ（職員）問4−5）。

　調査の過程において、事前通知事項以外の税目・課税期間について非違が疑われたため、その税目・課税期間について質問検査等を行ったが（**第2章Ⅵ11参照**）、結果として非違が認められなかった場合については、調査の過程において非違が疑われるとして調査対象とした事前通知事項以外の税目・課税期間についても、更正決定等をすべきと認められないときには、是認通知書を送付する必要がある（FAQ

---

*2　「指導事項」とは、例えば、帳簿書類等の備付け、保存が不備である場合に、適正に備付け、保存をするよう指導することなどをいう（FAQ（職員）問4−5（注））。

（職員）問4－6）。

　消費税の還付申告について、臨場して調査した結果、申告どおりに還付することとした場合については、還付申告の内容について実地による審査をすることは、更正決定等を目的とする調査であるため、申告どおりに還付することとなったときには、是認通知書を送付する必要がある（FAQ（職員）問4－9）。

　一方、申請書の内容を審査するため、臨場して質問検査権を行使したが、申請どおりの内容で処理する場合については、是認通知書は実地の調査において更正決定等をすべきと認められない場合に通知するものであるので、更正決定等を目的としない申請書につき、臨場して内容を審査した結果、申請どおりの内容で処理する場合であっても、是認通知書を送付する必要はないとされている（FAQ（職員）問4－8）。

　ところで、納税義務者の特殊事情（死亡、長期入院等）により、調査が終了（打ち切り）となる場合又は中断・延期される場合にも、是認通知書は交付されるのだろうか。これについては、まず調査の打ち切りと調査の終了は、いずれも当該納税義務者への質問検査等を終了するという意味では実質的に同じであると考えられるので、その時点において更正決定等をすべきと認められない場合には、是認通知書を送付する必要がある。この場合、その後に行う後続調査は、「調査のやり直し」（＝再調査）（下記Ⅴ参照）に該当するため、「新たに得られた情報に照らし非違があると認める場合」（通則法74の11⑤）に該当するかどうかを判定する必要がある。一方、調査の中断・延期は、事実上、調査自体は継続していることになるので、その時点で是認通知書を送付する必要はないとされている（FAQ（職員）問4－4）。

　また、実地の調査が長期化し、一部の調査対象期間に係る除斥期間が徒過した場合には、その調査対象期間について更正決定等をすることができないので、是認通知書を納税義務者へ送付する必要がある（複数年分の課税期間を調査している事案については、原則として、同時に調査の終了の際の手続を行うこととなるが、一部の課税期間に

つき除斥期間が到来する場合などは、その課税期間につき、先行して調査結果の内容説明等を行った上で、修正申告書の提出を受けても（更正等の処分をしても）差し支えないとされている。FAQ（職員）問4－7）。

　なお、再調査決定や申請等の審査のために行う調査など更正決定等を目的としない調査については、以上の手続の対象外である（調査通達6－1）。

② 実地外の調査の場合

　また、実地の調査以外の調査については、更正決定等をすべきと認められない場合であっても、是認通知書の送付は行われない。ただし、実地の調査以外の調査において納税義務者に対し質問検査等を行い、その結果、調査の対象となったすべての税目、課税期間について更正決定等をすべきと認められない場合には是認通知は行わないが、調査が終了した際には、調査が終了した旨を口頭によりその納税義務者に連絡することとされている（調査指針2章4(1)（注））。

Ⅲ 申告内容等に誤りのある場合の手続

　上記Ⅱで解説した申告内容等に誤りが認められず是認される際の終了手続は、比較的シンプルなものであった（要は是認通知書を送付すればよい）。しかし、より重要であるのは、逆に申告内容等に誤りが認められる場合の終了手続であろう。

1 調査結果の内容説明

(1) 調査結果の内容説明の意義

　まず、実地の調査の結果、申告内容に誤りのある場合は、法令上、「更正決定等をすべきと認める場合」と規定されている（通則法74の11②。「更正決定等」の範囲については、上記Ⅱ1(1)参照）。

　ここで「更正決定等をすべきと認める額」とは、納税申告書（通則法2六）に記載された課税標準等又は税額等が調査結果と異なる場合（増額更正に限らず、減額更正をすべきと認められる場合も含む）や納税義務があると認められる者の調査を行った結果、課税標準等及び税額等を決定すべきと認められる場合をいう（FAQ（職員）問4－14）。なお、更正には減額更正も含まれるので、「更正決定等をすべきと認める場合」には納税義務者の（不利益ではなく）利益に是正するものも含まれていることになる。

　そして、この場合、調査担当職員は、納税義務者に対し、その調査結果の内容（更正決定等をすべきと認めた額及びその理由を含む）を説明しなければならない（通則法74の11②）。

　ここで「更正決定等をすべきと認めた額」とは、調査担当職員が調

査結果の内容説明をする時点において得ている情報に基づいて合理的に算定した課税標準等、税額等、加算税又は過怠税の額をいう（調査通達6－3）。そのため、これには更正決定等の対象とならない延滞税及び利子税は含まれないと解されるので、法令上は延滞税及び利子税の額について説明をする必要はない。ただし、後述するように、調査結果の内容説明の際には、運用上、納付すべき税額及び加算税のほか、納付すべき税額によっては延滞税が生じることを説明することとされている（調査指針2章4(2)）。

　また、この課税標準等の合理的な算定例は、次のとおりである（調査通達6－3（注））。

〈課税標準等の合理的な算定例〉
① 法人税の所得の金額の計算上当該事業年度の直前の事業年度分の事業税の額を損金の額に算入する場合において、課税標準等、税額等、加算税又は過怠税の額を標準税率により算出すること。
② 相続税において未分割の相続財産等がある場合において、課税標準等、税額等、加算税又は過怠税の額を相続税法55条（未分割遺産に対する課税）の規定に基づき計算し、算出すること。

　この調査結果内容の説明は、原則として、口頭で行われる。その際に調査担当職員は、必要に応じ、非違の項目や金額を整理した資料など参考となる資料を示すなどして、納税義務者の理解が得られるよう十分な説明を行うとともに、納税義務者から質問等があった場合には分かりやすく回答するよう努めなければならない。また、併せて、納付すべき税額及び加算税のほか、納付すべき税額によっては延滞税が生じることを説明するとともに、その調査結果の内容説明等をもって原則として一連の調査手続が終了する旨を説明することとされている（調査指針2章4(2)）。

　もっとも、上記Iで解説したように、事実上、申告内容等に誤りの

ある場合に税務調査が終了するのは、①（下記**2**で解説する）修正申告・期限後申告（以下「修正申告等」という）の勧奨を受けて修正申告等をした時、又は②（修正申告等の勧奨に応じずに）更正・決定（以下「更正等」という）を受けた時となる。

(2) 調査結果の内容説明の要否

　ここでは、法令に基づく調査結果の内容説明の要否について、FAQ（職員）で取り上げられている主な事例を紹介しよう。

① 青色申告承認申請を審査した場合（FAQ（職員）問4-19）

　青色申告承認申請に対する審査は、納税義務者からの申請内容が適用要件を満たすかを確認するものであり、更正決定等を目的としているものではないので、その申請に対する審査は、調査結果の内容説明の対象とはならない。なお、その審査に伴い青色申告の承認申請の却下等を行う場合には理由付記が必要となるので（下記**4**(4)参照）、書面に記載された理由等に関し、納税義務者等から何らかの説明を求められた場合には、納税義務者等に対し分かりやすく説明することとされている。

② 法定監査を実施した場合（FAQ（職員）問4-20）

　法定監査は、更正決定等を目的として実施するものではないため、法令に基づく調査結果の内容説明は不要となるが、法定調書の記載に誤りがある場合や未提出となっている調書を把握した場合には、該当する法定調書の再提出など適切な指導を行う必要があるとされている。

③ 申告書の督促ハガキを送った結果、自主的に期限後申告書が提出され、無申告加算税を賦課決定する場合（FAQ（職員）問4-18）

　例えば、法人税確定申告書の督促ハガキを送付する行為は、質問検査権を行使する調査には該当せず、行政指導の一環と考えられるので（**第1章Ⅴ**参照）、法令に基づく調査結果の内容説明は不要とされている。

④ 調査通知後、更正等予知前にされた自主的な修正申告書等に係る

加算税の賦課決定を行う場合（FAQ（職員）問４－20－２）

　調査通知後、更正等予知前にされた自主的な修正申告書又は期限後申告書に係る加算税の賦課決定を行う行為（**第５章Ⅳ④(3)、Ⅴ③(2)参照**）は、納税義務者に対して質問検査等を行うものではないので、法令に基づく調査結果の内容説明は不要とされている。

⑤　調査結果の内容説明後に調査対象者が転出した場合（FAQ（職員）問４－16）

　調査結果の内容説明後に調査対象者が転出した場合には、転出先の所轄税務署等において改めて調査結果の内容説明を行う必要はないとされている。この場合、修正申告書等の提出は、転出先署に提出するよう指導し、当初調査を行っていた部署は、転出先署に速やかに、調査関係書類一式を引き継ぐ必要があるとされている。

⑥　調査結果の内容説明を何度試みても行えない場合（FAQ（職員）問４－17）

　いかなる方法によっても納税義務者と連絡が取れないなど、相応の努力をしたにもかかわらず調査結果の内容説明を行うことができない場合には、その経緯を取りまとめて決裁を受けるとともに、必要に応じて局主務課とも協議の上、更正決定等の処分を行うことになると考えられている。さらに、再三にわたり調査結果の内容説明を行おうとするも納税義務者がこれを拒否した場合にも同様に処理することになると考えられるが、その際には、必要に応じて、納税義務者に対して、調査結果の内容説明を再三行おうとしたが応じてもらえないため、調査した結果に基づき更正決定等の処分を行うこととなることを伝えることとされている[*3]。

(3)　調査結果の内容説明の方法等

　ここでは、法令に基づく調査結果の内容説明の方法や内容につい

[*3]　このような対応がなされた事例として、**第１章Ⅳ②(5)**でとりあげた東京高判令和４年８月25日 TAINS・Z888-2477がある。

て、FAQ（職員）で示されている考え方を紹介しよう。

① **調査結果の内容説明をするタイミング（FAQ（職員）問4−21）**

「更正決定等をすべきと認める場合」（通則法74の11②）とは、調査において、納税義務者及び税務代理人の主張等も踏まえた非違内容を取りまとめ、その内容について部内決裁を了し、すべての質問検査等を終えた状態をいうものと解されるので、この段階で調査結果の内容説明を行うこととされている。

② **電話による調査結果の内容説明（FAQ（職員）問4−22）**

調査結果の内容説明については、原則として、来署を依頼、又は納税義務者の事務所等へ臨場の上、口頭により非違の内容等を分かりやすく説明する必要があるが、納税義務者との日程の調整が折り合わない場合などで、口頭で容易に説明可能なときには、電話（必要に応じて参考資料を送付）で行っても差し支えないとされている。

③ **書面による調査結果の内容説明（FAQ（職員）問4−24）**

国税通則法74条の11第2項には調査結果の内容説明の方法について特段規定されていないが、上記(1)で述べたように、運用上は、原則として、口頭により非違の内容等を説明することとされている（調査指針2章4(2)）。したがって、納税義務者等から書面による説明を要望された場合には、少なくとも実地の調査については、原則として、書面の交付はできない旨を説明することとされている*4。なお、口頭で行う場合であっても、必要に応じ、非違の項目や金額を整理した資料など参考となる資料を示すなどして、納税義務者等の理解が得られるよう十分な説明を行うとともに、納税義務者等から質問等があった場合には、分かりやすく回答するよう努めることとされている。

また、調査担当職員が作成する「調査結果の内容説明書」は、納税義務者等に提示又は交付しないこととされている。

もっとも、この「調査結果の内容説明書」は行政文書であるので、

＊4　実地の調査以外の調査では、非違の内容が書面での説明で十分理解を得られる簡易なものについては、各課事務提要に定めるところにより、書面の送付で調査結果の内容説明を行うこともあるとされている（FAQ（職員）問4−24注3）。

個人情報の保護に関する法律76条及び77条に基づく開示請求を納税義務者自らが行えば*5、原則として開示されるものと著者は考えている。ただし、法人に関する情報については、個人情報*6ではないため、同法に基づく開示請求をすることはできない。

④　調査結果の内容説明の程度（FAQ（職員）問4－23）

　調査結果の具体的な説明内容は、次のとおりとされている。

〈調査結果の具体的な説明内容〉

(1)　**非違の内容（税目によって異なる）**

①　申告所得税の調査：「所得の種類」、「（勘定）科目」、「非違の事由」（計上漏れ等）が非違の内容となる。

②　法人税の調査：「売上計上漏れ」といった非違の事由に加え、その処分の内容（売掛金（留保）等）を説明する必要がある。

③　相続税の調査：非違の対象となった相続財産の明細（種類、銘柄等）について説明する必要がある。

(2)　**非違の金額**

　年分（事業年度）ごとに個々の非違の内容に係る金額及びその合計額、それにより新たに納付すべき税額（又は減算すべき税額）及び加算税の額を説明する必要がある。

(3)　**非違の理由**

　法令等に基づき、非違と認める理由（例えば、商品Aについては期末時点において売上先Bに対し引渡し済であるなど）及び重加算税の対象となる非違については、仮装・隠蔽と認められる理由について説明する必要がある。

---

*5　個人情報保護法は、行政機関等が保有する保有個人情報についてその本人からの開示請求を認めるものであるため、原則として、本人以外の者は開示請求をすることはできない。ただし、未成年者や成年被後見人のように本人が自ら開示請求をすることが困難な場合もあるので、これらの者については、例外的に、本人に代わって法定代理人が開示請求をすることが認められている（個人情報保護法76②）。したがって、税理士等の税務代理人が納税義務者の代理をして開示請求をすることはできない。

*6　個人情報保護法上、「個人情報」とは、生存する個人に関する情報で一定のものをいう（個人情報保護法2①）。

⑤　法令に基づく調査結果の内容説明を行う前に、自主的な修正申告書を提出したい旨の申出があった場合（FAQ（職員）問４－27）

　法令に基づく調査結果の内容説明を行う前に、調査担当職員が修正申告等の勧奨をすることはできないが、申告納税制度の下では、申告義務のある者は自主的に修正申告書を提出することが可能であるため、申出があった場合は、修正申告書を受理することになる。

⑥　調査着手後、調査結果の内容説明を行う前に修正申告書が提出された場合（FAQ（職員）問４－28）

　調査結果の内容説明を行う前に修正申告書が提出された場合、その修正申告と調査結果の内容に差額があるときは、その差額について調査結果の内容説明が行われることとなる。一方、その差額がないときは、その修正申告書が、①更正を予知して提出されたものである場合には、調査による非違の内容、非違の金額及び非違の理由について調査結果の内容説明を行い（この場合、修正申告等の勧奨に係る手続及び是認通知書の送付は不要）、又は②更正を予知して提出されたものでない場合には、是認通知書を送付する（実地の調査に限る）こととされている。

(4)　調査結果の内容説明の相手方

　上記(1)で述べたように、調査結果の内容説明は、原則として、納税義務者に対して行われる（通則法74の11②）。ただし、下記Ⅳで解説するように、納税義務者の同意がある場合には、税務代理人に対してのみ行うこともできる（通則法74の11④）。

　また、納税義務者に対して調査結果の内容説明を行うことが困難な事情等がある場合には、権限委任の範囲を確認した上で、その納税義務者が未成年者の場合にはその法定代理人、法人の場合にはその役員もしくは経理に関する事務の上席の責任者又は源泉徴収事務の責任者等、一定の業務執行の権限委任を受けている者を通じてその納税義務者に調査結果の内容説明を行うこととしても差し支えないこととされている（調査通達４－５）。

さらに、納税義務者と連絡をとれないが納税管理人の選任がある場合は、納税管理人を通じて納税義務者からの連絡を促し、その連絡があったときには、調査結果の内容説明を行うこととされている（FAQ（職員）問4－29）。

(5) 調査結果の内容説明後の調査再開

それでは、これまで解説した法令に基づく調査結果の内容を説明した後に何らかの特別な事情が生じた際には、調査を再開することができるのだろうか。

これについては、調査結果の内容説明を行った後、その調査について納税義務者から修正申告書・期限後申告書の提出や源泉徴収に係る所得税の納付がなされるまでの間又は更正決定等を行うまでの間において、その説明の前提となった事実が異なることが明らかとなり、その調査結果の内容説明の根拠が失われた場合など調査担当職員がその説明に係る内容の全部又は一部を修正する必要があると認めた場合には、必要に応じ調査を再開した上で、その結果に基づき、再度、調査結果の内容説明を行うことができることとされている（調査通達6－4）（図表4－2）。

■図表4－2　調査結果内容説明後の調査再開

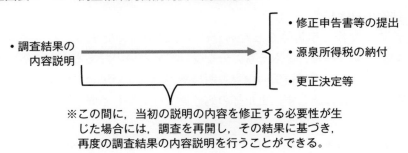

ここで「調査結果の内容説明の根拠が失われた場合」とは、納税義務者から新たな証拠の提示等があり、その調査結果の内容説明の前提

となる事実関係に相違が生じるような場合をいう（調査指針2章4(4)）。

　したがって、調査結果の内容説明後に、単なる主張のみではなく、納税義務者から新たな証拠等の提示があり、説明の前提となった事実が異なることが明らかとなり、その説明の根拠が失われた場合など、その説明に係る内容の全部又は一部を修正する必要があると認められる場合は、修正申告書の提出が行われる前であれば、統括官等の指示により調査を再開し、その結果に基づいて「調査結果の内容説明書」を修正し、決裁を受けた上で、再度、調査結果の内容説明を行うことになるとされている（FAQ（職員）問4-25）。

　なお、以上の手続による調査再開は、下記Vで後述する「調査のやり直し」（＝再調査）（通則法74の11⑤）には該当しない。

② 修正申告等の勧奨

　調査結果の内容説明をする際、調査担当職員は、納税義務者に対し修正申告等を勧奨することができ[7]、その際には、「その調査の結果に関しその納税義務者が納税申告書を提出した場合には、不服申立てをすることはできないが更正の請求をすることはできる」旨を説明するとともに、その旨を記載した書面を交付しなければならない（通則法74の11③）[8]。

　ここで修正申告等をした場合に「不服申立てをすることはできない」というのは、そもそも処分を受けていないのであるから当然である。むしろ、調査結果の内容説明に納得できない場合には、修正申告等の勧奨には応じずに更正等の処分を受けてから不服申立てをするべ

---

*7　この修正申告等の勧奨に対して、行政手続法上の「行政指導の中止等の求め」（行手法36の2）をすることが可能か否かについては、**第1章V④**参照。

*8　行政指導に基づき自発的な修正申告等の提出の要請を行う際には、法令上、このような修正申告等に係る法的効果の教示を行うことは義務付けられていないが、加算税や延滞税が課される場合があることなどの説明を行うこととされている（FAQ（職員）問4-43）。

きであろう。

　それよりもこの勧奨の際の説明において重要であるのは、修正申告等をした後であっても「更正の請求をすることはできる」ということである。平成23年12月の国税通則法改正以前は、更正の請求期間が１年であったことから、税務調査の結果、修正申告等をした場合には、それを事後に納税義務者の利益に是正する法的な手段（＝更正の請求）は、事実上なかった（嘆願は可能であったが、これは法定外の手続である）。しかし、同改正によって更正の請求期間が減額更正等の除斥期間と合わせて原則として５年とされたことから（通則法23①、70①）、同改正後は税務調査の結果、修正申告等をした後であっても、原則として法定申告期限から５年間は更正の請求ができるようになったのである＊９。このことは意外と認知されていないようなのだが、実務上は重要である。すなわち、同改正の実務上の重要なポイントは、修正申告等をしても事後に適正な手続として是正を求めること（＝更正の請求）ができるようになったことであるといえるのだ。

　ところで、前述の修正申告等の勧奨は、いわゆる「できる規定」であるが、原則として、調査結果の内容の説明と併せて行われることとされている（調査指針２章４(3)、FAQ（職員）問４－32）。

　以上のように、申告内容等に誤りのある場合（＝更正決定等をすべきと認める場合）には、①調査結果内容の説明と②修正申告等の勧奨・書面交付という二つの手続が、原則として履践されなければならないということである。この二つの手続は同じタイミングで行われるので、調査結果の内容説明の内容と修正申告等の勧奨の内容は、基本的に一致するものと考えられる（通達逐条131頁）。

＊９　ただし、調査により不正の事実を把握されたため、６～７年前の年分についても修正申告等を勧奨されるような場合には、その年分に係る更正の請求期間が過ぎているため、更正の請求をすることができない。このような場合には、修正申告等の勧奨の際に、その更正の請求期間を徒過している年分については、更正の請求はできないことを説明することとされている（FAQ（職員）問４－33）。

③ 更正決定等の意義

　そして、修正申告等の勧奨に納税義務者が応じない場合には、税務署長によって更正決定等がなされることになる。そこで、ここでは、この更正決定等について解説しよう。具体的には、上記Ⅱ①(1)で「更正決定等」の範囲について、更正、再更正、決定、賦課決定及び源泉所得税の納税の告知（以下、これらを併せて「更正決定等」という）が含まれると述べたので、これらの処分の内容や手続について解説することとする。

(1)　更　　　正

　まず、実地の調査の結果に応じて行われる修正申告の勧奨に納税義務者が応じない場合には、所轄税務署長によって更正が行われる。この「更正」とは、納税申告書に記載された課税標準等又は税額等が調査したところと異なるときに、その調査により、税務署長が課税標準等又は税額等を確定する処分のことをいい（通則法24）、「増額更正」と「減額更正」に区分される。

　更正については、税目ごとに次のような特則が設けられている。

〈更正の特則〉
○　所得税
　①　更正をすべき事項に関する特例（所法154①）
　②　青色申告書に係る更正（所法155①）
　③　租税特別措置法の規定による修正申告書の提出がなかったときの更正（措法28の3⑧等）
○　法人税
　①　更正に関する特例（法法129①）
　②　青色申告書等に係る更正（法法130①）
○　相続税

---

① 更正の特則（相法35①・③・④）
② 租税特別措置法の規定による修正申告書の提出がなかったとき
　の更正（措法69の３③、70⑧）
○ 贈与税
① 更正の特則（相法35⑤）
② 租税特別措置法の規定による修正申告書の提出がなかったとき
　の更正（措法70の２⑤等）

(2) 決　　定

　一方、期限後申告の勧奨に納税義務者が応じない場合には、所轄税
務署長によって決定が行われる。この「決定」とは、納税申告書を提
出する義務があると認められる者がその申告書を提出しなかった場合
に、税務署長が調査によって、その申告書に係る課税標準等及び税額
等を確定する処分のことをいう（通則法25本文）。

　決定についても、税目ごとに次のような特則が設けられている。

〈決定の特則〉
○ 所得税
　決定をすべき事項に関する特例（所法154①）
○ 相続税
① 決定の特則（相法35②・③・④）
② 租税特別措置法の規定による期限後申告書の提出がなかったと
　きの決定（措法69の３③、70⑧）
○ 贈与税
　決定の特則（相法35②・⑤）

⑶ 再 更 正

　税務署長は、更正又は決定をした後、その更正又は決定をした課税標準等又は税額等が過大又は過少であることを知ったときは、その調査により、その更正又は決定に係る課税標準等又は税額等を更正する（通則法26）。これを「再更正」という。

　前述のように「更正」は提出された納税申告書の記載事項等を税務署長が是正する処分である。これに対して「再更正」は、更正又は決定によって確定された税額等を是正する処分である。したがって、修正申告があった後の是正は、更正となる。この更正、再更正と修正申告は、税額等の確定手続として繰り返し行うことができる。

（例）

⑷ 賦課決定

　税務調査が終了して、修正申告や期限後申告をしたり、更正や決定を受けたりすると、原則として、一定の附帯税が課されることになる（**第５章**参照）。この附帯税のうち加算税については、賦課課税方式[*10]が採用されている。「賦課決定」とは、この賦課課税方式による国税の確定手続をいう。

　具体的には、加算税及び過怠税については、税務署長は、その調査により、その納税義務の成立の時の後に、その計算の基礎となる税額及び納付すべき税額を賦課決定する（通則法32①三）。なお、税務署長は、賦課決定をした後にその課税標準又は納付すべき税額に過不足があることを知ったときは、調査によりこれらを変更する賦課決定を

[*10]　「賦課課税方式」とは、納付すべき税額が専ら税務署長等の処分により確定する方式のことをいう（通則法16①二）。

行う（通則法32②）。

(5) 源泉所得税の納税の告知

税務署長は、源泉徴収等による国税*11でその法定納期限までに納付されなかったものを徴収しようとするときは、「納税の告知」をしなければならない（通則法36①二。不納付加算税も同様（通則法36①一））。

(6) 更正決定等の手続

更正又は決定（再更正を含む。以下同じ）は、税務署長が更正通知書又は決定通知書を送達して行う（通則法28①）。

「更正通知書」には、次に掲げる事項を記載しなければならない（通則法28②各号）。

〈更正通知書の記載事項〉
① 更正前・更正後の課税標準等及び税額等
② 増差税額
③ 還付税額

一方、「決定通知書」には、その決定に係る課税標準等及び税額等を記載しなければならない（通則法28③本文）。

また、賦課決定は、課税標準と納付すべき税額を記載した「賦課決定通知書」を送達して行う（通則法32③）。この賦課決定通知書の記載事項は上述の更正通知書及び決定通知書と同じである（通則法32⑤）。

さらに、納税の告知は、税務署長が納税義務者に対し、納付すべき

---

*11 「源泉徴収等による国税」とは、源泉徴収に係る所得税及び特別徴収に係る国際観光旅客税（これらの税に係る附帯税を除く）をいう（通則法2二）。

税額、納期限及び納付場所を記載した「納税告知書」を送達して行う（通則法36②本文）。

　以上の更正決定等の手続は、国税通則法の定めに基づくものであるが、このほか、各通知書には、これらの処分に不服がある場合に不服申立てができる旨と不服申立ての相手先及び不服申立期間の教示を記載しなければならない（行審法82①本文）。

　さらに、これらの更正決定等が不利益処分に該当する場合には、各通知書にその処分の理由を記載しなければならない（行手法14を適用。通則法74の14①かっこ書）。この理由付記については、次の4で詳しく解説する。

4 理由付記

　更正決定等が不利益処分又は青色申告書に係る更正に該当する場合には、更正通知書や決定通知書等にその処分の理由を記載しなければならない（行手法14、通則法74の14①かっこ書、所法155②、法法130②）。これを「理由付記」という*12。ちなみに、「理由附記」と表記されることもあるが、現在の法令用語のルールでは「理由付記」と表記するのが正しい*13。

　以下では、まず原則的な行政手続法に基づく理由付記について解説し、その後、所得税法及び法人税法に基づく青色申告書に係る更正の際の理由付記との取扱いの違い等について解説する。

(1) 理由付記の意義

　この理由付記の趣旨は、「①処分庁の判断の慎重・合理性を担保し

＊12　根拠条文である行政手続法上は「理由の提示」とされているが、これは口頭によるものを含んでいるためである。しかし、国税に関する法律に基づく処分については、すべて書面で行われるので（通則法28等）、課税処分に係るものについては「理由付記」として差し支えない。

＊13　青木丈『租税法令の読み方・書き方講座』（税務経理協会、2018）73〜74頁参照。

てその恣意を抑制するとともに、②処分の理由を相手方に知らせて不
服の申立に便宜を与える趣旨に出たものであるから、その記載を欠く
においては処分自体の取消を免れないものといわなければならな
い」（最判昭和38年5月31日民集17巻4号617頁。付番及び下線著者）
と解されている。この①の趣旨を「処分適正化機能」、②を「争点明
確化機能」と言い換えることができる*14。

　したがって、理由付記に当たっては、いかなる事実関係に基づき、
いかなる法令（処分基準が公表されている場合にはその基準を含む）
を適用して処分したのかを、納税義務者がその記載内容から了知し得
る程度に記載する必要がある。なお、処分の相手方が処分の理由とな
るべき事実を知っていたとしても、理由付記の義務の程度が緩和され
ることはない（FAQ（職員）問5－15）。

　また、上記最判の後半にも述べられているように、理由付記の不備
は処分の取消事由になる。この点について、大阪国税局法人課税課が
作成した『理由附記作成のポイント』（TAINS：課税処分留意点
H250400。以下「『理由付記のポイント』」という）には、「理由附記
を欠く処分は無効となり、理由附記が不十分な処分は取消原因たる瑕
庇（かし）を有する処分となる」と記載されており、FAQ（職員）
では、仮に理由付記を欠く処分が行われた場合には、ただちに取り消
す必要があるとされている（FAQ（職員）問5－2）。

　なお、処分の内容は正しいが、理由付記の記載内容に重大な誤りが
ある等の瑕疵があり、その瑕疵の態様によって理由付記に不備がある
と認められるものについては、処分を取り消す必要があるが、取り消
した後において、再度、納税義務者に質問検査等を行うことなく、そ
の処分を行う必要がある場合には、適法な理由付記を行った上で処分
することとされている（FAQ（職員）問5－3）。

---

*14　金子宏『租税法』（弘文堂、第24版、2021）977～978頁参照。

(2)　理由付記の対象となる処分

　国税に関する法律に基づく処分で、理由付記の対象とされるものには、前述の不利益処分の他に「申請に対する拒否処分」がある（行手法8、通則法74の14①かっこ書）。

理由付記の対象処分 ┤ ①不利益処分
　　　　　　　　　　 ②申請に対する拒否処分

　このうち①不利益処分には、更正、決定、延納許可の取消し、青色申告の承認取消し等が該当する。

　また、②申請に対する拒否処分には、更正の請求に対する更正の理由がない旨の通知、青色承認申請の却下等が該当する。

　なお、FAQ（職員）では、各課税処分等に係る理由付記の要否に関する各問があり、それを整理すると次のようになる[15]。

〈各課税処分等に係る理由付記の要否〉
【理由付記が必要な処分】
①　青色申告の承認申請の却下（FAQ（職員）問5−5）
　この却下は、申請により求められた承認を拒否する処分に該当するので、法令に基づき、理由付記を行う必要がある。
②　青色申告承認取消通知（FAQ（職員）問5−6）
　これについては、所得税法150条2項、法人税法127条2項において、取消しの処分の基因となった事実が取消事由のいずれに該当するのかを付記しなければならないと規定されているので、理由付記を行う必要がある。
③　白色申告者に対する更正・決定（FAQ（職員）問5−8）

---

*15　ここに記載した所得税法・法人税法に基づく青色申告に係る更正の際の理由付記については、下記(4)で詳しく解説する。

すべての不利益処分が理由付記の対象となることから、白色申告者に対する更正（増額更正に限る）や決定にも理由付記が必要となる（行手法14①）。

④　青色申告者に対する減額更正（FAQ（職員）問５－９）

　青色申告者に対する（減額）更正は、所得税法又は法人税法において、理由付記することが必要とされているので、青色申告者に対する減額更正（申告所得税にあっては、不動産所得、事業所得又は山林所得に係る更正）は、理由付記を行う必要がある。

⑤　加算税の賦課決定処分（FAQ（職員）問５－10）

　過少申告加算税、無申告加算税、不納付加算税及び重加算税の賦課決定は、不利益処分に該当することから、理由付記が必要となる。

⑥　納税地指定（FAQ（職員）問５－13）

　納税地指定は、納税義務者の意思に基づき自由に定めることができるものとされている納税地につき、国税庁長官又は国税局長の判断によって、その納税地を指定する処分であることから、不利益処分（「義務を課し、又は権利を制限する処分」）に該当し、理由付記が必要となる。

【理由付記が不要な処分等】

①　承認（認定）申請の取下げ（FAQ（職員）問５－７）

　納税義務者が提出した各種申請書について、納税義務者自らが取下げを表明した場合には、法令に基づく処分は行われていないため、理由付記の必要はない。

②　（青色等以外の）減額更正（FAQ（職員）問５－９）

　減額更正は、不利益処分に該当しないことから、更正の請求の一部認容の場合や青色申告者に対する減額更正（申告所得税にあっては、不動産所得、事業所得又は山林所得に係る更正）などを除いて、理由付記の必要はない。

③　過少申告加算税を減少させる再賦課決定処分（FAQ（職員）問５－11）

　例えば、増額更正を行い、その更正に係る増差税額につき過少申告

加算税の賦課決定をした後に、再更正により本税額が減少したため、その減少額に対応する過少申告加算税を再賦課決定により減少させることとなった場合の、当該加算税の再賦課決定処分は、不利益処分に該当しないため、理由付記の必要はない。

④　延滞税・利子税（FAQ（職員）問5－12）

　延滞税及び利子税は、課税要件事実が生じたときに成立し、成立と同時に特別の手続を要することなく確定する国税であることから（通則法15③）、理由付記が必要となる処分ではない。

⑤　補佐人帯同の不許可通知等に対する不服申立てについての審査手続に係る処分（FAQ（職員）問5－14）

　行政手続法3条1項16号（適用除外）の規定により、不服申立ての審査手続において法令に基づいてされる処分等については、行政手続法8条（理由の提示）の規定は適用されないため、行政手続法に基づく理由付記の必要はない。なお、「再調査決定」については、行政手続法3条1項15号（適用除外）により、行政手続法に基づく理由付記を行う必要はないが、国税通則法84条により理由を記載することとされている。

　ところで、「正当な理由」がある場合にはその部分に係る加算税が賦課されないが（**第5章Ⅳ④(1)・Ⅴ③(1)・Ⅵ③(1)**参照）、その旨を理由付記に記載する必要はあるのだろうか。これについては、「正当な理由」は、①納税義務者に立証責任があるとされていること、②加算税の賦課決定の課税要件ではないこと、及び③納税義務者に対して不利益となる取扱いではないことから、「正当な理由」の具体的な内容については、理由付記に当たって記載する必要はないとされている（FAQ（職員）問5－17）[16]。

---

[16]　これに対して、優良な電子帳簿の保存等による過少申告加算税の軽減措置（電帳法8④本文。**第5章Ⅳ⑥**参照）の適用がある場合における賦課決定通知書には、その過少申告加算税について軽減措置の適用がある旨が付記されることになっている（電帳規5⑧）。

(3) 理由付記の具体例等

『理由付記のポイント』には、「理由附記における具体的留意点」の共通的事項として、次の内容が記載されている。

〈理由付記における具体的留意点の共通的事項〉
① 記載は、公用文の書き方に従って記載する。ただし、調査で把握した証ひょう類に記載された文言をそのまま引用する必要があるときは、引用符（「　」）を用いた上で、その記載された文言どおり（誤字は誤字のまま）記載する。
② 「〜と思われます。」「〜と考えられます。」などの表現は、主観を示すものであり、処分の客観性、信ぴょう性が疑われるもととなるため、絶対に使用しない。なお、「〜と認められます。」の表現は、客観的論証の帰結を示す表現であるため、使用しても差し支えないが、その場合においても、論証するに足りる証拠を示す必要がある。
③ 俗語、隠語、符丁など特定の者以外には通用しない言葉は、極力使用しない。ただし、世間一般に相当程度知れ渡っている言葉で、通常、誤解されることなくその意味が理解できるものは必要な範囲で使用しても差し支えない。
④ 本文中における年月日及び相手先の記載に当たっては、略語、略称を使用しない。ただし、表中に用いる場合は、この限りではない。

また、理由付記の具体例として、次の記述がある。

〈理由付記の具体例〉
（悪い例）
　　貴社が、平成○年○月○日に▽株式会社に対して支出し、支払手数

料に計上した×円は、同社との契約書で示す役務の提供を全く受けて
おらず、当該支出に係るりん議書及び貴社の□専務取締役によると
「降り料」として支出したものとのことですので、交際費等に該当し
ます。

※　「降り料」とは何か、また、なぜ交際費等に該当するのかが不
明

（良い例）

貴社が、平成○年○月○日に▽株式会社に対して支出し、支払手数
料に計上した×円は、同社との契約書で示す役務の提供は全く受けて
おらず、また、当該支出に係るりん議書においては「地下鉄建設工事
入札▽降り料」との記載がありました。そこで、当該建設工事に関し
同社と交渉に当たった貴社の□専務取締役から当該支出に至った理由
を聴取したところ、①貴社と▽株式会社は同じ建設業者として競争関
係にあること、②「降り料」とは、競争関係にある事業者に対し、工
事入札に参加しないことの見返りに支出する金銭を意味するものであ
ること、③当該×円は▽株式会社に対し「地下鉄建設工事」の入札に
参加しないことの確約を取り付けたため支出したものであることが判
明しました。したがって、当該支出した金額は交際費等に該当すると
認められます。

(4)　二つの理由付記（一般と青色）

これまでの解説は行政手続法に基づく理由付記についてであった
が、これとは別に、国税に関する法律に基づく処分では従来から青色
申告書等[*17]に係る更正の際の理由付記の規定（所法155②、法法130
②）がある。つまり、更正決定等の際に必要となる理由付記には❶行

---

*17　「青色申告書等」とは、所得税法においては青色申告書のみをいうが（所法155②）、法人
　　税法上は、青色申告書又は連結確定申告書等（＝連結中間申告書、連結確定申告書又はこれ
　　らの申告書に係る修正申告書）をいう（法法130）。

政手続法に基づくもの（以下「一般的な理由付記」という）と❷青色申告等に対するもの（以下「青色等の理由付記」という）の２種類があるということである。

理由付記 ｛ ❶一般的な理由付記
　　　　　 ❷青色等の理由付記

　以下では、この両者の違い等について解説しよう。

① 二つの理由付記の概要

　まず、❶一般的な理由付記の概要については前述のとおりで、その根拠は、不利益処分（例えば増額更正・決定）については行政手続法14条が、申請に対する拒否処分（例えば更正の請求に対する更正の理由がない旨の通知）については同法８条が、それぞれ適用される（両規定が国税に関する法律に基づき行われる処分に適用されることについては、通則法74の14①かっこ書）。

　一方、❷青色等の理由付記については、青色申告書等に係る更正をする場合には、所得税法155条２項及び法人税法130条２項に基づいて、更正通知書にその更正の理由を付記しなければならない。また、青色申告承認取消しの処分をする場合には、その通知書に、その取消しの処分の基因となった事実が所得税法150条１項各号又は法人税法127条１項各号もしくは２項のいずれに該当するかを付記しなければならない（所法150②後段、法法127④後段）。これは、青色申告に係る更正をする場合の理由付記と趣旨目的が基本的に同じであると解されている（最判昭和49年４月25日民集28巻３号405頁参照）。

② 二つの理由付記の沿革

　これら二つの理由付記のうち、歴史が古いのは、❷青色等の理由付記である。すなわち、この青色申告に係る理由付記制度の起源は、昭和24年のシャウプ勧告まで遡る。そして、シャウプ勧告をほぼ全面的に採用した昭和25年の税制改正で青色申告制度が導入され、その中で

理由付記が義務化されたのである。しかし、これは青色申告者への特典と位置付けられたこともあり、青色申告者以外のいわゆる白色申告者等に対する処分についての理由付記は義務化されることはなく、この状況がその後長く続いた。

その後、行政処分等を行う際の手続に関する一般法である行政手続法が平成５年に制定され、申請に対する拒否処分及び不利益処分を行う際の理由の提示（≒理由付記）[18]を義務付ける規定も設けられた（行手法８、14）。しかし、国税に関する処分については、主として大量反復性という特殊性を有することを理由として、同法上の処分に関するほとんどすべての規定が適用除外とされてしまい、理由の提示に関する規定についてもその例外ではなかった。

そして、国税通則法制定以来最大の見直しといえる平成23年12月の改正において、上述の行政手続法の適用除外を一部除外するという形で、ようやく❶一般的な理由付記が導入されることになったのである。

この改正のもととなった平成23年度税制改正大綱には「処分の適正化と納税者の予見可能性の確保の観点から、全ての処分について、理由附記を実施します」（下線著者）[19]と記述されていたので、従来の青色申告等に係る理由付記の規定は不要になるとも思われたのだが、これらの規定はなぜかそのまま残されている。このことについては、「不利益処分について一般的に理由の付記が要求されることになったのに、所得税法および法人税法の青色申告に対する更正の理由の付記の規定がそのまま残っていることの意味ないし趣旨をどのようにとらえるべきか」[20]という疑問も呈されている。

そこで以下では、❶一般的な理由付記と❷青色等の理由付記の異同を考えてみよう。

---

*18　前掲＊12参照。

*19　「平成23年度税制改正大綱」（平成22年12月16日閣議決定）７頁。

*20　金子宏「青色申告に対する更正の理由付記」税研32巻５号（2017）16頁。

③ 両者の関係

　行政手続法は行政処分に関する一般法に位置付けられるので、特別法優先の原理[*21]により、❶一般的な理由付記に対して❷青色等の理由付記が優先的に適用される。すなわち、青色申告書等に係る更正や承認取消しをする場合には、行政手続法14条にかかわらず、所得税法150条２項後段、155条２項又は法人税法127条４項後段、130条２項に基づく理由付記をしなければならないということである。

④ 両者の対象範囲の違い

　ここで、両者の対象範囲の違いについて解説しよう。

　まず、❶一般的な理由付記については、その対象が不利益処分及び申請に対する拒否処分となる。そのため、不利益処分に該当しない減額更正については対象外で、理由付記をする必要がないということになる。

　これに対して❷青色等の理由付記については、不利益処分という限定はないので、増額更正だけでなく減額更正も対象となり、理由付記が必要である。もっとも、これは更正と青色申告承認取消しのみが対象であるから、青色申告書に係る更正の請求に対する理由がない旨の通知（申請に対する拒否処分）は対象外である（❶の対象となる）。

　以上を整理すると、次のようになる（図表４－３も参照）。

〈各処分に対する理由付記の区分〉
- 増額更正・決定：❶一般的な理由付記
- 青色申告書等に係る増額・減額更正：❷青色等の理由付記
- 青色申告の承認取消し：❷青色等の理由付記
- 更正の請求に対する更正の理由がない旨の通知（青色申告等を含む）：❶一般的な理由付記

---

*21　特別法優先の原理については、青木丈『租税法の読み方・書き方講座』（税務経理協会、2018）27頁参照。

■図表4－3　二つの理由付記の対象処分

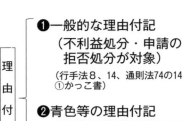

〈処分の例〉

理由付記
- ❶一般的な理由付記
　（不利益処分・申請の
　　拒否処分が対象）
　（行手法8、14、通則法74の14
　①かっこ書）
  - ・（一般的な）増額更正・決定
  - ・更正の請求に対する更正の理由がない旨の通知（青色申告等を含む）
- ❷青色等の理由付記
　（青色申告書に係る更
　　正等が対象
　　：減額更正を含む）
　（所法155②、法法130②）
  - ・青色申告書等に係る増額・減額更正
  - ・青色申告の承認取消し

　したがって、青色申告の承認取消しについて、上記(2)では（一般的な理由付記の対象となる）不利益処分の例として挙げたが、実際には、❷青色等の理由付記が適用されることになる。

⑤　付記すべき理由の程度の差異

　それでは、この両者で付記すべき理由の程度に差異が生ずるのだろうか。

　前述のように、この両者のうち歴史が古いのは❷青色等の理由付記である。そこで、まず、青色等の理由付記の程度について判示した判例を紹介しよう。この問題についてその後の裁判例の方向を決定付けたといえる最判昭和38年5月31日民集17巻4号617頁（以下「昭和38年最判」という）は、付記すべき理由の程度について、「処分の性質と理由附記を命じた各法律の規定の趣旨・目的に照らしてこれを決定すべきである」と判示した。この判示のポイントは、行政処分一般に関する理由付記の程度について、処分の性質と理由の付記を命じた各法律の趣旨・目的に照らしてこれを決すべきであると判示していることである。しかし、この昭和38年最判は、行政手続法が制定されるよりもはるか昔に下されたものである。

　それでは、行政手続法に基づく❶一般的な理由付記が創設された後

の最高裁の考え方はどのようになっているのだろうか。これについて
は、租税訴訟ではないのだが、一級建築士免許取消処分の違法性につ
いて争われた最判平成23年6月7日民集65巻4号2081頁（以下「平成
23年最判」という）が、行政手続法14条1項本文「に基づいてどの程
度の理由を提示すべきかは、上記のような同項本文の趣旨に照らし、
当該処分の根拠法令の規定内容、当該処分に係る処分基準の存否及び
内容並びに公表の有無、当該処分の性質及び内容、当該処分の原因と
なる事実関係の内容等を総合考慮してこれを決定すべきである」（下
線著者）と判示している。つまり、行政手続法に基づく一般的な理由
付記についても、前述の青色等の理由付記に関する昭和38年最判の判
示と同等（又はそれ以上）の水準の程度の判断を要求しているのであ
る。そして、平成23年12月改正で課税処分についても行政手続法に基
づく理由付記が適用されるようになった後の租税訴訟においても、こ
の平成23年最判を引用して、上記下線部と同様の判示をしているので
ある（例えば、東京地判平成30年4月12日税資268号−34（順号
13139））。

　そうすると、❶一般的な理由付記と❷青色等の理由付記のいずれ
も、その程度は、処分の性質、根拠法令の内容や趣旨・目的に照らし
て決せられなければならないということになる。ここで根拠法令とい
うのは、一般法である行政手続法が制定されている今日においては、
理由付記を命じる根拠法令はもとより、その処分の根拠法令が重要視
されるべきであり、平成23年最判もそのように判示している。

　したがって、例えば、所得税法及び法人税法に設けられている青色
申告制度の趣旨・目的に照らせば、青色申告者と白色申告者に対する
更正等の理由付記については、おのずからその程度に差異が生じると
いうことになる。なお、これに関連して、記帳・帳簿等の保存がない
白色申告者である事業所得者等については、正確な所得金額を捕捉す
ることが困難となるので、一般的に、反面調査を基に、推計課税の方
法等を用いて所得金額を算定せざるを得ない。したがって、このよう
な事業所得者等に対して理由付記を行う場合には、推計課税の必要

性、合理性等について記載が必要となるものの、記帳・帳簿保存がない以上、帳簿の記載を具体的に否定する理由を記載することは困難であることから、例えば、勘定科目ごとに申告漏れ総額をまとめて示すなど、実際の記帳の程度を踏まえた合理的な範囲で理由付記を行わざるを得ないと考えられている（FAQ（職員）問5-16）。

　また、青色申告制度が存在しない相続税法や消費税法等に基づく処分についても同様に、それぞれの処分の根拠法令の内容や趣旨・目的に照らして、付記すべき理由の程度が決まることになる。

　以上のように、今日においては必ずしも理由付記を命じた法律の規定の趣旨・目的のみに照らして理由付記の程度が決せられるわけではないので、❶一般的な理由付記と❷青色等の理由付記という区分によって付記すべき理由の程度の差異を積極的に考慮する必要もなさそうである。

　もっとも、平成23年12月改正で青色等の理由付記が存置されていることに鑑みれば、相対的にこの理由付記の程度に高い水準が求められていると解することもできるかもしれない。これについては、「わざわざ青色申告に対する更正の理由付記の規定が残されている趣旨にてらして、前向きの検討が必要であろう」[22]との意見もある。

　しかし、青色等の理由付記が存置されている理由について、そこまでの積極的な意義を見出す必要はなく、存置の理由は前述の対象範囲の違い（例えば、減額更正については青色等の理由付記のみが対象）にあると割り切って考えることもできるのではなかろうか。

　また、青色申告制度の創設以来、同制度と理由付記制度はセットであるから、いわばパッケージとして存置されているとの見解もある[23]。仮にそうであるならば、著者はむしろ、青色申告制度の今日的な存在意義を再考する必要があるのではないかと考えている。現状、法人税についてはすでにほとんどすべての納税義務者が青色申告

---

[22]　金子・前掲[20]・16頁。

[23]　増田英敏「通則法改正と更正処分の理由附記」税法学581号（2019）227頁参照。

法人なのである*24。

　かような状況にもかかわらず、なお、インセンティブ措置としての現在の青色申告制度を維持すべきだろうか。そろそろ、制度の抜本的な見直しに向けた検討が必要ではないかと思われるのである。

⑤　質問応答記録書等の作成

　調査が終了するタイミングで、調査担当職員が作成した「質問応答記録書」なる文書に、納税義務者の協力と署名を求められることがある。この質問応答記録書は、法定の書面ではないのだが（＝法定外の行政文書）、後の争訟の際に証拠として用いるために作成されているものであるから、重要であると考えられる。

(1)　質問応答記録書の意義

　「質問応答記録書」とは、文字どおり、納税義務者や反面調査先等（以下、本章において「納税者等」という）に対する<u>質問への応答を記録</u>した行政文書であり、前述のように根拠法令はない。

　そもそも税務調査で行われる「質問検査等」とは、調査担当職員の質問検査権の規定（通則法74の２〜74の６）による①質問、②検査又は③提示・提出の要求をいうが（通則法74の９①柱書かっこ書。**第1章Ⅳ②**参照）、このうち物的証拠が残らない①質問について証拠化するために作成されるのが質問応答記録書である。

　このような質問応答記録書の意義について、手引（平25）*25 4頁では次のように述べられている（下線著者）。

---

*24　直近の令和３年度で、青色申告法人は全体の99.2％（国税庁「令和３年度分　会社標本調査」（令和５年３月）168頁）。

*25　この手引の（著者が入手できている）最新版は、令和２年11月付けのもの（手引（令2））であるが、この最新版では、以下に引用する箇所はマスキングされてしまっている。

〈質問応答記録書の意義〉

　質問応答記録書は、調査関係事務において必要がある場合に、質問検査等の一環として、調査担当者が納税義務者等に対し質問し、それに対し納税義務者等から回答を受けた事項のうち、課税要件の充足性を確認する上で重要と認められる事項について、その事実関係の正確性を期するため、その要旨を調査担当者と納税義務者等の質問応答形式等で作成する行政文書である。

　事案によっては、この質問応答記録書は、課税処分のみならず、これに関わる不服申立て等においても証拠資料として用いられる場合があることも踏まえ、第三者（審判官や裁判官）が読んでも分かるように、必要・十分な事項を簡潔明瞭に記載する必要がある。

　この下線部にあるように、質問応答記録書は、課税処分及びその後の争訟における課税庁側の証拠資料として重要な意味があるものであるのだ。

　また、手引の「質問応答記録書作成事例集」を見ると、収入・売上げの除外、架空外注費、架空人件費、水増し仕入れ、棚卸除外などが掲げられていることから、実際の税務調査で質問応答記録書が作成されるのは、多くの場合、重加算税が賦課されるようなケースであると考えられる。

　繰り返しになるが質問応答記録書は法定文書ではなく、その作成に納税者等が協力することは、あくまでも任意であり、拒否することも当然に可能である。

　質問応答記録書の書式は、次頁のとおりである。なお、この書式は令和２年に改訂され、押印が不要となった。

質問応答記録書

回答者 住　　所　○○市××区・・・・

氏　　名　甲野太郎

生年月日、年齢　昭和○○年○○月○○日生（○○歳）

本職は、令和２年10月30日、△△市△△区・・・・の「凹凸陶芸教室」の事務所において、上記の回答者から、任意に次のとおり回答を得た。

質問応答の要旨

問1	あなたの職業を教えてください。
答1	私は、凹凸陶芸教室を主宰し、代表者をしています。
	なお、凹凸陶芸教室は法人ではなく、私が個人として経営しています。

省　略

問35	以上で質問を終わりますが、何か訂正したいこと又は付け加えたいことはありますか。
答35	〈不開示〉
	他に訂正や追加はありません。
	（回答者）　甲野　太郎
	以上のとおり、質問応答の要旨並びに当該頁番号及び総頁数を記録して、回答者に読み上げ、かつ、閲読させたところ、回答者は誤りのないことを確認し、本文末尾及び各頁に署名した。
	令和２年10月30日
	（質問者）　○○税務署　財務事務官　■■　■■
	（記録者）　○○税務署　財務事務官　▲▲　▲▲

（出典）　手引（令和２年11月）Ⅴ－５～13頁をもとに作成。なお、一部マスキングが施してある。

(2) 質問応答記録書作成のフロー

質問応答記録書作成のフローは、次のとおりである（手引（令2）Ⅰ－1頁（本書385頁）参照）。

1　事前準備

⬇

2　質問応答記録書の作成

⬇

3　回答者に対する読み上げ・閲読

⬇

4　回答者に対する署名の求め

⬇

5　回答者に対する各ページ確認欄への署名の求め

⬇

6　奥書の記載及び調査担当職員の署名

⬇

7　完成後の対処・その他

(3) 質問応答記録書作成に協力を求められた場合の対応

質問応答記録書の作成に納税者等が協力を求められた場合、その質問応答記録書の内容に問題がないとき、すなわち調査担当職員が指摘する非違事項について納税義務者がそれを認めており、修正申告等の勧奨に応じるようなケースでは、その指摘事項に係る質問応答記録書の作成には素直に応じた方が、その調査終了手続はスムーズに進められることになるだろう。

逆に、調査担当職員の指摘事項について納税義務者が少しでも納得

していない場合には、質問応答記録書の作成に協力してしまうことで、その納得していない事項についての言質を取られてしまう結果にもなるので、安易に協力すべきではない。特に、前述のように実際の税務調査で質問応答記録書が作成されるのは、多くの場合、重加算税が賦課されるようなケースであると考えられるところ、重加算税の賦課要件である"課税標準等・税額等の計算の基礎となるべき事実を隠蔽・仮装していたこと"（通則法68）の該当性について、調査担当職員と納税義務者で認識が食い違っているような場合（調査担当職員は重加算税を賦課できると考えているが、納税義務者には隠蔽・仮装の認識がないような場合）には、質問応答記録書の作成には協力すべきではない。なお、このような場合であっても、質問応答記録書が作成されることがあり、その場合には納税者等は回答者としての署名を拒否することになるだろうが、「回答者の署名がない質問応答記録書であっても、争訟となった場合の証拠となる」（手引（令2）Ⅲ-14頁（本書405頁））とされていることには、留意しておくべきである。したがって、このような場合には、質問応答記録書の作成の協力自体を拒否すべきである。

　また、調査に立ち会っている税理士が質問応答記録書に署名を求められることはないが（手引（令2）Ⅲ-14頁（本書405頁））、税務代理人である税理士としては、作成される質問応答記録書の内容をしっかり確認し、疑義があれば適宜説明や修正を求め、納得できない場合には署名する必要はなく、質問応答記録書がその後の争訟等で証拠資料として用いられる可能性があることについても、納税者等に知らせておくべきである。

　ところで、質問応答記録書（作成途中のものを含む）の写しを納税者等や税理士に交付することは認められておらず、撮影することも許されていない（手引（令2）Ⅲ-19～20頁（本書410頁））。もっとも、質問応答記録書は行政文書であるので、個人情報の保護に関する法律76条及び77条に基づく開示請求を納税者等自らが行えば[*26]、原則として開示される。ただし、法人に関する情報については、個人情

報[*27]ではないため、同法に基づく開示請求をすることはできない。

⑷　調査報告書

　なお、以上のように質問応答記録書は納税者等の答述を証拠化するためのものであるが、同様の意義を有するものとして「調査報告書」がある。両書面の違いについては、手引（令2）Ⅱ-1頁（本書386頁）では次のように述べられている。

〈質問応答記録書と調査報告書〉

　質問応答記録書は、その記載内容について、答述したとおり誤りがない旨の回答者による確認を経た上で、その確認作業の証として回答者による署名を受けるものであるのに対し、調査報告書は、回答者の答述内容を調査担当者が記載したに過ぎす、その記載内容について、回答者の確認を何ら経ていないものである。

　また、調査報告書の意義については、「調査の経緯・結果を上司に報告するとともに、これを証拠化して保全するものである」ともされており、調査報告書は、納税者等から聴取した答述を保全する場合のほか、次のような場合に作成することとされている（手引（令2）Ⅲ-18頁（本書408頁））。

---

*26　前掲＊5参照。
*27　前掲＊6参照。

〈調査報告書を作成する必要がある場合の例〉

① 調査担当者が受領した文書等につき、その受領場所や作成者、作成の経緯等を補完する必要がある場合（例えば、臨場先が複数ある場合、回答者が来署時に帳簿、メモ、電子記録媒体その他の証拠を提出したり、これらの写しの作成を承諾して実際に写しを作成した場合などが挙げられる）

② 質問応答中に回答者が特異な言動をした場合

③ 回答者が署名を拒否した際に証拠化することが有用な言動があった場合

④ 質問応答記録書の作成後（回答者の署名後）に誤記が判明した場合

⑤ 納税義務者等に調査協力を求めたものの、繰り返しこれを拒否された場合

⑥ 現地確認を行うなどし、写真撮影や図面を作成した場合

⑦ 質問応答記録書を作成した場合

⑧ その他、調査経過を書面で上司に報告する必要がある場合（上司から作成を指示された場合を含む）

　この⑦にあるように、質問応答記録書が作成された場合には、併せて、調査報告書も作成されることとなる。

　調査報告書の書式は、次頁のとおりである。

確　認					担当者
・　・					

調　査　報　告　書

<u>　○○税務署長　　殿</u>

令和２年１月20日
○○税務署○○課税○○部門
財務事務官　_____

納税義務者	霞ヶ関物産株式会社
用　　務	法人税等調査
調査年月日	令和２年１月20日
用　務　先	霞ヶ関物産株式会社本社事務所（○○市○○町・・・・）
調査対象者	霞ヶ関物産株式会社　経理部長　甲山　太郎

【報告事項】
　霞ヶ関物産株式会社の法人税等の調査において、本職は、令和２年１月20日午前10時10分頃から同日午前10時30分頃までの間、経理部長甲山太郎に質問調査したので、回答内容の概要等を下記のとおり報告します。

記

（調査対象者の回答内容の概要）

1　　私は、平成31年４月から、霞ヶ関物産株式会社（以下「物産社」という。）の経理部長として勤務している。

　　経理部長となる前は、溜池トランスサービス株式会社で営業部長を務めていた。

〈不開示〉

以上

　（出典）　手引（令２）Ⅴ－155頁をもとに作成。なお、一部マスキングが施してある。

IV 調査終了手続の税務代理人への通知等

　これまで解説してきた調査終了手続に係る納税義務者への通知、説明又は交付（以下「通知等」という）については、納税義務者の同意がある場合には[*28]、その納税義務者への通知等に代えて、その税務代理人に対して行うことができる（通則法74の11④）。ここで「税務代理人」の定義は、**第2章Ⅲ②**で解説したように、税務代理権限証書を提出している者が対象となる（通則法74の9③二）。したがって、納税義務者の同意があったとしても、税務代理権限証書の提出がない税理士に対して説明を行うことはできないこととなるため、そのような場合、税務代理権限証書の提出についてその税理士に指導がなされることとされている（FAQ（職員）問4－37）。なお、納税義務者に複数の税務代理人がいる場合には、納税義務者に調査の終了の際の手続に関する同意を確認する際に、いずれの税務代理人に対して調査結果の内容説明等を行うべきかを併せて確認し、指名された税務代理人に対して調査結果の内容説明等を行うこととされている（FAQ（職員）問4－41）。

　税務代理人が代行することができる手続とは、具体的には次の三つの手続である（通則法74の11④）。なお、このうち例えば「調査結果の内容説明のみ同意する」といった部分的な同意も可能である（FAQ（職員）問4－36）。

[*28]　納税義務者の同意がない場合には、例えば税務代理人に対して調査結果の内容説明を行ったとしても、納税義務者への調査結果の内容説明を省略することはできない（FAQ（職員）問4－31）。

〈税務代理人が代行することができる終了手続〉
① 調査の結果、更正決定等をすべきと認められない場合において、その旨が記載された書面を受領すること（通則法74の11①）。
② 調査の結果、更正決定等をすべきと認められる場合において、その調査結果の内容（更正決定等をすべきと認められた額及びその理由を含む）の説明を受けること（通則法74の11②）。
③ ②の説明を受ける際に、修正申告・期限後申告の勧奨が行われた場合における次に掲げる事項（通則法74の11③）
　㋑ 調査の結果に関し納税申告書を提出した場合には不服申立てをすることはできないが更正の請求をすることはできる旨の説明を受けること。
　㋺ 上記㋑の内容を記載した書面の交付を受けること。

　この場合における納税義務者の同意の有無の確認は、次のいずれかの方法により行うこととされている（調査指針2章4(5)）。

〈納税義務者の同意の有無の確認方法〉
① 電話又は臨場により納税義務者に直接同意の意思を確認する方法
② 税務代理人から納税義務者の同意を得ている旨の申し出があった場合には、同意の事実が確認できる書面の提出を求める方法

　このため、基本的には①により、納税義務者から同意の意思が確認できればよい。それができなかったような場合には、②により、調査に立ち会った税理士が、依頼者である納税義務者の同意を得て、その税理士へ直接通知等をすることを依頼することになる。そのためには、次頁の書面（この書式は、日本税理士会連合会ウェブサイトの会員専用ページに掲載されている）を提出すればよい。この書面を用いない場合には、任意の書面に、①同意した日付、②名宛人（税務署

_____税務署長　殿

調査の終了の際の手続に関する同意書

税　理　士 又　は 税理士法人	事務所の名称 及び所在地	電話（　　　）　　　－		
	氏名又は名称			
	所属税理士会等	税理士会　　　　　支部　登録番号　第　　　　　　号		

〔私・当法人〕は、上記〔税理士・税理士法人〕を代理人と定め、〔私・当法人〕に代わって代理人が下記の行為（国税通則法第74条の11第 1 項から第 3 項に規定する行為）を行うことに同意します。

| 依　頼　者
（個　人） | 住　　　所
又は
事務所所在地 | 電話（　　　）　　　－ | |
| | 氏名又は名称 | ㊞ | |

依　頼　者 （法　人）	本店所在地	電話（　　　）　　　－	
	商号又は名称		
	代　表　者	㊞	

対象とする行為　※該当する項目に✓を付すこと	下欄に掲げる税目の調査対象となった年分等について、			
	□	1　実地調査の結果、更正決定等をすべきと認められない場合において、その旨が記載された書面を受領すること		
	□	2　調査の結果、更正決定等をすべきと認められる場合において、その調査結果の内容（更正決定等をすべきと認められた額及びその理由を含む。）の説明を受けること		
	□	3　上記2の説明を受ける際に、修正申告又は期限後申告の勧奨が行われた場合における次に掲げる事項 ①　調査の結果に関し納税申告書を提出した場合には不服申立てをすることはできないが更正の請求をすることはできる旨の説明を受けること ②　上記①の内容を記載した書面の交付を受けること		
	（　　　　　）税	（　　　　　）税	（　　　　　）税	

| 備　　　考 | |
| | |

（出典）　日本税理士会連合会調査研究部作成資料

長）、③同意者の住所・氏名（納税義務者）、④同意する旨（同意する税務代理人の氏名を含む）、⑤同意する税目・課税期間（基本的には、調査対象税目と調査対象期間）、⑥同意する手続（更正決定等をすべきと認められない旨の通知、調査結果の内容説明、修正申告等の勧奨の際の教示文の説明・交付）、を記載することとされている（FAQ（職員）問4-38）。この同意書は、日本税理士会連合会の書式又は任意の書式のいずれを用いるのであれ、納税義務者が自らの納税地を所轄する税務署長に対して提出する文書であり、国税当局が収受する行政文書に該当するため、収受印の押印が必要とされている（FAQ（職員）問4-39）。

なお、以上の取扱いは、実地の調査以外の調査についても同様である（調査通達8-3、調査指針2章4(5)（注））。

また、**第1章Ⅶ②**でも述べたように、令和6年4月以降は、税務代理権限証書に次の「調査の通知・終了の際の手続に関する同意」欄が設けられ、今回委任する代理人に税務代理を委任した事項に関する調査の際に、依頼者へ「調査終了時点において更正決定等をすべきと認められない場合における、その旨の通知」及び「調査の結果、更正決定等をすべきと認められる場合における、調査結果の内容説明等」（その説明に併せて修正申告等の勧奨が行われる場合における必要な説明・書面の交付を含む）は、今回委任する代理人に対して行われることに同意することを示すことができるようになる。

税務代理権限証書【令和6年4月1日以降提出用】抄

調査の通知・終了の際の手続に関する同意	上記の代理人に税務代理を委任した事項（過年分の税務代理権限証書において委任した事項を含みます。以下同じ。）に関して調査が行われる場合には、私（当法人）への下表の通知又は説明等は、私（当法人）に代えて当該代理人に対して行われることに同意します。【同意する場合は□にレ印を記載してください。】	
	調査の通知	□
	調査終了時点において更正決定等をすべきと認められない場合における、その旨の通知	□
	調査の結果、更正決定等をすべきと認められる場合における、調査結果の内容説明等（当該説明に併せて修正申告等の勧奨が行われる場合における必要な説明・書面の交付を含む。）	□

（注）　様式全体は、本書36頁参照

Ⅴ　新たに得られた情報に基づく調査のやり直し（再調査）

① 「調査のやり直し」（＝再調査）の意義

(1)　総　　説

　これまで解説してきた手続を経て実地の調査が完全に終了した後においても、調査担当職員は、「新たに得られた情報に照らし非違があると認めるとき」は、その納税義務者に対し、改めて質問検査等を行うこと（以下「調査のやり直し」という*29）ができる（通則法74の11⑤）。なお、実地の調査以外の調査については、新たに得られた情報に照らし非違があると認める場合でなくても、調査のやり直しが可能である（調査通達6－6（注）1、FAQ（職員）問4－50）。ここで「実地の調査」とは、要は臨場調査のことである（**第1章Ⅳ②(4)**参照）。つまり、臨場調査ではない署内調査や呼出調査については、調査のやり直しに制限はないということである。

　この「調査のやり直し」の意義については、前回調査の対象となった納税義務者に対して、前回調査に係る納税義務に関して再び質問検査等を行うことであるとされている（調査通達6－6）。そのため、具体的に「調査のやり直し」に該当するか否かを判定するいわば「調査の単位」については、納税義務者に加え、税目や課税期間が重複しているかどうかによることになる（図表4－4）。

---

*29　この呼称（「再調査」としていないこと）については、下記③を参照されたい。

■図表4−4　調査の単位と調査のやり直しの関係

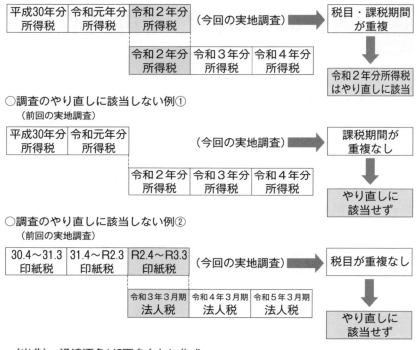

○調査のやり直しに該当する例

（前回の実地調査）

平成30年分 所得税	令和元年分 所得税	令和2年分 所得税

（今回の実地調査）➡

税目・課税期間
が重複

令和2年分 所得税	令和3年分 所得税	令和4年分 所得税

令和2年分所得税
はやり直しに該当

○調査のやり直しに該当しない例①

（前回の実地調査）

平成30年分 所得税	令和元年分 所得税

（今回の実地調査）➡

課税期間が
重複なし

令和2年分 所得税	令和3年分 所得税	令和4年分 所得税

やり直しに
該当せず

○調査のやり直しに該当しない例②

（前回の実地調査）

30.4〜31.3 印紙税	31.4〜R2.3 印紙税	R2.4〜R3.3 印紙税

（今回の実地調査）➡

税目が重複なし

令和3年3月期 法人税	令和4年3月期 法人税	令和5年3月期 法人税

やり直しに
該当せず

（出典）　通達逐条145頁をもとに作成。

(2)　「調査のやり直し」の該当性

　ここでは、「調査のやり直し」の該当性を判定する「調査の単位」の要素である納税義務者、税目、課税期間等の重複の有無について、FAQ（職員）で取り上げられている事例を紹介しよう。

①　納税義務者

　連携調査等で、基幹法人と関連法人との取引について不正が行われているという情報に基づき、その内容により基幹法人に非違があると認められる場合であっても、関連法人には非違が認められない場合に

は、関連法人に対して「調査のやり直し」をすることはできない。もっとも、非違が認められる情報は直接的な情報のみで判断されるものではなく、間接的な情報も含め総合的に判断されるものであることから、基幹法人の不正に関連法人が関連し、関連法人の申告にも非違が認められるのであれば、関連法人の調査は可能であると考えられている（調査通達6−8参照）。また、基幹法人の反面調査として、関連法人に対して調査を行うことも可能であると考えられている（FAQ（職員）問4−54）。

　以上の取扱いは、連結法人においても同様である。

② 税　　目

　個人事業者に対し申告所得税につき実地の調査により更正等を行った後に、源泉所得税の調査のために質問検査等を行うことは、「調査のやり直し」に該当するのだろうか。これについては、「調査のやり直し」の規定（通則法74の11⑤）は、税目及び課税期間（処分等の対象となる納税義務）の重複により判断するものであって、申告所得税の納税義務と源泉所得税の納税義務は別個の納税義務であることから、「調査のやり直し」には該当しないことになる（調査通達4−1⑵、FAQ（職員）問4−52）。もっとも、通常は、申告所得税、源泉所得税及び消費税の同時調査が実施される。

　また、個人課税部門が申告所得税における実地の調査を行った後に、同一年分につき資産課税部門が譲渡所得の調査のために質問検査等を行うことは、いずれも申告所得税に係る調査であるため、「調査のやり直し」に該当することとなる。この場合、個人課税部門の行った前回の調査においては、資産課税部門が所有する情報を含め、調査対象となる納税義務者についての申告所得税関係部署が有するすべての情報に基づき、国税通則法74条の11第1項の通知又は同条2項の説明を実施することが適当であるので、前回の調査の際に資産課税部門が保有していた資料情報は、「調査のやり直し」の判定をする際の「新たに得られた情報」には該当せず、その資料情報により「調査のやり直し」を行うことはできない（FAQ（職員）問4−53）。

③ 課税期間

書面添付制度（税理士法33の2。**第2章Ⅷ**参照）に係る意見聴取を実施し、調査に移行しない旨の連絡（「意見聴取結果についてのお知らせ」を送付した場合を含む）をした期間については、納税義務者に対して質問検査等を行っていないため、その後において質問検査等を行うことは、「調査のやり直し」に該当しないが、意見聴取の結果、調査に移行しない旨を連絡していることを踏まえ、再度調査を実施する際には、その調査の必要性を慎重に検討する必要がある（調査を行う前には、書面添付制度（税理士法33の2）に係る意見聴取を再度、実施することになる。FAQ（職員）問4-56）。

④ そ の 他

それでは、前回調査で検査した物件（例えば総勘定元帳）につき、今回調査においても提示・提出を求めることは、「調査のやり直し」に該当するのだろうか。これについては、例えば、前回調査（X年度）で検査した総勘定元帳であっても、今回調査（X＋1年度）の申告内容の確認について必要な場合は提示・提出を求めることができる（「調査のやり直し」に該当しない。ただし、前回調査した課税期間（X年度）の申告内容の確認のために提示・提出を求めることは、「調査のやり直し」に該当することになる。FAQ（職員）問4-48）。

また、調査の結果につき修正申告書が提出された年分の取引について、反面調査として質問検査等を行うことは、「調査のやり直し」に該当するのだろうか。これについては、反面調査は、他の納税義務者に金銭又は物品の給付をする義務があったと認められる者等に対する質問検査権の行使であるため、国税通則法74条の11第5項に規定される納税義務者に対する質問検査等には当たらないことから「調査のやり直し」には該当しないこととされている（FAQ（職員）問4-49）。

さらに、再調査の請求に係る調査により新たな非違事項を把握するとともに、再調査の請求を棄却したが、その後、その非違事項を基に新たに調査することは、「調査のやり直し」に該当するのだろうか。

これについては、原処分に係る調査が更正決定等を目的とした調査である場合には、再調査の請求の棄却後においても、「調査のやり直し」の制限はあるが、再調査の請求に係る調査で新たな非違事項を把握した場合には、「新たに得られた情報に照らし非違があると認めるとき」（通則法74の11⑤）に該当することから、「調査のやり直し」を行うことは可能であると考えられている（FAQ（職員）問4－55）。なお、仮に、原処分に係る調査が、申請により求められた許認可等の是非を判断するための調査である場合には、その調査は、更正決定等を目的とした調査には該当しないことから、再調査の請求の棄却後においても、「調査のやり直し」の制限はない。

② 「新たに得られた情報に照らし非違があると認めるとき」の意義

(1) 「新たに得られた情報」の意義

まず、「新たに得られた情報」とは、調査担当職員が、是認通知（通則法74の11①）・調査結果の内容説明（通則法74の11②。上記Ⅲ①(5)で解説した再度の説明を含む）を行った時点において有していた情報以外の情報をいう（調査通達6－7）。これは具体的には、次のようなものが該当すると考えられている（FAQ（職員）問4－58）。

〈「新たに得られた情報」の具体例〉
① 納税義務者の申告に関する情報
　申告の有無及び申告がある場合の申告の内容（例：申告書、添付書類、申告事績に基づく税務分析結果、勘定科目の個別検討結果等）
② 資料情報
・各種法定調書
・協力依頼に基づき任意に提出された資料情報
・部外情報（例：投書、インターネットの掲示板への書込み、メールや電話による情報提供等）

- マスコミ情報（例：新聞、テレビ、雑誌、広報誌、フリーペーパー等）
- 地方公共団体等から協力要請に基づき提供された資料情報（例：課税通報、住民票の写し、戸籍謄本・抄本、登記事項証明書等）

③　その他の情報
- 調査着手時に自ら把握した情報（事前通知事項以外の事項に係る調査を再調査として行う場合に限る）
- 内観・外観調査により把握した情報
- 他部門の調査により把握した情報
- 納税義務者等に依頼した「お尋ね」の回答内容
- 他部門で保有している情報
- 法令適用の判断についての上級機関（庁・局）への照会に対する見解（例：調査中にその取扱いについて上級機関（庁・局）へ照会しており事実関係を整理して結論を得るのに時間がかかるなどの理由により調査をいったん終了し後日見解が示された場合）
- 租税条約に基づく情報交換により得られた情報

④　上記情報に加えて非違の存在の客観性を高める情報として、業種・業態情報
- 各業種、業態特有の不正手口の傾向、取引慣行等
- 景況分析結果（業種別・地域別）
- 各種統計資料

　これらに関して、調査の時点において、調査担当職員が調査中には実際に目にしなかった情報であっても、その時点で確認しようと思えば容易に確認できた部内情報については、仮に、確認したのが調査の後であったとしても、基本的にはその情報は「新たに得られた情報」には該当しないものと考えられている（FAQ（職員）問4－58）*30。

　なお、国税不服審判所の裁決において、収益計上時期が誤っているという理由により更正処分が取り消された場合については、審判所における原処分庁の法令の適用誤りという判断は調査担当職員が知り得

ない「新たに得られた情報」に該当するので、非違があると認められる場合には、「調査のやり直し」を行うことは可能であるとされている（FAQ（職員）問4-61）。

⑵ 「新たに得られた情報に照らし非違があると認めるとき」の判断

「新たに得られた情報に照らし非違があると認めるとき」には、新たに得られた情報から非違があると直接的に認められる場合のみならず、新たに得られた情報が直接的に非違に結び付かない場合であっても、新たに得られた情報とそれ以外の情報とを総合勘案した結果として非違があると合理的に推認される場合も含まれるとされている（調査通達6-8）。

そして、「新たに得られた情報に照らし非違があると認めるとき」に該当するか否かについては、法令及び調査通達に基づき、個々の事案の事実関係に即してその適法性を適切に判断することとされている（調査指針2章4⑹）。

それでは、「新たに得られた情報」や「非違が認められる」ことについて、納税義務者にその理由は通知されるのだろうか。これについては、「調査のやり直し」の理由を納税義務者に対して通知すべきことは法令上特段規定されていないため、納税義務者に対してその理由を開示して説明する必要はないとされている（「調査のやり直し」を行う際には、特段の支障がない範囲で再調査する内容を説明するなど

＊30　実地の調査実施済事案について会計検査院から照会があった場合には、その照会事項が前回調査時に質問検査等を行った職員が有していた情報に係るものであるときには、その照会事項は「新たに得られた情報」には該当しないので、行政指導により自発的な情報の提供を要請し、必要に応じて修正申告等の自発的な提出を要請することとされている。一方、会計検査院が独自に入手した情報に基づき照会を行う場合など、会計検査院の照会自体が「新たに得られた情報」に該当し、結果として非違があると認められる場合には、「調査のやり直し」として質問検査等を行い、照会事項の解明を行うこととされている（FAQ（職員）問4-60）。

して、納税義務者の理解と協力が得られるよう努める必要がある。FAQ（職員）問4-44）。

「新たに得られた情報」に基づいて「調査のやり直し」が可能と判断されたが、情報誤りにより、結果、非違が認められなかった場合については、法令上は、「調査のやり直し」の結果として必ず非違が発見されることを「調査のやり直し」の実施のための要件としているものではないため（通則法74の11⑤）、「調査のやり直し」の適否について必要な判断を適切に実施している限りにおいては、訴訟において、手続違反と判断されることにはならないと考えられている（非違が認められなかった場合は是認通知書が送付される。FAQ（職員）問4-45）。

調査の過程において事前通知していない税目・課税期間について非違が疑われた場合において、その税目・課税期間の調査が「調査のやり直し」に該当することが明らかなときには、臨場先から統括官等に電話により連絡し、非違があると認められる事項やその理由等を説明した上で、「調査のやり直し」の適否を確認することとされている。その結果、「調査のやり直し」が可能と判断した場合には、ただちに調査に着手するのか、その後の調査との関係で改めてその税目・課税期間について調査に着手するのかを検討の上、「調査のやり直し」の適否を判断することとされている（FAQ（職員）問4-46）。

③ 「調査のやり直し」と「再調査」

ところで、この「調査のやり直し」のことを国税庁は「再調査」と称しているのだが（調査通達6-6、調査指針2章4(6)等）、著者はこの呼称を用いるべきではないと考えている。その理由は、処分をした税務署長等への不服申立手続である「再調査の請求」（平成26年改正前の「異議申立て」）と紛らわしいからである。「再調査の請求」は処分に対する不服申立手続、すなわち事後（＝処分後）に納税義務者を救済するための手続であり、それはここで解説してきた「調査のや

り直し」を請求するものではない。この再調査の請求は、従来の異議申立てとは異なり、納税義務者の選択により省略すること（＝国税不服審判所に直接審査請求すること）も一般的に可能である。そして、多くの納税義務者が再調査の請求を省略しているという現状もあるのだ（**第6章Ⅶ1(2)参照**）。その原因の一つに、名称や呼称から生じる納税義務者の誤解もあるかもしれないと著者は考えている。

　なお、立法論としては、著者は「再調査の請求」という名称を「異議申立て」に戻すべきであると考えている[*31]。そうすれば、「調査のやり直し」を「再調査」と呼称して差し支えなかろう。

[*31]　青木丈「租税争訟における不服申立前置主義の現状と課題（その3・完）」税理64巻11号（2021）103〜106頁参照。

第5章

附 帯 税

　税務調査の結果、いわゆる是認で終わらなかった場合には、原則として、延滞税や加算税といった附帯税が課されることになる。この附帯税は、自動確定方式や賦課課税方式によって課されているので、納税義務者や税理士が自らその税額を計算することは基本的にない。しかし、附帯税が過大な負担となることもあり、一定の要件を満たせば減免されることもあるので、税務調査に立ち会う税理士としては、附帯税についても納税義務者にしっかり説明できるだけの知識を有しておくべきである。そして、近年の税制改正において、各種附帯税の仕組みや割合がたびたび見直されている現状もある。

I 附帯税の概要

　税務調査が終了して、修正申告や期限後申告をしたり、更正や決定を受けたりすると、原則として、一定の附帯税が課されることになる。この附帯税は、自動確定方式や賦課課税方式によって課されるので、納税義務者が自らその税額を計算することは基本的にない。そのため、租税を専門とする実務家であっても、附帯税の詳細な知識を有していないことも少なくないようだ。しかし、附帯税も一種の租税であり*1（場合によっては過大な負担となることもある）、一定の要件を満たせば減免されることもあるので、税務調査に立ち会う税理士としては、附帯税についても納税義務者にしっかり説明できるだけの知識が必要であるといえよう。そして、近年の税制改正において、各種附帯税の仕組みや割合がたびたび見直されている現状もある。

　そこで本章では、各種附帯税制度の趣旨や内容について、解説しておこう。

1 附帯税の意義

　申告納税制度が採用されている各種の国税について、期限内に適正な申告納税をしなかった納税義務者に何らかのペナルティを科さなければ、正直者が馬鹿を見ることになってしまい、法定期限を設けた意味もなくなってしまう。そこで、国税の期限内における適正な申告納

＊1　ただし、附帯税のうち、加算税の実質は、「租税でも行政罰でもなく特殊な性質をもつ経済上の負担であると解すべきであろう。」とされている（金子宏『租税法』（弘文堂、第24版、2021）10頁）。

税を促し、期限内に適正な申告納税をした者とのバランスを確保するという観点から、期限内に適正な申告納税をしなかった者に対し、本税[*2]に加えて、附帯税を課すこととしているのである（通則法第6章）。

「附帯税」とは、具体的には「国税のうち延滞税、利子税、過少申告加算税、無申告加算税、不納付加算税及び重加算税をいう」ものと定義されており（通則法2四）（図表5−1）、これら延滞税や加算税等の総称として用いられているということである。なお、この「附帯税」という名称は、本税に附帯して課されるものであるということに由来する。

■図表5−1　附帯税の類型

また、附帯税は、本税と併せて徴収され（延滞税及び利子税（通則法60③、64①））、その額の計算の基礎となる税額の属する税目の国税とされる（延滞税（通則法60④）、利子税（通則法64③本文）、加算税

---

*2　所得税や法人税のような本来的な租税のことを、附帯税に対して「本税」という。

（通則法69））という付随的性質を有している。そのため、その対象となる本税自体が裁判等で取り消された場合には、附帯税はその成立の基礎を失うことになり、その賦課は無効となる（東京高判昭和23年10月13日税資22号1頁）。

② 附帯税の種類

　前述のように、国税通則法上、附帯税とは、国税のうち図表5－1の①～⑥をいうこととされている（通則法2四）。

　このうち、①延滞税及び②利子税は、遅延利息的な意味合いを有している。

　これに対して、③過少申告加算税、④無申告加算税、⑤不納付加算税及び⑥重加算税（これらを併せて「加算税」という（通則法69かっこ書））については、行政制裁的な意味合いを有している。なお、附帯税ではないのだが、印紙税法上、加算税と似たような性格を有する「過怠税」という制度が設けられている（印法20）。

　また、②利子税は、所得税、相続税及び贈与税について延納や物納があった場合、又は法人税について申告書の提出期限の延長があった場合に課されるもので、民事においていまだ履行遅滞に陥っていない場合に課される約定利息に相当するものである。したがって、附帯税のうちこの利子税だけは、税務調査の終了に伴って課されるような性質を有していない。

　以上の各種附帯税（利子税を除く）及び過怠税については、所得税の所得計算上、必要経費に算入することはできず（所法45①二・三）、法人税法上も損金算入することはできない（法法55④一）。

　なお、地方税では、これまで見た国税の各種附帯税に相当するものとして、「延滞金」（国税の延滞税及び利子税に相当）、「過少申告加算金」、「不申告加算金」及び「重加算金」というものがあり、概ね国税と同様の制度となっている。

Ⅱ 延滞税

　ここでは、国税が法定納期限までに完納されない場合にその未納税額の納付遅延に対して課される延滞税について解説しよう。

① 延滞税の意義

　「延滞税」は、①国税の期限内における適正な納付の実現を担保し、②期限内に適正に国税を納付した者との均衡を図ることを目的として設けられている附帯税であり、遅延利息的な意味合いを有している。
　延滞税は、次のようなときに課される（通則法60①各号）。

〈延滞税の課税要件〉
① 申告納税方式による国税
・期限内申告書を提出した場合に、その納付すべき国税をその法定納期限までに完納しないとき。
・期限後申告書・修正申告書を提出したことにより、又は更正・決定により、納付すべき国税があるとき。
② 賦課課税方式による国税
・納税の告知により納付すべき国税をその法定納期限後に納付するとき。
③ 予定納税による所得税
・予定納税に係る所得税をその法定納期限までに完納しないとき。
④ 源泉徴収等による国税
・源泉徴収等による国税をその法定納期限までに完納しないとき。

ただし、延滞税は本税だけを対象として課されるものであり、加算税や過怠税に対しては課されない（通則法60①一・三かっこ書参照）。

　このような延滞税は、特別の手続を要しないで納付すべき税額が自動的に確定する（＝自動確定方式。通則法15③七）。

② 延滞税の割合

　延滞税の割合には、以下に解説するような(1)**本則**と(2)**特例**があり、実際に適用されるのは(2)**特例**の割合となる。また、この特例については、利子税及び還付加算金についても同様に設けられているので、併せて解説しておこう。

(1) 本　　則

　延滞税の本則の割合は、納期限までの期間又は法定納期限の翌日からその国税を完納する日までの期間の日数に応じ、その未納の税額に原則として年14.6％の割合を乗じて計算することとされている（通則法60②本文）。

　ただし、納期限までの期間又は納期限の翌日から２か月を経過する日までの期間については、その未納の税額に年7.3％の割合を乗じて計算した額とすることとされている（これも本則。通則法60②ただし書）。

(2) 特　　例

　以上の本則の割合については、昭和37年の国税通則法の制定以来見直されておらず、高金利時代に設定されたものであり、最近の低金利の状況を踏まえれば高すぎるのではないか、といった批判があった。この点、上記本則のうち、年7.3％の適用部分については、平成12年１月１日以降は、「年7.3％」と「前年の11月30日において日本銀行が定める基準割引率＋４％」のいずれか低い割合を適用するという特例が設けられたが、それでも４％を超える高利であり、年14.6％の適用

部分についての特例は設けられていなかった（これについては、「7年で倍になる」（100÷14.6≒7）とよく言われていたのをご記憶かもしれない）。

　そこで、平成25年度税制改正によって、当時の低金利の状況を踏まえ、事業者等の負担を軽減する等の観点から、延滞税等の大幅な引下げが行われた（利子税及び還付加算金の割合も併せて引下げ）。この改正により、従来の年7.3％の適用部分については、特例基準割合に1％を加えたものと年7.3％の割合のいずれか低い方にすることとされ、年14.6％の適用部分についても特例基準割合に7.3％を加えた割合となった（措法94①）（図表5－2）。ここで「特例基準割合」とは、各年の前年の11月30日[*3]までに財務大臣が告示する割合である貸出約定平均金利に年1％の割合を加算した割合（0.1％未満の端数切捨て）をいうので（措法93②）、この特例の割合は基本的に毎年変動することになる。

　さらに、この改正時と比べて現在は国内銀行の貸出金利が全体的に低下していることから、市中金利の実勢を踏まえて、令和2年度税制改正によって、利子税、還付加算金、及び納税猶予等の場合の延滞税の割合が引き下げられた（貸出約定平均金利「＋1％」を「＋0.5％」に縮小）。ただし、通常の延滞税については、遅延利息としての性格や滞納を防止する機能、回収リスクの観点から、この改正による見直しは行われていない（図表5－2）。

---

*3　令和2年度税制改正前は、12月15日。

■図表5－2　延滞税等の割合

	内　容	本　則	特　例 （～令2.12.31）	特　例 （令3.1.1～）	〈参　考〉 令和5年分
延滞税	法定納期限を徒過し履行遅延となった納税者に課されるもの	14.6%	特例基準割合（貸出約定平均金利＋1％）＋7.3%	同左	8.7% ❶
2か月以内等	納期限後2か月以内等については、早期納付を促す観点から低い税率	7.3%	特例基準割合（貸出約定平均金利＋1％）＋1％	同左	2.4% ❷
納税の猶予等	事業廃止等による納税の猶予等の場合には、納税者の納付能力の減退といった状態に考慮し、軽減（災害・病気等の場合には、全額免除）	2分の1免除（7.3%）	特例基準割合（貸出約定平均金利＋1％）	特例基準割合（貸出約定平均金利＋0.5％）	0.9% ❸
利子税（主なもの）	所得税法・相続税法の規定による延納等、一定の手続を踏んだ納税者に課されるもの	7.3%	特例基準割合（貸出約定平均金利＋1％）	特例基準割合（貸出約定平均金利＋0.5％）	0.9% ❸
還付加算金	国から納税者への還付加算金等に付される利息	7.3%	特例基準割合（貸出約定平均金利＋1％）	特例基準割合（貸出約定平均金利＋0.5％）	0.9% ❸

〈参考〉上表で掲げた❶～❸の過去の割合

期間	割合		
	❶	❷	❸
平28.1.1～12.31	9.1%	2.8%	1.8%
平29.1.1～12.31	9.0%	2.7%	1.7%
平30.1.1～12.31	8.9%	2.6%	1.6%
平31.1.1～12.31	8.9%	2.6%	1.6%
令2.1.1～12.31	8.9%	2.6%	1.6%
令3.1.1～12.31	8.8%	2.6%	1.0%
令4.1.1～12.31	8.7%	2.4%	0.9%

なお、ここで掲げた利子税、還付加算金及び延滞税の割合について
は、令和２年度税制改正により、今後その割合が０％となることがな
いようにするために、下限（0.1％）が設けられている（措法96①）。

③　延滞税の計算

(1)　控除期間の特例

　前述のように延滞税の税額計算上の始期等は、原則として<u>法定納期
限*4までの期間又は法定納期限の翌日</u>とされている（通則法60②本
文）。しかし、これでは、法定申告期限からかなりの期間を過ぎてか
ら修正申告や更正があった場合には多額の延滞税を負担しなければな
らないことになるし、そもそも修正申告や更正のきっかけとなる税務
調査が入るタイミングによって延滞税の負担に大きな差異が生じるこ
とになってしまうことは、平等性等の観点からも妥当ではない。

　そこで、次のような控除期間の特例が設けられている。すなわち、
期限内申告書・期限後申告書の提出（期限内申告は法定申告期限）後
１年以上経過して修正申告・更正があった場合には、申告書の提出
（期限内申告は法定申告期限）後１年を経過する日の翌日から修正申
告書を提出した日・更正通知書を発した日までは、延滞税の計算期間
から控除することとされている（通則法61①）。これは文章で説明す
ると分かりづらいかもしれないので、図表５−３をご覧いただきた
い。

　これは、まず、①期限内申告の場合は、法定申告期限から１年を経
過した日から修正申告をするまでの期間は、延滞税の計算期間から控
除される。そのため、法定申告期限から１年経過後は、どのタイミン
グで自主的に修正申告をしても、また税務調査が入っても、（修正申

＊4　修正申告の法定納期限は、修正申告書の提出日である（通則法35②一）。これは、税務調
　査の実務上、重要である。

■図表5－3　修正申告をした時の延滞税の割合等

※割合は、令和5年分のもの

① 期限内申告の場合

② 期限後申告の場合

告書の提出日から2か月以内に完納すれば）延滞税の負担は変わらないことになる。

　次に②期限後申告の場合は、期限後申告をしてから1年を経過した日から修正申告をするまでの期間は、延滞税の計算期間から控除される。そのため、期限後申告から1年経過後は、やはり、どのタイミングで自主的に修正申告をしても、また税務調査が入っても、（修正申告書の提出日から2か月以内に完納すれば）延滞税の負担は変わらないことになる。

　ただし、重加算税が課される場合には、重加算税の対象となった本税についてはこの控除期間の特例は認められない（通則法61①かっこ書、「延滞税の計算期間の特例規定の取扱いについて」昭和51年6月10日徴管2－35ほか）＊5。つまり、重加算税が課されるような場合には、基本的に延滞税の負担も大きくなるということなので、この点は

＊5　この控除期間の特例が認められない場合について国税通則法61条1項かっこ書は「偽りその他不正の行為により国税を免れ、又は国税の還付を受けた納税者」と規定し、7年の更正等の除斥期間（通則法70⑤一・二）や罰則（所法238①、法法159①等）と同様の文言が用いられているが、ここで引用した通達では、「重加算税が課されたものである場合」とされている。

実務上、留意しておくべきである。

⑵　減額更正後の修正申告等の場合

　また、申告をした後に減額更正がされ、その後さらに修正申告又は増額更正があった場合におけるその修正申告等により納付すべき税額（その申告税額に達するまでの部分に限る）について、その申告税額の納付日の翌日から修正申告等までの間（減額更正が更正の請求に基づく更正である場合には、その減額更正がされた日から1年を経過する日までの期間を除く）は、延滞税は課されない（通則法61②）。

　この取扱いは、最判平成26年12月12日判時2254号18頁（減額更正後に当初申告税額に満たない範囲で増額更正がされた場合において増差税額に係る延滞税は発生していないとされた事例）を受けて、平成28年度税制改正によって創設されたものである。

⑶　一部納付があった場合等

　延滞税を計算する基礎となる本税について一部納付があったときは、その納付の日の翌日以後の期間に対応する延滞税は、一部納付された税額を控除した未納の本税額を基礎として計算される（通則法62①）。

　また、納付した金額が本税の額に達するまでは、民法の場合とは異なり、その納付した金額は、まず本税に充て延滞税の負担を軽くして、納税義務者の利益を図るために、国税の一部納付があった場合には、本税にまず充てられたものとすることとされている（通則法62②）。

　なお、延滞税は、本税のみについて課され、いわゆる複利計算はしない（通則法60②）。

　所得税と個人事業者の消費税については、国税庁のウェブサイトに延滞税の自動計算ができるコーナーがある＊6。

＊6　https://www.nta.go.jp/taxes/nozei/entaizei/keisan/entai.htm#keisan

④　延滞税の免除

　そもそも延滞税は、納付遅延に対する遅延利息に相当するものなので、本税の納付が猶予されたような場合には、延滞税を課す必要性が乏しいこともある。同様に、納付遅延について納税義務者にやむを得ない理由がある場合にも、延滞税は免除されるべきである。

　そこで、納税の猶予がされた場合その他一定の場合には、延滞税を軽減免除する制度が設けられている（通則法63）。この免除制度は、基本的に納税の猶予や滞納処分の執行停止等が前提とされているため、その解釈・適用上、ほとんど問題となることはない。

　ただし、「その他の人為による異常な災害又は事故」（通則令26の2三）の該当性の解釈については、例外的に問題となり得る[*7]。これについて、「人為による異常な災害又は事故による延滞税の免除について（法令解釈通達）」（平成13年6月22日徴管2－35ほか）では、「税務職員の誤った申告指導（納税者が信頼したものに限る。）その他の申告又は納付について生じた人為による障害」についても、「その他の人為による異常な災害又は事故」に該当するものとして、次のように取り扱うこととしている。なお、人為による納税の障害により申告をすることができなかった国税の額は、その額が同時に納付すべき税額の一部であるときは、その納付すべき税額のうち、その税額の計算の基礎となる事実で人為による納税の障害に係るもののみに基づいて期限後申告、修正申告等があったものとした場合におけるこれらの申告等により納付すべき税額となる（同通達柱書（注））。

＊7　品川芳宣『国税通則法の理論と実務』（ぎょうせい、2017）246頁参照。

〈人為による異常な災害又は事故により延滞税の免除を行う場合〉

1 誤指導

① 要　件

次のいずれにも該当すること。

(イ)　税務職員が納税義務者（源泉徴収義務者を含む）から十分な資料の提出があったにもかかわらず、申告等に関する租税法の解釈又は取扱いについての誤った指導（以下「誤指導」という）を行い、かつ、納税義務者がその誤指導を信頼したことにより、納付すべき税額の全部又は一部につき申告・納付することができなかったこと。

（注）　納税義務者の誤った法解釈に基づいてされた申告等につき、事後の税務調査の際、その誤りを指摘しなかったというだけでは、誤指導には当たらない。

(ロ)　納税義務者がその誤指導を信じたことにつき、納税義務者の責めに帰すべき事由がないこと。

なお、この事由の認定に当たっては、指導時の状況、誤指導の内容及びその程度、納税義務者の税知識の程度等を総合して判断することに留意すること。

② 免除期間

その誤指導をした日（その日が法定納期限以前のときは法定納期限の翌日）から、納税義務者が誤指導であることを知った日（そのことを郵便により通知したときは、通常送達されると認められる日）以後7日を経過した日までの期間

2 申告書提出後における法令解釈の明確化等

① 要　件

次のいずれにも該当すること。

(イ)　租税法の解釈に関し、申告書提出後に法令解釈が明確化されたことにより、その法令解釈と納税義務者（源泉徴収義務者を除く）

の解釈とが異なることとなった場合、又は給与等の支払後取扱い
が公表されたためその公表された取扱いと源泉徴収義務者の解釈
とが異なることとなった場合において、その法令解釈等によりす
でに申告又は納付された税額に追加して納付することとなったこ
と。
　（注）　租税法の不知・誤解又は事実誤認に基づくものはこれに当
　　　　たらない。
　㋺　その納税義務者の解釈について相当の理由があると認められる
　　こと。
②　免除期間
　その法定納期限の翌日からその法令解釈又は取扱いについて納税義
務者が知り得ることとなった日以後7日を経過した日までの期間

3　申告期限時における課税標準等の計算不能

①　要　　件
　すでに権利は発生しているが、具体的金額が確定しない課税標準等
があることにより、納付すべき税額の全部又は一部につき申告・納付
することができなかったこと。
②　免除期間
　その法定納期限の翌日から具体的金額が確定した日以後7日を経過
した日までの期間

4　振替納付に係る納付書の送付漏れ等

①　要　　件
　納税義務者から口座振替納付に係る納付書の送付依頼がされている
国税について、その国税に係る納付書を指定の金融機関へ送付しな
かったこと、その納付書を過少又は過大に誤記したこと（このため預
金不足を生じ振替不能となったものに限る）により、納付すべき税額
の全部又は一部につき納付することができなかったこと。
②　免除期間
　その振替納付に係る納期限（延納期限を含む）の翌日から納税義務

者がその振替納付がされなかったこと、又は過少にされたことを知った日以後7日を経過した日までの期間

5　その他類似事由
① 要　件
次のいずれにも該当すること。
(イ)　上記1から4までに掲げる場合のほか、これらに類する人為による納税の障害により納付すべき税額の全部又は一部につき申告又は納付することができなかったこと。
(ロ)　その人為による納税の障害が生じたことにつき納税義務者の責めに帰すべき事由がないこと。
② 免除期間
その人為による納税の障害の生じた日（その日が法定納期限以前のときは法定納期限の翌日）から納税義務者がその人為による納税の障害の消滅を知った日以後7日を経過した日までの期間

以上のような場合の延滞税の免除は、税務署長等は「免除することができる」と規定されているので（通則法63⑥柱書）、実務上は、税務署長等の判断によって延滞税の免除がなされることになる。そのため、納税義務者や税理士が、ある案件について上記通達に掲げられている誤指導等の場合に該当すると考える場合には、所轄税務署等にその旨を伝えて、その部分に係る延滞税の免除を促すべきであろう。

Ⅲ 加算税の概要

ここでは、まず各種加算税の概要を確認しておこう。

① 加算税の意義と種類

「加算税」は、①申告納税方式による国税について法定申告期限までに適正な申告がなされない場合や、②源泉徴収等による国税[*8]について法定納期限までに適正な納付がなされない場合に、その申告・納付を怠った程度に応じて課されるものであり、申告・納付の義務違反に対する行政制裁的な性格を有している。このような加算税の趣旨について、最高裁は、「単に過少申告・不申告による納税義務違反の事実があれば」、やむを得ない事情の「ない限り、その違反の法人に対し課せられるものであり、これによつて、過少申告・不申告による納税義務違反の発生を防止し、以つて納税の実を挙げんとする趣旨に出でた行政上の措置であると解すべきである」と判示している（最大判昭和33年4月30日民集12巻6号938頁）。また、神戸地判昭和58年8月29日税資133号521頁は、「申告納税主義のもとでは、適正な申告をしない者に対し、一定の制裁を加えて、（…中略…）申告秩序の維持をはかることが要請されるが、このような行政上の制裁の一環として、過少申告の場合について規定されたのが過少申告加算税（通則法65条）である」と判示している。

加算税の種類は、上記①に対応するものとして過少申告加算税（通

---

*8 「源泉徴収等による国税」とは、源泉徴収に係る所得税及び特別徴収に係る国際観光旅客税（これらの税に係る附帯税を除く）をいう（通則法2二）。

則法65）及び無申告加算税（通則法66）があり、②に対応するものとして不納付加算税（通則法67）がある。そして、これらの加算税が課される場合で、課税標準等又は税額等の計算の基礎となるべき事実を隠蔽又は仮装していたときに、これらの加算税に代えて課される（併課はされない）重加算税（通則法68）がある[9]（図表5－4）。

■図表5－4　加算税の種類

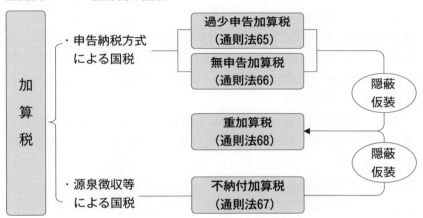

これらの加算税は、主として、次の場合に課される（かっこ内は原則的な割合）。

〈各加算税の課税要件〉
❶　過少申告加算税（10%）
　　修正申告書の提出又は更正があった場合
❷　無申告加算税（15%）
　　期限後申告書の提出又は決定があった場合

*9　酒税、たばこ税、揮発油税、地方揮発油税、石油ガス税及び石油石炭税についての重加算税は、平成30年4月1日以後に法定申告期限が到来するものから適用されている（通則法附則（平成29年法律第4号）40②）。

❸　不納付加算税（10%）

　源泉徴収等による国税がその法定納期限までに完納されなかった場合

❹　重加算税（❶・❸35%、❷40%）

　❶〜❸の加算税が課される場合で、課税標準等又は税額等の計算の基礎となるべき事実を隠蔽・仮装していた場合

　これら加算税の税目は、「その額の計算の基礎となる税額の属する税目の国税」とされている（通則法69）。これは、各種加算税は、原則としてそれに対応する本税に含まれるということであり、「歳入科目及び国税収納金整理資金の整理についても各税のうちに含まれることになる」（精解844頁）。

　また、これら加算税と延滞税の関係については、「行政罰に対してさらに遅延利子を付加することを避けるという考慮と負担過重を避けるという考慮から」（精解698頁）、加算税には延滞税を課さないこととされている（通則法60①一・二・三かっこ書参照）。

　なお、不適正な申告・納付が、「偽りその他不正の行為」等により、脱税犯（所法238①・②、239①等）、無申告犯（所法238③・④等）又は不納付犯（所法240①等）に該当するときは、併せて刑事罰が科されることになる。

②　加算税の成立と確定手続

　加算税の納税義務は、法定申告期限又は法定納期限の経過の時（還付請求申告書に係る過少申告加算税又は重加算税については、その還付請求申告書の提出の時）に成立する（通則法15②十四・十五、通則令5十一）。

　もっとも、加算税は、他の附帯税（延滞税及び利子税）のような自動確定方式ではなく、賦課課税方式が採られている。すなわち、加算税は、税務署長がその決定に係る課税標準及び納付すべき税額を記載

した賦課決定通知書を処分対象者（納税義務者）に送達することによって、納税義務が具体的に確定することになる（通則法32①三）。

　以上のような加算税には、加重制度や不適用・軽減制度も設けられており、それらも含めて図表５－５に加算税一覧表を掲げた。

　これら各加算税の個別の内容については、下記Ⅳ以降で詳しく見ていこう。

■図表５－５　加算税一覧表

名　　　称	課税要件	課税割合 （増差本税に対する）	不適用・割合の軽減	
			要　　件	不適用・ 軽減割合
過少申告 加算税 （注1～3）	期限内申告について、修正申告・更正があった場合	10% 期限内申告税額と50万円のいずれか多い金額を超える部分（※） 15%	・正当な理由がある場合 ・更正を予知しない修正申告の場合 （注4）	不適用
無申告 加算税 （注1・3・5・6）	①期限後申告・決定があった場合 ②期限後申告・決定について、修正申告・更正があった場合	15% [50万円超300万円以下の部分] 20% [300万円超の部分] 【令和5年度改正】 30%（注7）	・正当な理由がある場合 ・法定申告期限から1月以内にされた一定の期限後申告の場合	不適用
			更正・決定を予知しない修正申告・期限後申告の場合（注4）	5%
不納付 加算税	源泉徴収等による国税について、法定納期限後に納付・納税の告知があった場合	10%	・正当な理由がある場合 ・法定納期限から1月以内にされた一定の期限後の納付の場合	不適用
			納税の告知を予知しない法定納期限後の納付の場合	5%
重加算税 （注5・6・8）	仮装隠蔽があった場合	過少申告加算税・不納付加算税に代えて 35% [無申告加算税に代えて] 40%	（※の例）　　　　　申告納税額250万円 修正申告により 納付すべき税額 　50万円｝15% 　100万円｝10% 　期限内申告100万円	

（注１）国外財産調書・財産債務調書の提出がある場合には５％軽減（所得税・相続税）する。国外財産調書・財産債務調書の提出がない場合等には５％加算（所得税・相続税（財産債務調書については所得税））する。国外財産調書について、税務調査の際に国外財産の関連資料の不提出等があった場合には更に５％加算等する。

（注２）電子帳簿等保存法上の一定の要件を満たす電子帳簿（優良な電子帳簿）に記録された事項に関して生じる申告漏れ（重加算税対象がある場合を除く。）については、過少申告加算税を５％軽減する。

（注３）税務調査の際に行われる税務当局の質問検査権の行使に基づく帳簿の提示又は提出の要求に対し、帳簿の不提出等があった場合には、過少申告加算税又は無申告加算税を５％又は10％加算（所得税・法人税・消費税）する（令和６年１月１日以後適用）。

（注４）調査通知以後、更正・決定予知前にされた修正申告に基づく過少申告加算税の割合は５％（※部分は10％）、期限後申告等に基づく無申告加算税の割合は10％（50万円超300万円以下の部分は15％、300万円超の部分は25％【令和５年度改正】）とする。

（注５）過去５年内に、無申告加算税（更正・決定予知によるものに限る。）又は重加算税を課されたことがあるときは、10％加算する。

（注６）前年度及び前々年度の国税について、無申告加算税（申告が、調査通知前に、かつ、更正予知する前にされたものであるときに課されたものを除く。）又は無申告重加算税を課される者が更なる無申告行為を行う場合には、10％加算する【令和５年度改正】。

（注７）納税者の責めに帰すべき事由がないと認められる事実に基づく税額（例えば、相続税事案で、本人に帰責性がないと認められる事実に基づく税額（相続人が一定の確認をしたにもかかわらず、他の相続人の財産が事後的に発覚した場合において、その相続財産について課される税額））については、上記の300万円超の判定に当たっては除外される【令和５年度改正】。

（注８）スキャナ保存が行われた国税関係書類に係る電磁的記録又は電子取引の取引情報に係る電磁的記録に記録された事項に関して生じる仮装隠蔽があった場合の申告漏れについては、重加算税を10％加算する。

（出典）　財務省作成資料

　なお、近年の税制改正では、たびたび加算税制度が見直されており、そのほとんどが納税義務者へのペナルティを強化するものである（図表５－６）。そして、令和５年度税制改正大綱には「さらに、税務調査に対する非協力や申告後の仮装・隠蔽、納税者の不正への第三者による加担行為への対応について中期的に検討していく」*10との記述があるので、こうした加算税によるペナルティ強化の見直しは、今後

も継続されていくものと推測される。

■図表5−6　近年の税制改正における加算税の見直し（主なもの）

改正年度	改正内容	対象加算税	納税者への影響
平27年度	• 無申告加算税の不適用制度に係る期限後申告書の提出期間の延長	無申告	緩和
平28年度	• 調査通知を受けて修正申告を行う場合の過少申告加算税等の整備	過少・無申告	強化
	• 短期間に繰り返して無申告又は仮装・隠蔽が行われた場合の無申告加算税等の加重措置の創設	無申告・重加	強化
令4年度	• 記帳水準の向上に資するための過少申告加算税等の加重措置の整備	過少・無申告	強化
令5年度	• 高額な無申告に対する無申告加算税の割合の引上げ	無申告	強化
	• 一定期間繰り返し行われる無申告行為に対する無申告加算税等の加重措置の整備	無申告・重加	強化

---

*10　自由民主党・公明党「令和5年度税制改正大綱」（令和4年12月16日）21頁。

Ⅳ 過少申告加算税

　ここでは、期限内申告の場合等において、修正申告書の提出又は更正があったときに課される「過少申告加算税」について詳しく解説しよう。

① 過少申告加算税の意義

　まず、過少申告加算税の趣旨については、「過少申告加算税は、過少申告による納税義務違反の事実があれば、原則としてその違反者に対し課されるものであり、これによって、<u>当初から適法に申告し納税した納税者との間の客観的不公平の実質的な是正を図るとともに、過少申告による納税義務違反の発生を防止し、適正な申告納税の実現を図り、もって納税の実を挙げようとする行政上の措置であ</u>」ると解されている（最判平成18年4月20日民集60巻4号1611頁。下線著者）。

　また、過少申告加算税は、次の二つのときに課される（通則法65①）。

〈過少申告加算税の課税要件〉
①　期限内申告書（還付請求申告書を含む）が提出された場合において、修正申告書の提出又は更正があったとき。
②　期限後申告書が提出された場合（期限内申告書の提出がなかったことについて正当な理由があるとき等を含む）において、修正申告書の提出又は更正があったとき。

---

② 過少申告加算税の割合

過少申告加算税の増差本税に対する通常の割合は、<u>10%</u>である（通則法65①）。

ただし、期限内申告税額相当額又は50万円のいずれか多い金額を超える部分がある場合には、その超える部分は5％加重されて<u>15%</u>となる（通則法65②）。このような加重割合が設けられている趣旨は、無申告加算税の通常の課税割合が15％とされているのに比べて過少申告加算税の割合は5％低く設定されていることから、ほんの一部のみを期限内に申告する場合など、ほとんど無申告と変わらないような場合に生じてしまう割合の較差をなくすためである（精解798～799頁）。

③ 記帳水準の向上に資するための加重措置

また、令和4年度税制改正において、記帳水準の向上に資するための過少申告加算税等の加重措置（以下、③において「本加重措置」という）が講じられている。本加重措置は令和6年以後に法定申告期限等が到来する国税について適用されるが、税務調査において帳簿を提示しなかった場合にも適用されるので、本書のテーマからは重要である。

(1) 本加重措置の検討経緯と趣旨

本加重措置が創設されるきっかけとなったのは、政府税制調査会の下に外部有識者も交えて設置された「納税環境整備に関する専門家会合」における議論である。この議論の結果報告において、帳簿不保存・記帳不備への対応について、次のように今後の議論の方向性が示されている[11]。

> 〈帳簿不保存・記帳不備への対応〉
>
>   適正な記帳や帳簿保存が行われていない納税者については、真実の所得把握に係る執行コストが多大で、ペナルティ適用上の立証も困難。また、記帳義務不履行に対する不利益がない中で、記帳の動機に乏しい場合も存在。
>
>   記帳義務及び申告義務を適正に履行する納税者との公平性に鑑み、帳簿の不保存・不提示や記帳不備に対して適正化を促す措置の検討を行う。

　本加重措置は、「こうした政府税制調査会における議論を通じた指摘や記帳の状況などに関する税務執行上の課題を踏まえ、記帳水準の向上に資する観点から、記帳義務を適正に履行しない納税者に課される過少申告加算税及び無申告加算税の加重措置を整備することとされ」たというわけである（令4改正解説758頁）。

　なお、令和4年度税制改正では、納税環境整備の一環である記帳義務を適正に履行しない納税義務者への対応として、本加重措置と併せて、証拠書類のない簿外経費についての必要経費・損金の不算入措置（所法45③[*12]、法法55③[*13]）も創設されている。

(2)　本加重措置の概要

　本加重措置では、納税義務者が、一定の帳簿（その電磁的記録を含む）に記載すべき事項等に関しその修正申告書の提出もしくは更正（以下、本章において「修正申告等」という）又は期限後申告書・修正申告書の提出もしくは更正・決定（以下、本章において「期限後申

[*11]　岡村忠生「納税環境整備に関する専門家会合の議論の報告」（令和3年11月19日税制調査会資料）38頁。

[*12]　令和5年分以後の所得税について適用。

[*13]　法人の令和5年1月1日以後に開始する事業年度の所得に対する法人税について適用。

告等」という）があった時より前に、税務署等の調査担当職員からその帳簿の提示又は提出を求められ、かつ、次に掲げる場合のいずれかに該当するとき（その納税義務者の責めに帰すべき事由がない場合を除く）の過少申告加算税の額又は無申告加算税の額は、通常課される過少申告加算税の額又は無申告加算税の額にその修正申告等又は期限後申告等に係る納付すべき税額（その帳簿に記載すべき事項等に係るもの以外の事実に基づく税額を控除した税額に限る）の10％（次の②に掲げる場合に該当する場合には、５％）に相当する金額を加算した金額とすることとされている（改正通則法65④、66④、改正通則規11の2②）（図表５－７）。

〈本加重措置の適用要件〉

① 調査担当職員にその帳簿の提示・提出をしなかった場合又は調査担当職員にその提示・提出がされたその帳簿に記載すべき事項等のうち、売上げ（業務に係る収入を含む）の記載等が著しく不十分である場合として一定の場合

② 調査担当職員にその提示・提出がされたその帳簿に記載すべき事項等のうち、売上げの記載等が不十分である場合として一定の場合（①の場合を除く）

■図表５－７　本加重措置の適用対象範囲のイメージ

（注）収入金額は営業収入を使用

（出典）　財務省作成資料

本加重措置は、令和6年1月1日以後に法定申告期限等が到来する国税について適用される。そのため、通常は、所得税については令和5年分から、法人税については10月決算法人の場合には令和5年10月決算期分から、それぞれ適用される場面が生じ得ることになる。

(3) 「売上げ（業務に係る収入を含む）」の範囲

　「売上げ（業務に係る収入を含む。）」（改正通則規11の2②）の範囲については、加算税指針において、税目ごとに次のように定められている。

〈「売上げ（業務に係る収入を含む）」の範囲〉
① 　申告所得税（加算税指針（所）第1の2(5)）
　「商品製品等の売上高」、「役務提供に係る売上高」、「農産物の売上高（年末において有する農産物の収穫した時の価額を含む。）」、「賃貸料」又は「山林の伐採又は譲渡による売上高」をいい、家事消費高及びその他の収入は含まれない。
② 　法人税（加算税指針（法）第1の2(4)）
　一般的に売上高、売上収入、営業収入等として計上される営業活動から生ずる収益をいい、いわゆる営業外収益や特別利益は含まれない。
③ 　消費税（加算税指針（消）第2Ⅱ2(4)）
　その資産の譲渡等の対価が次に掲げる事業者の区分に応じ次に定めるもの（特定資産の譲渡等に該当するものを除く）に該当するか否かにより判定する。
　㋑ 　個人事業者　商品製品等の売上高、役務提供に係る売上高、賃貸料又は山林の伐採もしくは譲渡による売上高
　㋺ 　法人　一般的に売上高、売上収入、営業収入等として計上される営業活動から生ずる収益
　ただし、国内において事業者が行った資産の譲渡等の対価に該当しないものは、消費税に係る特定事項に該当しないことに留意する。

⑷　記載等が「不十分である場合」の判断基準

　以上のように、本加重措置においては、売上げ（業務に係る収入を含む。③において以下同じ）の記載等が、①著しく不十分である場合として一定の場合には10％加重され、②不十分である場合として一定の場合には５％加重されるということである。そして、この①に加えて、そもそも帳簿の提示・提出をしなかった場合についても、10％加重されることとなる。

　このうち①の10％加重されることとなる要件中の「著しく不十分である場合」（下線著者）とは、具体的には、売上げの金額の記載等が、帳簿に記載等すべき売上げの金額の２分の１に満たない場合をいう（改正通則法65④、66④、改正通則規11の２③・⑤）。これは、その売上げの過半が記帳されておらず、その悪質性の高さから、納税義務者が帳簿の提示・提出をしなかった場合（作成・保存をしなかった場合）と同視し得る程度の悪質性を有する「記載等が著しく不十分である場合」として、一段高い加重措置を適用することとされたものである（令４改正解説763頁）。

　一方、②の５％加重されることとなる要件中の「不十分である場合」とは、売上げの金額の記載等が、帳簿に記載等すべき売上げの金額の３分の２に満たない場合をいう（改正通則法65④、66④、改正通則規11の２④・⑥）。これは、納税義務者の意図しない記帳漏れや記帳誤りとは言い難い一定の悪質性が観念される水準として「帳簿に記載等すべき売上げの金額の３分の２に満たない場合」を本加重措置の適用対象となる「記載等が不十分である場合」とされたものである（令４改正解説763頁）。

⑸　適用除外事例等

　また、以上の「記載等が（著しく）不十分である場合」の要件を満たす場合であっても、「納税者の責めに帰すべき事由がない場合」に該当すれば、本加重措置の適用はない（改正通則法65④柱書かっこ

書、66④柱書かっこ書）。これについての具体例としては、災害があったこと、又は病気による入院をしたことなどのやむを得ない事情により、帳簿の提示・提出をすることができない場合や記載等が不十分な場合などが該当するものと考えられている（令4改正解説763～764頁、加算税指針（所）第1の2(2)、加算税指針（法）第1の2(2)、加算税指針（消）第2Ⅱ2(2)）。

さらに、令和4年度税制改正の大綱では、「記載等が（著しく）不十分である場合」であっても、「これらの金額が記載されていないことにつきやむを得ない事情があると認める場合には、運用上、適切に配慮することとする」*14と記述されていた。これについて、運用上、取扱いについて検討が必要な場面としては、例えば、次のような場合が考えられている（令4改正解説764頁）。

〈やむを得ない事情があると認める場合の例〉
① 不完全な記帳状態ではあるが、申告書には収入金額が適正に記載されている場合
② 翌期の帳簿に記帳漏れとなった当期の収入金額が適正に記載されている場合等
③ 白色申告者が、帳簿の体裁を正しく取ってはいない事業用の通帳・ノートに収入金額を網羅的かつ一覧性のある形で記載しており、契約書・請求書等の書類が一定程度保存され、収入金額を確認できる場合
④ 仕訳帳・総勘定元帳を保存しておらず、実態は補助帳簿による簡易簿記で記帳している青色申告者が、現金出納帳や売上帳等の補助帳簿に収入金額を適正に記載している場合
⑤ 仕訳帳・総勘定元帳の片方しか保存していない青色申告者について、保存している一方の帳簿と補助帳簿に収入金額を適正に記載している場合

---

*14 「令和4年度税制改正の大綱」（令和3年12月24日 閣議決定）71頁。

⑹ 税額の計算等

修正申告等・期限後申告等に「帳簿に記載すべき事項等に係るもの以外の事実」がある場合の本加重措置の計算対象となる「過少申告加算税又は無申告加算税の額の計算の基礎となるべき税額」は、「修正申告等又は期限後申告等により納付すべき本税額」（全体）から、その「帳簿に記載すべき事項等に係るもの以外の事実」のみに基づいて修正申告等・期限後申告等があったものと仮定計算した場合に算出される本税額を控除した税額となる（改正通則法65④、66④、改正通則令27①・⑥）。

また、前述のように本加重措置の適用の有無については、売上げの金額の記載等により判断することとなるが、帳簿に記載すべき事項等に係る事実（＝申告漏れ）については、売上げのみに限られるものではなく、本加重措置の対象となる帳簿に関連するすべての帳簿に記載すべき事項等に基因する申告漏れの所得全体が対象となる。例えば、売上げの金額の記載等が、帳簿に記載等すべき金額の3分の2に満たないため、本加重措置の適用がある場合において、この売上げの過少計上の他、経費帳に経費の過大計上がある場合には、その経費の過大計上に基因する部分も含めて、本加重措置の適用対象となる本税額となり得ることとなる（令4改正解説765〜766頁）。

⑺ 対象となる帳簿の範囲

本加重措置の対象となる「一定の帳簿」とは、所得税、法人税又は消費税（輸入に係る消費税を除く）に係る修正申告等又は期限後申告等の基因となる事項に係る次の帳簿のうち、売上げに関する調査について必要があると認められるものとされている（改正通則法65④、66④、改正通則規11の2①）。

〈本措置の対象となる「一定の帳簿」〉

①　所得税法上の青色申告者（取引内容を正規の簿記の原則に従って
　　記録している者に限る）が備付け・保存をしなければならないこと
　　とされている仕訳帳・総勘定元帳（所規58①）

②　所得税法上の青色申告者のうち①以外の者が備付け及び保存をし
　　なければならないこととされている一定の簡易な記録の方法・記載
　　事項によることができる帳簿（所規56①ただし書）
　・具体例：現金出納帳・売上帳等の補助帳簿

③　所得税法において白色申告者が備付け・保存をしなければならな
　　いこととされている帳簿（所規102①）
　・具体例：現金出納帳・売上帳等の補助帳簿

④　法人税法上の青色申告法人が備付け・保存をしなければならない
　　こととされている仕訳帳・総勘定元帳（法規54）

⑤　法人税法において白色申告法人が備付け・保存をしなければなら
　　ないこととされている帳簿（法規66①）
　・具体例：現金出納帳・売上帳等の補助帳簿

⑥　消費税法上の事業者が備付け・保存をしなければならないことと
　　されている帳簿（消法30⑦・⑧一・二、38②、38の２②、58）
　・具体例：仕訳帳・総勘定元帳・補助帳簿

(8)　本加重措置の問題点—調査拒否も対象となるのか

　本加重措置には、調査拒否も対象となるのかという問題があると思
われる。

　すなわち、本加重措置の適用要件（過少申告加算税又は無申告加算
税の割合が10％加重される要件）として「当該職員に当該帳簿の提示
若しくは提出をしなかつた場合」（改正通則法65④一、66④一）とさ
れていることについてである。つまり、実地の調査を拒否したような
場合についても、この「提示若しくは提出をしなかつた場合」に該当
するのか否かという問題である。調査拒否によって実地の調査が行わ

れない場合には、帳簿の提示・提出のしようがないのだが、このような場合にも本加重措置は適用されるのだろうか。

　この問題で想起されるのは、いわゆるヒノックス事件（東京地判令和元年11月21日税資269号−120（順号13343）、東京高判令和２年８月26日税資270号−81（順号13441）、最決令和３年２月12日税資271号−22（順号13524））である。同事件の判示では、納税義務者（実際に調査拒否を主導したのは税務代理人であった税理士）が実地の調査を１年３か月にもわたり拒み続けたこと等から、納税義務者は「帳簿等の検査に当たって適時にこれを提示することが可能なように態勢を整えて保存していたとはいえ」ないと認定され、結果的に約40億円（加算税を含む）もの仕入税額控除が否認されてしまった。同事件で問題とされた消費税法30条７項は、帳簿及び請求書等を「保存しない場合」と規定しているが、結果的に調査拒否がこの場合に該当すると判断されたわけである。

　これに対して、本加重措置の要件は「提示若しくは提出をしなかつた場合」であり、これは「保存しない場合」よりも調査拒否に近い表現であるといえる。このことから、ヒノックス事件の判示を敷衍すれば、本加重措置において、実地の調査を拒否した場合についても「提示若しくは提出をしなかつた場合」に該当するものと解することもできる。

　しかし、そうすると、ヒノックス事件で仮に本加重措置が適用されることになると、巨額の（本来は控除されるべき）仕入税額控除の否認に加えて、過少申告加算税も10％加重されるということになってしまう。同事件判決に対しては、実体的な仕入税額控除の否認を手続的な調査拒否に対する制裁として機能させているとの批判も強いのだが[*15]、この背景には、本来の制裁制度である罰則（質問検査拒否妨

[*15]　長島弘「判批」税務事例52巻３号（2020）50頁、三木義一「判批」税務事例53巻７号（2021）28頁、阿部泰隆「判批」同35頁、増田英敏「判批」ジュリスト1562号（2021）134頁、青木丈「判批」税務QA239号（2022）52頁参照。

害等罪（通則法128二）や提示・提出要求不応諾罪（通則法128三）が機能不全に陥ってしまっているという実情があるのだ（**第1章Ⅳ①**参照）。また、同事件のようなケースで、事後の争訟における権利救済の機会が一切奪われてしまうというのは，あまりにも酷であるという問題もある。

そこで、今後は、本措置で加重される加算税を調査拒否に対する制裁として機能させて、「再調査の請求」等の事後の争訟における帳簿等の保存の立証を認めることとすべきではなかろうか。

④ 過少申告加算税の不適用と軽減割合

上記①で下線を引いた過少申告加算税の趣旨に沿わないような場合にまで、過少申告加算税を賦課する必要はない。また、過少申告加算税の賦課が、自発的な修正申告の足枷になることもある。

そこで、⑴**正当な理由がある場合**、⑵**減額更正後の修正申告等の場合**及び⑶**調査によらない修正申告の場合**については、過少申告加算税が不適用（賦課されない）ないし軽減されることとされている。

⑴ 正当な理由がある場合

納付すべき税額の計算の基礎となった事実のうち修正申告又は更正前の税額（還付金の額に相当する税額を含む）の計算の基礎とされていなかったことについて正当な理由があると認められるものがある場合には、その正当な理由があると認められる事実に基づく税額は賦課されない（通則法65④一）。

ここで、「正当な理由」とはいかなるものか、ということが問題になるが、これについて上記①で引用した最高裁判決は、「過少申告加算税の上記の趣旨に照らせば、（…中略…）『正当な理由があると認められる』場合とは、①真に納税者の責めに帰することのできない客観的な事情があり、上記のような過少申告加算税の趣旨に照らしても、なお、納税者に②過少申告加算税を賦課することが不当又は酷になる

場合をいうものと解するのが相当である」（付番及び下線著者）と判示している。この判示によれば、「正当な理由」の意義は、次の二つのいずれにも該当する場合であるということである。

〈「正当な理由」に該当する場合〉
① 真に納税義務者の責めに帰することのできない客観的な事情がある場合
② 過少申告加算税を賦課することが不当又は酷になる場合

このような「正当な理由」の該当性については、加算税指針では、納税義務者の責めに帰すべき事由のない事実の例として、次のものが示されている。

〈納税義務者の責めに帰すべき事由のない事実の例〉
① 所得税の例（加算税指針（所）第1の1）
　(イ)　租税法の解釈に関し、申告書提出後新たに法令解釈が明確化されたため、その法令解釈と納税義務者の解釈とが異なることとなった場合において、その納税義務者の解釈について相当の理由があると認められること。
　（注）　租税法の不知・誤解又は事実誤認に基づくものはこれに当たらない*16。
　(ロ)　法定申告期限の経過の時以後に生じた事情により青色申告の承認が取り消されたことで、青色事業専従者給与、青色申告特別控除等が認められないこととなったこと。
　(ハ)　確定申告の納税相談等において、納税義務者から十分な資料の提出等があったにもかかわらず、税務職員等が納税義務者に対し

---

*16　これについては、東京高判昭和51年5月24日税資88号841頁も、「納税者の税法の不知若しくは誤解に基く場合は、これに当らないというべきである」と判示している。

て誤った指導を行い、納税義務者がその指導に従ったことにより過少申告となった場合で、かつ、納税義務者がその指導を信じたことについてやむを得ないと認められる事情があること。

② 法人税の例（加算税指針（法）第1の3）

(イ) 租税法の解釈に関し、申告書提出後新たに法令解釈が明確化されたため、その法令解釈と法人の解釈とが異なることとなった場合において、その法人の解釈について相当の理由があると認められること。

　　（注） 租税法の不知・誤解又は事実誤認に基づくものはこれに当たらない。

(ロ) 調査により引当金等の損金不算入額が法人の計算額より減少したことに伴い、その減少した金額を認容した場合に、翌事業年度においていわゆる洗替計算による引当金等の益金算入額が過少となるためこれを税務計算上否認（いわゆるかえり否認）したこと。

③ 相続税・贈与税の例（加算税指針（相）第1の1）

(イ) 租税法の解釈に関し申告書提出後新たに法令解釈が明確化されたため、その法令解釈と納税義務者（相続人（受遺者を含む）から遺産（債務及び葬式費用を含む）の調査、申告等を任せられた者又は受贈者から受贈財産（受贈財産に係る債務を含む）の調査、申告等を任せられた者を含む。以下同じ）の解釈とが異なることとなった場合において、その納税義務者の解釈について相当の理由があると認められること。

　　（注） 租税法の不知・誤解又は事実誤認に基づくものはこれに当たらない。

(ロ) 災害又は盗難等により、申告当時課税価格の計算の基礎に算入しないことを相当としていたものについて、その後、予期しなかった損害賠償金等の支払を受け、又は盗難品の返還等を受けたこと。

(ハ) 相続税の申告書の提出期限後において、次に掲げる事由が生じたこと。

　　ⓐ 相続税法51条2項各号に掲げる事由

　このような「正当な理由」に該当することの主張立証の責任は納税
義務者が負うものと解されている（東京高判昭和55年５月27日税資
113号459頁）。また、特に上記①の(イ)及び(ハ)については、上記Ⅱ**4**で
解説したように、延滞税の免除制度でも同様の取扱いがある。した
がって、これらに該当する場合には、延滞税も併せて免除される可能
性が高い。そのため、納税義務者や税理士が、ある案件について上記
のような例に該当する事実があると考える場合には、税務署等にその
旨を伝えて、その部分に係る過少申告加算税や延滞税の免除を促すべ
きであるといえよう。

(2)　減額更正後の修正申告等の場合

　また、修正申告又は増額更正の前に減額更正（更正の請求に基づく
更正を除く）があった場合には、その修正申告等に基づき納付すべき
税額から期限内申告書に係る税額に達するまでの税額を控除して、過
少申告加算税を課すこととされている（通則法65④二）。

　この取扱いは、平成28年度税制改正において、減額更正後の修正申
告等の場合に延滞税が課されないこととされた（上記Ⅱ**3**(2)参照）こ
とに伴い、それまでの運用上の取扱い[17]について法令上明確化する
こととされたものである。

(3)　調査によらない修正申告の場合

　修正申告書の提出が、調査があったことにより更正があるべきこと
を予知してされたもの（以下「更正予知」という）でない場合におい

---

[17]　上記(1)で引用した各加算税指針の改正前は、減額更正後の修正申告等の場合についても、
「正当な理由」に該当するものとされていた。

て、その調査に係る調査通知がある前に行われたものであるときは、過少申告加算税は賦課されない（通則法65⑤）。

　ただし、修正申告書の提出が、調査通知後の更正予知でない場合については、<u>5％</u>（期限内申告額と50万円のいずれか多い額を超える部分は<u>10％</u>）の過少申告加算税が賦課される（通則法65①かっこ書・②）（図表5-8）。

■図表5-8　過少申告加算税の時期ごとの割合

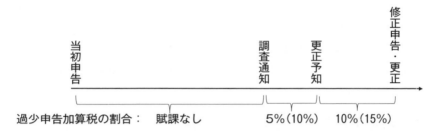

　ここで「更正予知」というのは、具体的にどの時点をいうのかということが問題となる。これについては、①調査着手時説、②端緒発見時説、③調査開始後予知推定説等の考え方があり、裁判例では、②が採用されることが多いようである（例えば、東京高判昭和61年6月23日行裁例集37巻6号908頁、最判平成11年6月10日月報47巻5号1188頁）*18。また、国税庁の解釈としては、次のように述べられている（加算税指針（所）第1の1等）。

〈更正予知と認められる場合〉
　国税通則法65条1項又は6項の規定を適用する場合において、その納税義務者に対する臨場調査、その納税義務者の取引先に対する反面調査又はその納税義務者の申告書の内容を検討した上での非違事項の

＊18　武田昌輔監修『DHCコンメンタール国税通則法』（第一法規、加除式、1982）

指摘等により、納税義務者が調査のあったことを了知したと認められた後に修正申告書が提出された場合の修正申告書の提出は、原則として、「更正予知」に該当する。
　（注）　臨場のための日時の連絡を行った段階で修正申告書が提出された場合には、原則として、「更正予知」に該当しない。

　また、「調査通知」とは、調査の事前通知事項のうち①実地の調査を行う旨、②調査対象税目及び③調査対象期間の三つの通知をいう（**第2章Ⅵ[1]**参照）。

・調査通知 ── ① 実地の調査を行う旨
　　　　　　　② 調査対象税目
　　　　　　　③ 調査対象期間

　この調査通知から更正予知までの間に原則として5％で課される過少申告加算税は、平成28年度税制改正で設けられたものである。その趣旨は、事前通知の直後に多額の修正申告をすることによって過少申告加算税の賦課を回避する事例が散見されたことから、それに対応し、当初申告のコンプライアンスを向上することにある（精解797頁（注一））。
　この調査通知を行った時点とは、納税義務者又は税務代理人に対して調査通知を行った時点である。ここで、同意のある税務代理人が数人ある場合には、いずれかの税務代理人（通則法74の9⑥に規定される代表する税務代理人を定めた場合はその代表する税務代理人）に対して調査通知を行った時点となる（加算税指針（所）第1の4(1)（注）2等）。
　また、この調査通知を行った場合において、調査通知後に修正申告書が提出されたときは、その調査通知に係る調査について、実地の調

査が行われたかどうかにかかわらず、原則として５％の過少申告加算税が課されることとなる（加算税指針（所）第１の４(2)等）。

　調査通知後の修正申告書の提出が、次に掲げる場合には、調査通知がある前に行われたものとして取り扱われる（加算税指針（所）第１の４(3)等）。

〈調査通知後の修正申告書の提出が、調査通知がある前に行われたものとして取り扱われる場合〉

① 　その調査通知に係る調査について、是認通知（通則法74の11①）をした後修正申告書が提出された場合

② 　その調査通知に係る調査について、調査結果の説明（通則法74の11②）に基づき納税義務者から修正申告書が提出された後又は更正（通則法29①）・賦課決定（通則法32⑤）をした後に修正申告書が提出された場合

③ 　その修正申告書（所得税）が、例えば、消費税についての更正の請求に基づく減額更正が行われたことに伴い提出された場合

　　ただし、当該修正申告書に当該減額更正に係る部分以外の部分が含まれる場合には、当該減額更正に係る部分以外の部分は、調査通知がある前に行われたものとして取り扱わないものとされる。

---

⑤ 　国外財産調書・財産債務調書の提出による軽減・加重

(1)　国外財産調書の提出による軽減・加重

　「国外財産調書制度」は、平成24年度税制改正により創設されたものである。これは、居住者がその年の12月31日において、その価額の合計額が5,000万円を超える国外財産を有する場合には、その財産の

種類、数量及び価額その他必要な事項を記載した「国外財産調書」を翌年の６月30日まで[19]に所轄税務署長に提出しなければならないというものである。

　そして、この制度における適正な調書提出に向けたインセンティブ措置として、過少申告加算税の軽減・加重措置が設けられているのである。すなわち、①国外財産調書を提出した場合には、記載された国外財産に関して所得税・相続税の申告漏れが生じたときであっても、過少申告加算税を５％軽減する一方、②国外財産調書の提出がない場合又は提出された国外財産調書に国外財産の記載がない場合（記載が不十分な場合を含む）に所得税の申告漏れが生じたときは、過少申告加算税を５％加重することとされている（国外送金等調書法６）。

(2)　財産債務調書の提出による軽減・加重

　「財産債務調書制度」は、平成27年度税制改正により、かつての「財産債務明細書制度」を見直し、創設されたものである（さらに、令和４年度税制改正により一部見直し）。これは、所得税の申告書を提出すべき者が、その申告書に記載すべきその年分の総所得金額及び山林所得金額の合計額が2,000万円を超え、かつ、その年の12月31日においてその価額の合計額が３億円以上の財産又はその価額の合計額が１億円以上の国外転出特例対象財産を有する場合（令和５年分以後の財産債務調書については、これに加え、その価額の合計額が10億円以上の財産を有する場合（所得基準なし））には、同日において有する財産の種類、数量及び価額並びに債務の金額その他必要な事項を記載した「財産債務調書」を翌年の６月30日まで[20]に所轄税務署長に提出しなければならないこととされているものである（国外送金等調書法６の２）。

　そして、先に見た国外財産調書制度と同様に、インセンティブ措置

＊19　令和４年分以前の国外財産調書については、翌年の３月15日まで。

＊20　令和４年分以前の財産債務調書については、翌年の３月15日まで。

として、過少申告加算税の軽減・加重措置が設けられている。すなわち、①財産債務調書を提出した場合には、記載された財産又は債務に関して所得税・相続税の申告漏れが生じたときであっても、過少申告加算税を５％軽減する一方、②財産債務調書の提出がない場合又は提出された財産債務調書に財産・債務の記載がない場合（記載が不十分と認められる場合を含む）に所得税の申告漏れが生じたときは、加算税を５％加重することとされている（国外送金等調書法６の３）。

〈国外財産調書・財産債務調書の提出が…〉

　・ある場合　➡　過少申告加算税<u>５％軽減</u>

　・ない場合等 ➡　過少申告加算税<u>５％加重</u>

---

⑥　優良な電子帳簿の保存等による軽減

(1)　本軽減措置の概要

　電子帳簿等保存制度におけるインセンティブ措置として、過少申告加算税の軽減措置が講じられている。すなわち、一定の国税関係帳簿（＝特例国税関係帳簿）に係る電磁的記録の備付け及び保存等が、<u>国税の納税義務の適正な履行に資するものとして一定の要件</u>を満たしている場合におけるその電磁的記録等に記録された事項に関し修正申告等があった場合の過少申告加算税の額については、通常課される過少申告加算税の金額からその修正申告等に係る過少申告加算税の額の計算の基礎となるべき税額[*21]の５％に相当する金額を控除した金額とすることとされている（電帳法８④本文、電帳令２、３、電帳規５①

[*21]　その税額の計算の基礎となるべき事実でその修正申告等の基因となるその電磁的記録又は電子計算機出力マイクロフィルムに記録された事項に係るもの以外のものがあるときは、その電磁的記録等に記録された事項に係るもの以外の事実に基づく税額を控除した税額となる（電帳法８④）。

〜⑤。以下、6において「本軽減措置」という）。ただし、本軽減措置は、その税額の計算の基礎となるべき事実で隠蔽・仮装されたものがあるときは、適用しないこととされている（電帳法8④ただし書）。

本軽減措置は、優良な電子帳簿の保存を促進するためのインセンティブ措置であり、令和6年1月1日以後に法定申告期限等が到来する国税について適用される。そのため、通常は、所得税については令和5年分から、法人税については10月決算法人の場合には令和5年10月決算期分から、それぞれ適用される場面が生じ得ることになる。

(2) 対象となる国税関係帳簿の範囲

本軽減措置の対象となる「一定の国税関係帳簿」のことを「特例国税関係帳簿」といい、具体的には、修正申告等の基因となる事項に係る次の帳簿をいう（電帳規5①）。なお、課税期間を通じて優良な電子帳簿の保存に定める保存要件を満たしてこれら特例国税関係帳簿の保存等を行っていなければ、その課税期間について過少申告加算税の軽減措置の適用はないこととされている（電帳通達8−1）。

〈特例国税関係帳簿の範囲〉
①　所得税法上の青色申告者が保存しなければならないこととされる仕訳帳、総勘定元帳その他必要な帳簿（所規58①、63①）
②　法人税法上の青色申告法人が保存しなければならないこととされる仕訳帳、総勘定元帳その他必要な帳簿（法規54、59①）
③　消費税法上の事業者が保存しなければならないこととされる次の帳簿
　(イ)　課税仕入れの税額の控除に係る帳簿（消法30⑦・⑧一）
　(ロ)　特定課税仕入れの税額の控除に係る帳簿（消法30⑦・⑧二）
　(ハ)　課税貨物の引取りの税額の控除に係る帳簿（消法30⑦・⑧三）
　(ニ)　売上対価の返還等に係る帳簿（消法38②）
　(ホ)　特定課税仕入れの対価の返還等に係る帳簿（消法38の2②）
　(ヘ)　資産の譲渡等又は課税仕入れ・課税貨物の保税地域からの引取

　このように、現行法上、優良な電子帳簿に係る過少申告加算税の軽減措置（5％軽減）の対象帳簿（所得税・法人税）の範囲については、仕訳帳、総勘定元帳その他必要な帳簿（所規58①、法規54）とされている（電帳法8④、電帳規5①）。このうち「その他必要な帳簿」については、令和5年度税制改正において、図表5－9に掲げる記載事項に係るもの（補助帳簿）に限ることとされた（改正電帳規5①、

■図表5－9　「その他必要な帳簿」の記載事項と具体例

記載事項	帳簿の具体例
手形（融通手形を除く）上の債権債務に関する事項	受取手形記入帳、支払手形記入帳
売掛金（未収加工料その他売掛金と同様の性質を有するものを含む）に関する事項	売掛帳
その他債権に関する事項（当座預金の預入れ及び引出しに関する事項を除く）	貸付帳、未決済項目に係る帳簿
買掛金（未払加工料その他買掛金と同様の性質を有するものを含む）に関する事項	買掛帳
その他債務に関する事項	借入帳、未払決算項目に係る帳簿
有価証券（商品であるものを除く）に関する事項	有価証券受払い簿（法人税のみ）
減価償却資産に関する事項	固定資産台帳
繰延資産に関する事項	繰延資産台帳
売上げ（加工その他の役務の給付その他売上げと同様の性質を有するもの等を含む）その他収入に関する事項	売上帳
仕入れその他経費又は費用（法人税においては、賃金、給料手当、法定福利費及び厚生費を除く）に関する事項	仕入帳、経費帳（所得税のみ）

（注）具体例のうち、有価証券受払い簿については法人税の保存義務者が作成する場合、賃金台帳については所得税の保存義務者が作成する場合に限って、それぞれ「その他必要な帳簿」に該当する。

電帳通達8-2)。

(3) 優良な電子帳簿の保存等の要件

上記(1)で述べた「国税の納税義務の適正な履行に資するものとして一定の要件」とは、次に掲げる保存義務者の区分に応じ、それぞれ次に定める要件とされている(電帳規5⑤)。

〈優良な電子帳簿の保存等の要件〉

① 国税関係帳簿に係る電磁的記録の備付け・保存をもってその国税関係帳簿の備付け及び保存に代えている保存義務者の要件(その保存義務者が国税に関する法律の規定によるその国税関係帳簿に係る電磁的記録の提示又は提出の要求に応じることができるようにしている場合には、下記(ハ)ⓑ及びⓒの要件を除く)

(イ) 電磁的記録の訂正・削除・追加の履歴の確保

国税関係帳簿に係る電子計算機処理に、次に掲げる要件を満たす電子計算機処理システムを使用することとされている(電帳規5⑤一イ)。

ⓐ その国税関係帳簿に係る電磁的記録の記録事項について訂正又は削除を行った場合には、これらの事実及び内容を確認することができること。

ⓑ その国税関係帳簿に係る記録事項の入力をその業務の処理に係る通常の期間を経過した後に行った場合には、その事実を確認することができること。

(ロ) 各帳簿間での記録事項の相互関連性の確保

国税関係帳簿に係る電磁的記録の記録事項とその国税関係帳簿に関連する国税関係帳簿(以下「関連国税関係帳簿」という)の記録事項(その関連国税関係帳簿が、その関連国税関係帳簿に係る電磁的記録の備付け及び保存をもってその関連国税関係帳簿の備付け及び保存に代えられているもの又はその電磁的記録の備付け及び国税関係帳簿書類の電子計算機出力マイクロフィルム(以

下「COM」という）の保存をもってその関連国税関係帳簿の備付け及び保存に代えられているものである場合には、その電磁的記録又はその COM の記録事項）との間において、相互にその関連性を確認することができるようにしておくこととされている（電帳規5⑤一ロ）。

(ハ)　検索機能の確保

国税関係帳簿に係る電磁的記録の記録事項の検索をすることができる機能（次に掲げる要件を満たすものに限る）を確保しておくこととされている（電帳規5⑤一ハ）。

ⓐ　取引年月日、取引金額及び取引先（記録項目）を検索の条件として設定することができること。

ⓑ　日付又は金額に係る記録項目については、その範囲を指定して条件を設定することができること。

ⓒ　２以上の任意の記録項目を組み合わせて条件を設定することができること。

② 国税関係帳簿に係る電磁的記録の備付け及び COM の保存をもってその国税関係帳簿の備付け・保存に代えている保存義務者の要件

(イ)　上記①の要件（電帳規5⑤二イ）

(ロ)　電磁的記録の訂正・削除・追加の履歴の確保に関する事項を含む備付書類の記載要件

その電磁的記録に上記①(イ)ⓐ及びⓑの事実及び内容に係るものを含めた上で記載することとされている（電帳規5⑤二ロ）。

(ハ)　索引簿の備付け

COM の保存に併せて、国税関係帳簿の種類及び取引年月日その他の日付を特定することによりこれらに対応する COM を探し出すことができる索引簿の備付けを行うこととされている（電帳規5⑤二ハ）。

(ニ)　COM への索引の出力

COM ごとの記録事項の索引をその索引に係る COM に出力しておくこととされている（電帳規5⑤二ニ）。

㈥ 当初３年間における COM の記録事項の検索機能の確保

国税関係帳簿の保存期間の当初３年間について、次の@又は⑤のいずれかの措置を講じておくこととされている（電帳規５⑤ニ、ホ）。

@ COM の保存に併せ、見読可能装置の備付け等及び検索機能の確保（上記①㈅）の要件に従って、その COM に係る電磁的記録の保存を行うこと。

⑤ COM の記録事項の検索をすることができる機能（上記①㈅の検索機能に相当するものに限る）を確保しておくこと。

⑷　対象となる電磁的記録等の備付け等が行われる日

本軽減措置を適用するためには、特例国税関係帳簿に係る電磁的記録又は COM について、本措置の適用を受けようとする過少申告加算税の基因となる修正申告書又は更正に係る課税期間の初日以後引き続き上記⑶の要件を満たして備付け及び保存が行われている必要がある（電帳法８④、電帳令２）。

なお、課税期間の中途に業務を開始した個人については、その業務開始日から備付け及び保存が引き続き行われていれば、適切な期間の備付け及び保存であると考えられることから、新たに業務を開始した個人のその業務を開始した日の属する課税期間については、その業務を開始した日以後引き続き上記⑶の要件を満たして備付け及び保存が行われていれば、本軽減措置の適用が可能とされている（電帳令２）。

⑸　特例適用届出書等の提出

本軽減措置の適用を受けようとする場合は、あらかじめ、一定の事項を記載した「特例適用届出書」を納税地の所轄税務署長等に提出する必要がある（電帳規５①）。なお、本軽減措置の適用を受けようとする国税の法定申告期限までにこれが所轄税務署長等に提出されてい

る場合には、その特例適用届出書は、あらかじめ、所轄税務署長等に提出されているものとして取り扱われることとされている（電帳通達8－5）。

　また、特例適用届出書を提出している保存義務者は、その届出書に記載した事項の変更をしようとする場合には、あらかじめ、一定の事項を記載した「特例変更届出書」を所轄税務署長等に提出しなければならない（電帳規5③）。

　さらに、特例適用届出書を提出している保存義務者は、特例国税関係帳簿に係る電磁的記録又はCOMに記録された事項に関し修正申告等があった場合において、本軽減措置の適用を受けることをやめようとするときは、あらかじめ、一定の事項を記載した「特例取りやめ届出書」を所轄税務署長等に提出しなければならない（電帳規5②前段）。この場合において、その届出書の提出があったときは、その提出があった日の属する課税期間以後の課税期間については、特例適用届出書は、その効力を失うこととされている（電帳規5②後段）。

 **無申告加算税**

　ここでは、期限後申告書の提出又は決定があった場合等に課される「無申告加算税」について詳しく解説しよう。

1　無申告加算税の意義

　無申告加算税の趣旨についても、過少申告加算税の趣旨と同様に、「当初から適法に申告し納税した納税者との間の客観的不公平の実質的な是正を図るとともに、過少申告〔筆者注：≒無申告〕による納税義務違反の発生を防止し、適正な申告納税の実現を図り、もって納税の実を挙げようとする行政上の措置であ」ると解して差し支えない（上記Ⅳ1で引用した最判平成18年4月20日）。

　また、無申告加算税は、次の二つの場合に課される（通則法66①）。

〈無申告加算税の課税要件〉
①　期限後申告書の提出又は決定があった場合
②　期限後申告書の提出又は決定があった後に、修正申告書の提出又は更正があった場合

---

② 無申告加算税の割合

(1) 現行の割合

無申告加算税の増差本税に対する通常の割合は、<u>15%</u>である（通則法66①本文）。ただし、期限後申告・決定により納付すべき税額（その期限後申告・決定があった後に修正申告・更正があったときは、その国税に係る累積納付税額を加算した金額）が50万円を超える部分がある場合には、その超える部分は5％加重されて<u>20%</u>となる（通則法66②）。なお、この期限後申告・決定により納付すべき税額については、その期限後申告・決定があった後に修正申告・更正があったときは、その国税に係る累積納付税額を加算した金額となる（通則法66②かっこ書）。ここで「累積納付税額」とは、無申告加算税を計算しようとする期限後申告・決定後の修正申告・更正の前にされた国税について、次の納付すべき税額の合計額をいう（通則法66③）。ただし、納付すべき税額を減少させる更正等により減少した部分の税額に相当する金額は、その合計額から控除される（通則法66③かっこ書）。

〈累積納付税額＝①＋②〉
① 期限後申告・決定に基づき納付すべき税額
② 修正申告・更正に基づき納付すべき税額

このように、まず、通常の割合が過少申告加算税（10％）よりも高く設定されている趣旨は、無申告は、過少申告とは異なり、申告義務を果たしていないという意味で、申告納税制度の根幹を揺るがす重大な違反行為であるからである。また、5％加重する割合が設けられている趣旨としては、期限内申告の促進や無申告の抑止の見地から、無申告加算税の割合を、少なくとも期限内申告を前提としている過少申

告加算税の割合（15％）よりも高くする必要があるからである（精解814頁）。

　また、期限後申告・修正申告（調査による更正等を予知してされたものに限る）又は更正・決定等があった場合において、その期限後申告等があった日の前日から起算して５年前の日までの間に、その期限後申告等に係る税目について無申告加算税（調査による更正等を予知してされたものに限る）又は重加算税を課されたことがあるときは、その期限後申告等に基づき課する無申告加算税の割合（15％、20％）について、それぞれその割合に10％加算することとされている（15％→<u>25％</u>、20％→<u>30％</u>）（通則法66④）。この短期間に繰り返して無申告等が行われた場合の加重措置は、平成28年度税制改正により創設されたもので、重加算税についても同様の措置が講じられている（図表５－10）。その趣旨は、かつての無申告加算税や重加算税の割合が、無申告又は隠蔽・仮装が行われた回数にかかわらず一律であったため、意図的に無申告又は隠蔽・仮装を繰り返すケースも多かったことから、これに対応し、悪質な行為を防止する観点によるものである（精解815頁（注一））。

■図表５－10　短期間に繰り返して無申告・隠蔽仮装が行われた場合の加算税の加重制度

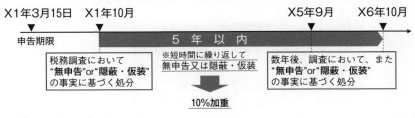

（出典）　財務省作成資料

(2)　令和５年度税制改正（令和６年〜）

　以上は無申告加算税の現行の割合であるが、これが令和５年度税制

改正（以下、(2)において「本改正」という）において見直され、①高額な無申告に対する割合が引き上げられるとともに、②一定期間繰り返し行われる無申告行為に対する無申告加算税等の加重措置が再整備された。本改正は、令和6年1月1日以後に法定申告期限が到来する国税について適用される。したがって、例えば、所得税については令和5年分から、法人税については10月決算法人の場合には令和5年10月決算期分から、それぞれ適用される場面が生じ得ることとなる。

① 高額な無申告に対する無申告加算税の割合の引上げ

本改正では、社会通念に照らして申告義務を認識していなかったとは言い難い規模の高額無申告について、納税額（増差税額）が300万円を超える部分のペナルティとして無申告加算税の割合を30%に引き上げることとされた（改正通則法66③）（図表5－11）。ただし、この

■図表5－11 高額な無申告に対する無申告加算税の割合の引上げ

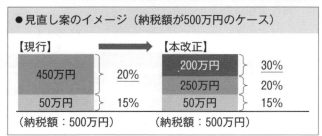

※1 納税義務者の責めに帰すべき事由がないと認められる事実に基づく税額（例えば、相続税事案で、本人に帰責性がないと認められる事実に基づく税額（相続人が一定の確認をしたにもかかわらず、他の相続人の財産が事後的に発覚した場合において、その相続財産について課される税額））については、上記の300万円超の判定に当たっては除外される。

（出典） 財務省作成資料を基に作成

ペナルティについては、高額無申告を発生させたことについて納税義務者の責めに帰すべき事由がない場合には適用しないこととされている（<u>20％</u>となる。改正通則法66③かっこ書）。

この改正の趣旨は、申告納税制度の根幹を揺るがす重大な違反である無申告行為のうち善良な納税義務者の公平感を特に損なうおそれのあるものを未然に抑止する観点から見直されたものである（令5改正解説620頁）。

② 一定期間繰り返し行われる無申告行為に対する無申告加算税等の加重措置の整備

また、本改正では、前年度及び前々年度の国税について、無申告加算税（調査通知がある前に申告が行われた場合に課される無申告加算税を除く）又は無申告重加算税（＝無申告加算税に代えて課される重加算税）を課される者が行うさらなる無申告行為に対して課される無申告加算税（同上）又は無申告重加算税を10％加重する措置も整備された（改正通則法66⑥、68④）（図表5－12）。なお、過少申告加算税、不納付加算税及び重加算税（過少・不納付）については、本改正の対象外である。

この改正の趣旨は、要は無申告行為の常習犯に対するペナルティ強

■図表5－12　一定期間繰り返し行われる無申告行為に対する無申告加算税等の加重措置

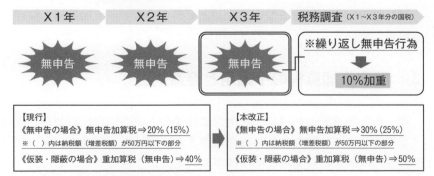

（出典）　財務省作成資料を基に作成

化である。現行の加算税の割合は、無申告行為を繰り返し行う者について一度に是正する場合には、無申告行為が繰り返された回数にかかわらず一律であるため、意図的に無申告行為を繰り返す者に対する牽制効果は限定的であると考えられている（令5改正解説622頁）。これに対処するために、本措置の趣旨は、繰り返し行われる悪質な無申告行為を未然に抑止し、自主的に申告を促し、納税コンプライアンスを高めることにある。本措置は、上記(1)の図表5−10で解説した短期間に繰り返して無申告又は仮装・隠蔽が行われた場合の無申告加算税等の加重措置（通則法66④、68④）を見直すものである。現行の加重措置は、5年以内の短期間に繰り返して無申告又は隠蔽・仮装が行われた場合に10％加重するものであるが、5年以内の起算日に税務調査が必要であったため（5年以内に2回の調査が必要）、これでも「牽制効果は限定的である」と考えられ、本措置が講じられたということであろう。

(3) 記帳水準の向上に資するための加重措置

また、令和4年度税制改正において、記帳水準の向上に資するための無申告加算税の加重措置が講じられている。この加重措置についても、上記(2)で解説した改正と同様に、令和6年1月1日以後に法定申告期限が到来する国税について適用される。

この加重措置は、過少申告加算税においても同様に講じられているので、その内容や趣旨については、上記Ⅳ③で過少申告加算税と併せて解説している。

③ 無申告加算税の不適用と軽減割合

過少申告加算税と同様に、無申告加算税の上記の趣旨に沿わないような場合にまで、無申告加算税を賦課する必要はなく、また、無申告加算税の賦課が、自発的な期限後申告の足枷になることもある。

そこで、(1)**正当な理由がある場合**、(2)**調査によらない期限後申告の**

場合及び**(3)期限内申告の意思があった場合**については、無申告加算税が不適用ないし軽減されることとされている。

(1)　正当な理由がある場合

　過少申告加算税と同様に、期限内申告書の提出がなかったことについて正当な理由があると認められる場合は、無申告加算税は賦課されない（通則法66①柱書ただし書）。

　「正当な理由」の意義については、上記Ⅳ4(1)で解説した過少申告加算税の場合と同様に、次の二つのいずれにも該当する場合である。

〈「正当な理由」に該当する場合〉
① 　真に納税義務者の責めに帰することのできない客観的な事情がある場合
② 　無申告加算税を賦課することが不当又は酷になる場合

　このような「正当な理由」の該当性については、加算税指針では、次の例示が掲げられている（加算税指針（所）第2の1、加算税指針（相）第2の1等）。

〈期限内申告書の提出がなかったことについて正当な理由があると認められる事実〉
　国税通則法66条の規定を適用する場合において、災害、交通・通信の途絶その他期限内に申告書を提出しなかったことについて真にやむを得ない事由があると認められるときは、期限内申告書の提出がなかったことについて正当な理由があるものとして取り扱う。
　（注）　相続税について、相続人間に争いがあるなどの理由により、相続財産の全容を知り得なかったこと又は遺産分割協議が行えなかったことは、正当な理由に当たらない。

したがって、納税義務者や税理士が、ある案件についてこの災害等によるやむを得ない事由に該当する事実があると考える場合には、税務署等にその旨を伝えて、無申告加算税の免除を促すべきであるといえよう。

⑵　調査によらない期限後申告の場合

　期限後申告・修正申告書の提出が、調査があったことにより更正・決定があるべきことを予知してされたもの（以下「更正等予知」という）でない場合において、その調査に係る調査通知がある前に行われたものであるときは、その申告に基づく無申告加算税の割合は、5％に軽減される（通則法66⑥）。

　この措置は、上記Ⅳ４⑶で解説した調査によらない修正申告の場合の過少申告加算税の不適用措置（通則法65⑤）に準じるものである。更正等予知や調査通知とはどの時点なのかという問題等についても、過少申告加算税の更正予知や調査予知の判断に準じて解することができる（加算税指針（所）第2の2・第2の7等）。

⑶　期限内申告の意思があった場合

　期限後申告書の提出が、調査があったことにより決定があるべきことを予知してされたもの（以下「決定予知」という）でない場合において、期限内申告書を提出する意思があったと認められる次の場合に該当してされたものであり、かつ、法定申告期限から1か月を経過する日までに行われたものであるときは、無申告加算税は賦課されない（通則法66⑦、通則令27の2①）。

〈期限内申告書を提出する意思があったと認められる場合〉
①　その期限後申告書の提出日の前日から起算して5年前の日までの間に、その期限後申告書に係る税目について、次の二つのいずれにも該当する場合

　本制度は要するに、期限内に納付手続は完了していたものの、申告書を提出し忘れてしまったような場合の誠実な納税義務者を救済するための措置である。本制度は平成18年度税制改正により創設されたが、その背景には、いわゆる関西電力事件（大阪地判平成17年９月16日税資255号（順号10134））がある。この事件の概要は、関西電力が247億円余の消費税を法定納期限日に納付したが、その11日後に税務署からの未提出通知によってあわてて申告書を提出したというものであり、これについて大阪地裁は、所轄税務署による申告税額の５％に相当する約12億円の無申告加算税の賦課決定を適法であると判示したのである（関西電力は控訴断念）。

　本制度創設当初は、法定申告期限から「２週間」を経過する日までに期限後申告していることが要件であったが、平成27年度改正によりこれが「１か月」に延長されている。その趣旨は、期限内納付があった期限後申告件数（法人税）のうち、２週間以内に期限後申告書が提出されたものは７割程度であり、誠実な納税義務者に対する救済制度としては不十分であると考えられたためである（改正後は９割超の誠実な納税義務者を救済可能となる。平27改正解説919頁）。

④　国外財産調書・財産債務調書の提出による軽減・加重

　上記Ⅳ⑤で解説した国外財産調書・財産債務調書の提出による軽減・加重措置については、過少申告加算税と同様に、無申告加算税においても、５％の軽減・加重が設けられている（国外送金等調書法

6、6の3）。

〈国外財産調書・財産債務調書の提出が…〉
　・ある場合　　➡　無申告加算税5％軽減
　・ない場合等➡　無申告加算税5％加重

Ⅵ 不納付加算税

　ここでは、源泉徴収等により納付すべき税額を法定納期限までに納付しなかった場合に課される「不納付加算税」について詳しく解説しよう。

① 不納付加算税の意義

　不納付加算税は、源泉徴収等による国税を法定納期限までに納付しなかった場合に課される行政制裁的な性格を有している。ここで「源泉徴収等による国税」とは、源泉徴収に係る所得税及び特別徴収に係る国際観光旅客税（これらの税に係る附帯税を除く）をいう（通則法2二）。

　源泉徴収等による国税は、納税義務者が直接納税する一般の国税とは異なり、源泉徴収義務者又は特別徴収義務者（以下「徴収義務者」という）が納税義務者の納税額を徴収して納付するものである。そして、徴収義務者がその納付を怠った場合には、課税庁は、納税義務者から直接徴収することはせずに、徴収義務者に対して強制徴収手続を進めるという制度となっている。そのため、徴収義務者による適正な徴収と納付が必要であることから、正当な理由なく適正に納付しなかった場合には、その制裁措置として、不納付加算税が徴収されることになっているのである。

　また、不納付加算税は、次の場合に徴収される（通則法67①本文）。

② 不納付加算税の割合

　不納付加算税の増差本税に対する通常の割合は、<u>10％</u>である。すなわち、源泉徴収等による国税がその法定納期限までに完納されなかった場合には、税務署長は、その徴収義務者から、納税の告知に係る税額又はその法定納期限後にその告知を受けることなく納付された税額に10％の割合を乗じて計算した金額に相当する不納付加算税を<u>徴収</u>することとされている（通則法67①本文）。

　このように、不納付加算税では「徴収する」という文言が用いられており、これまで見た他の加算税における「課する」とは異なる表現となっている（不納付加算税に代えて徴収される重加算税についても同様（通則法68③））。これは、過少申告加算税等の他の加算税が自主納付することとされている（通則法35③）のに対して、不納付加算税は納税の告知により徴収することを明らかにしているためである（精解824頁）。なお、この「納税の告知」とは、税務署長が、源泉徴収等による国税等を徴収しようとする場合に、しなければならないこととされているものである（通則法36①）。

③ 不納付加算税の不適用と軽減割合

　過少申告加算税や無申告加算税と同様に、その趣旨に沿わないような場合にまで、不納付加算税を徴収する必要はなく、また、不納付加算税の徴収が、自発的な期限後納付の足枷になることもある。

そこで、(1)**正当な理由がある場合**、(2)**調査によらない期限後納付の場合**及び(3)**期限内納付の意思があった場合**については、不納付加算税が不適用ないし軽減されることとされている。

(1) 正当な理由がある場合

過少申告加算税や無申告加算税と同様に、法定期限内までに納付しなかったことについて正当な理由があると認められる場合は、不納付加算税は徴収されない（通則法67①ただし書）。

「正当な理由」の意義については、すでに解説した過少申告加算税や無申告加算税の場合と同様に、次の二つのいずれにも該当する場合である。

〈「正当な理由」に該当する場合〉
① 真に徴収義務者の責めに帰することのできない客観的な事情がある場合
② 不納付加算税を賦課することが不当又は酷になる場合

このような「正当な理由」の該当性については、不納付加算税指針第1の1では、次の例示が掲げられている。

〈源泉所得税及び復興特別所得税を法定納期限までに納付しなかったことについて正当な理由があると認められる場合〉
① 租税法の解釈に関し、給与等の支払後取扱いが公表されたため、その公表された取扱いと源泉徴収義務者の解釈とが異なることとなった場合において、その源泉徴収義務者の解釈について相当の理由があると認められるとき。
　（注）　租税法の不知・誤解又は事実誤認に基づくものはこれに当たらない。

---

② 給与所得者の扶養控除等申告書、給与所得者の配偶者控除等申告
書又は給与所得者の保険料控除申告書等に基づいてした控除が過大
であった等の場合において、これらの申告書に基づき控除したこと
につき源泉徴収義務者の責めに帰すべき事由があると認められない
とき。
③ 最寄りの収納機関が遠隔地であるため、源泉徴収義務者が収納機
関以外の金融機関に税金の納付を委託した場合において、その委託
が通常であれば法定納期限内に納付されるに足る時日の余裕をもっ
てされているにもかかわらず、委託を受けた金融機関の事務処理誤
り等により、収納機関への納付が法定納期限後となったことが、当
該金融機関の証明書等により証明されたとき。
④ 災害、交通・通信の途絶その他法定納期限内に納付しなかったこ
とについて真にやむを得ない事由があると認められるとき。

したがって、徴収義務者や税理士が、ある案件についてこの①～④
の場合に該当する事実があると考える場合には、税務署等にその旨を
伝えて、不納付加算税の免除を促すべきであるといえよう。

⑵ 調査によらない期限後納付の場合

源泉徴収等による国税が納税の告知を受けることなくその法定納期
限後に納付された場合において、その納付が、その国税についての調
査があったことにより納税の告知があるべきことを予知してされたも
のでないときは、その納付された税額に係る不納付加算税の割合は、
その納付された税額に５％を乗じて計算した金額に軽減される（通則
法67②）。

この措置は、調査によらない修正申告の場合の過少申告加算税の不
適用措置（通則法65⑤。上記Ⅳ4(3)参照）及び調査によらない期限後
申告の場合の無申告加算税の軽減措置（通則法66⑥。上記Ⅴ3(2)参
照）に準じるものである。納税の告知があるべきことの予知とはどの
時点なのかという問題等についても、過少申告加算税の更正予知の判

断に準じて解することができるが、その該当性については、不納付加算税指針第1の2において、次のように解されている。

〈告知があるべきことを予知してされたものである場合〉

　徴収義務者に対する臨場調査、その取引先に対する反面調査等、その徴収義務者が調査のあったことを了知したと認められる後に自主納付された場合のその自主納付は、原則として、「告知があるべきことを予知してされたもの」に該当する。

　（注）　次に掲げる場合は、原則として「告知があるべきことを予知してされたもの」には該当しない。

①　臨場のための日時の連絡を行った段階で自主納付された場合

②　納付確認（臨場によるものを除く）を行った結果、自主納付された場合

③　説明会等により一般的な説明を行った結果、自主納付された場合

---

(3)　期限内納付の意思があった場合

　また、源泉徴収等による国税が納税の告知を受けることなく法定納期限後に納付され、その納付が納税の告知があることを予知してなされたものでない場合で、法定納期限までに納付する意思があったと認められる次の場合に該当し、かつ、法定納期限から1か月を経過する日までに納付されたものであるときについても、不納付加算税は徴収されない（通則法67③）。

〈期限内納付の意思があったと認められる場合〉

　納付に係る法定納期限の属する月の前月の末日から起算して1年前の日までの間に法定納期限が到来する源泉徴収等による国税について、次のいずれにも該当する場合（通則令27の2②）

---

① 　納税の告知を受けたことがない場合
② 　納税の告知を受けることなく法定納期限後に納付された事実がない場合

　この措置の趣旨は、上記Ⅴ3(3)で解説した無申告加算税における期限内申告の意思があった場合の不適用措置と同様に、誠実な徴収義務者の適正な徴収納付への配慮ということである。

Ⅶ 重加算税

　ここでは、Ⅵまでで解説してきた過少申告加算税、無申告加算税又は不納付加算税（以下、Ⅶにおいて「過少申告加算税等」という）が課される場合で、課税標準等・税額等の計算の基礎となるべき事実を隠蔽・仮装していたときに、過少申告加算税等に代えて課されることとなる「重加算税」について詳しく解説しよう。

① 重加算税の意義

　重加算税の趣旨については、納税義務者が過少申告等をすることについて隠蔽・仮装という不正手段を用いていた場合に、過少申告加算税等よりも重い行政上の制裁を科することによって、悪質な納税義務違反の発生を防止し、もって申告納税制度による適正な徴税の実現を確保しようとするものであると解されている（最判平成7年4月28日民集49巻4号1193頁参照）。

　このように重加算税は過少申告加算税等よりも重い行政制裁的な性格を有しており、実質的には刑罰的な色彩も強いことから、併科されることもある罰則（脱税犯（所法238①・②、239①等）、無申告犯（所法238③・④等）又は不納付犯（所法240①等））との関係で、憲法39条が禁じている二重処罰に該当するとの疑いが指摘されることもある。これについて最高裁は、「重加算税は、（…中略…）各種加算税を課すべき納税義務違反が課税要件事実を隠ぺいし、又は仮装する方法によつて行なわれた場合に、行政機関の手続により違反者に課せられるもので、これによつてかかる方法による納税義務違反の発生を防止し、もつて徴税の実を挙げようとする趣旨に出た行政上の措置であ

り、違反者の不正行為の反社会性ないし反道徳性に着目してこれに対する制裁として科せられる刑罰とは趣旨、性質を異にするものと解すべきであつて、それゆえ、同一の租税ほ脱行為について重加算税のほかに刑罰を科しても憲法39条に違反するものでない」（最判昭和45年９月11日刑集24巻10号1333頁、最大判昭和33年４月30日民集12巻６号938頁参照）と解している。

　また、重加算税は、次のいずれにも該当する場合に課される（通則法68①〜③）。

〈重加算税の課税要件〉

　次のいずれにも該当する場合
①　過少申告加算税等が課される要件に該当すること。
②　課税標準等又は税額等の計算の基礎となるべき事実を隠蔽・仮装していたこと。
③　②に基づき、(イ)申告書を提出し、(ロ)法定申告期限までに申告書を提出せず、又は(ハ)法定納期限までに納付しなかったこと。

　ただし、その税額の計算の基礎となるべき事実で隠蔽・仮装されていないものに基づくことが明らかなものがあるときは、その税額からその隠蔽・仮装されていない事実のみに基づいて修正申告もしくは更正・決定があったものとして計算した税額、又はその国税の法定納期限までに納付しなかった税額が控除される（通則法68①〜③各かっこ書、通則令28）。

② 重加算税の割合

　重加算税の増差本税に対する通常の割合は、代えて課されることとなる各加算税に応じて、次のとおりである（通則法68①〜③）。

〈重加算税の通常の割合〉
・過少申告加算税に代えて課す場合：35%
・無申告加算税に代えて課す場合 ：40%
・不納付加算税に代えて課す場合 ：35%

　また、期限後申告・修正申告（調査による更正等を予知してされた
ものに限る）又は更正決定等があった場合において、その期限後申告
等があった日の前日から起算して５年前の日までの間に、その期限後
申告等に係る税目について無申告加算税（調査による更正等を予知し
てされたものに限る）又は重加算税を課されたことがあるときは、そ
の期限後申告等に基づき課する重加算税の割合（35%、40%）につい
て、それぞれその割合に<u>10%加算</u>することとされている（35%
→<u>45%</u>、40%→<u>50%</u>）（通則法68④）。この短期間に繰り返して無申告
等が行われた場合の加重措置は、平成28年度税制改正により創設され
たもので、無申告加算税についても同様の措置が講じられている。そ
の趣旨や令和５年度税制改正の内容については、上記Ⅴ②(1)・(2)を参
照されたい。

③　重加算税の不適用

　過少申告加算税等と同様に、重加算税についても、課税標準等・税
額等の計算の基礎となるべき事実を隠蔽・仮装していた場合であって
も、**(1)調査によらない修正申告等の場合**、**(2)期限内申告・納付の意思
があった場合**、**(3)正当な理由がある場合**には課されないこととされて
いる。

(1)　調査によらない修正申告等の場合

　まず、修正申告書・期限後申告書の提出又は源泉徴収等による国税
の納付が、更正等や告知を予知してされたものでない場合（＝調査に

よらない場合）には、重加算税は課されない（通則法68①～③各かっこ書）。これは、自発的な修正申告等を奨励しようとするもので、過少申告加算税等が同様の理由で減免される場合（通則法65⑤、66⑥、67②。上記Ⅳ④(3)、Ⅴ③(2)、Ⅵ③(2)参照）には、重加算税についても課さないこととしているものである。

(2)　期限内申告・納付の意思があった場合

また、法定期限内に申告や納付をする意思があったと認められる場合についても、重加算税は課されない（通則法68②・③各かっこ書）。これについても、無申告加算税及び不納付加算税が同様の理由で賦課・徴収しないこととしている場合（通則法66⑦、67③。上記Ⅴ③(3)、Ⅵ③(3)参照）には、重加算税も課さないこととしているものである。

(3)　正当な理由がある場合

さらに、無申告加算税又は不納付加算税が課されるような場合で、正当な理由があると認められるときにも、重加算税は課されない（通則法68②・③各かっこ書）。これについては、無申告加算税及び不納付加算税が同様の理由で賦課・徴収しないこととしている場合（通則法66①柱書ただし書、67①ただし書。上記Ⅴ③(1)、Ⅵ③(1)参照）には、重加算税も課さないこととしているものである。

ただし、過少申告加算税が課されるような場合には、このような正当な理由がある場合の除外措置は規定されていない。

④　隠蔽・仮装の意義

ところで、過少申告加算税等に代えて重加算税が課されることとなる要件のポイントは、税額等の計算の基礎となるべき事実を「隠蔽又は仮装」していたかどうかということである。ここでまず「事実を隠蔽」するとは「事実を隠匿しあるいは脱漏すること」をいい、また

「事実を仮装」するとは「所得・財産あるいは取引上の名義を装う等事実を歪曲することをいい、いずれも行為の意味を認識しながら故意に行なうことを要するものと解すべきである」とされている（和歌山地判昭和50年6月23日税資82号70頁）。

　そして、具体的にいかなる行為が隠蔽・仮装に該当するのかということについては、例えば所得税に関して、重加算税指針第1の1では、次に掲げるような事実がこれに該当するものとして例示されている。なお、隠蔽・仮装の行為については、特段の事情がない限り、納税義務者本人がその行為を行っている場合だけでなく、配偶者又はその他の親族等がその行為を行っている場合であっても納税義務者本人がその行為を行っているものとして取り扱うこととされている（重加算税指針第1の1柱書）。

〈隠蔽・仮装に該当する行為の例〉
① いわゆる二重帳簿の作成
② 帳簿書類[*22]の破棄・隠匿、虚偽記載等
③ 本人以外の名義又は架空名義で行う事業の経営又は取引等[*23]。
　　ただし、次の(イ)又は(ロ)の場合を除く。
　(イ)　配偶者、その他同居親族の名義により事業の経営又は取引等を行っているが、その名義人が実際の住所地等において申告等をしているなど、税のほ脱を目的としていないことが明らかな場合
　(ロ)　本人以外の名義（配偶者、その他同居親族の名義を除く）で事業の経営又は取引等を行っていることについて正当な事由がある場合
④ 本人以外の名義又は架空名義による所得の源泉となる資産（株式、

---

*22　ここで「帳簿書類」とは、「帳簿、決算書類、契約書、請求書、領収書その他取引に関する書類」をいう。
*23　ここで「事業の経営又は取引等」とは、「事業の経営、売買、賃貸借、消費貸借、資産の譲渡又はその他の取引」をいう。

不動産等）の所有。ただし、③の(イ)又は(ロ)の場合を除く。
⑤　秘匿した売上代金等による本人以外の名義又は架空名義の預貯金その他の資産の取得
⑥　各種の課税の特例の適用を受けるなどのための、虚偽の証明書その他の書類の作成（他人に作成させることを含む）
⑦　源泉徴収票等の記載事項の改ざん、架空の源泉徴収票等の作成（他人に虚偽記載又は提出させないことを含む）
⑧　調査等の際の質問に対する虚偽答弁等（相手先に虚偽答弁等を行わせることを含む）、その他の事実関係を総合的に判断して、申告時における隠蔽・仮装が合理的に推認できること。

　また、判例では、いわゆる「つまみ申告」についても、隠蔽に該当するものと判示されている（最判平成6年11月22日民集48巻7号1379頁）。さらに、確定的な脱税の意思に基づき顧問税理士に株式等の売買による多額の雑所得のあることを秘匿して過少な申告を記載した確定申告書を作成させたことなどによる所得税の確定申告についても、重加算税の課税要件を満たすものと判示されている（最判平成7年4月28日判時1529号53頁）。

5 電磁的記録に関連する不正があった場合の加重

(1) 本加重措置の概要

　国税関係書類に係るスキャナ保存制度及び電子取引の取引情報に係る電磁的記録の保存制度における電磁的記録の適正な保存を担保するための措置として、電磁的記録に係る重加算税の加重措置（以下「本加重措置」という）が講じられている。すなわち、一定の要件に従ってスキャナ保存が行われている国税関係書類に係る電磁的記録もしくはその要件に従ってスキャナ保存が行われていない国税関係書類に係

る電磁的記録又は保存義務者により行われた電子取引の取引情報に係る電磁的記録に記録された事項に関し期限後申告等があった場合の重加算税の額については、通常課される重加算税の金額に、その重加算税の基礎となるべき税額（電磁的記録に記録された事項に係る事実（隠蔽仮装されているものに限る）以外のものがあるときは、その「電磁的記録に記録された事項に係る事実に基づく本税額」に限る）の10％に相当する金額を加算した金額とすることとされている（電帳法8⑤）。

本加重措置は、令和3年度税制改正によって創設されたもので、令和4年1月1日以後に法定申告期限等が到来する国税について適用されている。この改正の趣旨は、国税関係書類に係る電磁的記録のスキャナ保存又は電子取引の取引情報に係る電磁的記録の保存が行われている場合には、紙によってその書類等を保存する場合と比して、複製・改ざん行為が容易であり、また、その痕跡が残りにくいという特性にも鑑みて、こうした複製・改ざん行為を未然に抑止する観点から、これらの電磁的記録に記録された事項に関し、「隠蔽仮装された事実」に基づき生じた申告漏れ等について課される重加算税を加重する措置が講じられたものである（令3改正解説983頁）。

(2) 本加重措置の対象範囲

本加重措置の対象範囲については、保存義務者が電磁的記録を直接改ざん等する場合のみならず、紙段階で不正のあった請求書等（作成段階で不正のあった電子取引の取引情報に係る電磁的記録を含む）のほか、通謀等により相手方から受領した架空の請求書等を電磁的記録により保存している場合又は通謀等により相手方から受領した架空の電子取引の取引情報に係る電磁的記録を保存している場合等も含むこととされている（電帳通達8－22）。

(3) 他の加重措置との重複適用

本加重措置が創設された令和3年度税制改正では、消費税法上の電

磁的記録に記録された事項に関する重加算税の特例も創設されている。すなわち、事業者により保存されている電磁的記録に記録された事項に関し期限後申告等があった場合の重加算税の額については、通常課される重加算税の金額に、その重加算税の基礎となるべき税額（電磁的記録に記録された事項に係る事実以外のものがあるときは、その電磁的記録に記録された事項に係る事実に基づく本税額に限る）の10％に相当する金額を加算した金額とすることとされている（消法59の2）。この消費税法上の加重措置と本加重措置については、重複適用がないこととされている（電帳通達8－22）。

　一方、本加重措置の適用がある場合であっても、上記2で解説した「短期間に繰り返して無申告又は仮装・隠蔽が行われた場合の加算税の加重措置」（通則法68④）に該当するときは、重加算税の加重措置について重複適用があることとされている（電帳通達8－23）。

第6章

不服申立手続の概要

　税務調査の結果、増額更正や決定処分を受ける場合、調査終了手続として
なされた修正申告等の勧奨に応じなかったわけであるから、基本的に納税義
務者はその処分に不服があるはずである。そうすると、多くの場合はそれら
の処分後に不服申立手続に移行することになろう。そして、現在の国税不服
申立手続では、「再調査の請求」か「審査請求」のいずれかを選択できるの
だが、いずれを選択すべきだろうか。なお、不服申立手続の後の租税訴訟手
続については、税理士が補佐人としてこの手続に関与する際には必ず「弁護
士である訴訟代理人とともに」出廷しなければならないので（税理士法2の
2）、補佐人たる税理士はかかる手続については（その道のプロである）弁
護士のアドバイスに従えばよいため、本書では解説しないこととしている。
　また、調査に立ち会う税理士としては、調査の後に争訟に至った場合の勝
ち目がどのくらいあるのかなどといったデータ上の割合は把握しておくべき
であると思われるので、本書の最後に、近年の国税争訟の傾向を分析してお
こう。

Ⅰ 国税不服申立ての構造

　国税不服申立手続については、行政不服申立手続に関する一般法である行政不服審査法が平成26年に全部改正されたことに伴って国税通則法上の関係規定も全面的に見直され、平成28年4月から施行されている。

　この改正によって、現行の国税不服申立手続は、以下のようになっている。すなわち、国税に関する法律に基づく処分に不服がある納税義務者は、その処分の取消しなどを求める不服申立て（＝国税不服申立て）につき、処分をした税務署長や国税局長等に対する「再調査の請求」と、国税不服審判所長に対する「審査請求」とのいずれかを選

■図表6-1　国税不服申立ての構造

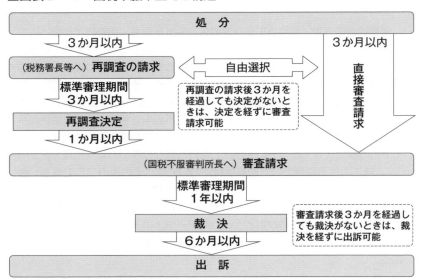

択することができる（通則法75①一）（図表6－1）。

　そして、国税不服審判所長の裁決になお不服がある場合には、裁判所に訴えを提起することができる。

II 再調査の請求の概要

　「再調査の請求」とは、税務署長や国税局長等が行った処分（これを「原処分」といい、原処分を行った税務署長等を「原処分庁」という）に不服がある場合に、原処分の取消しや変更を求めて原処分庁に対して不服を申し立てる制度で、国税不服申立ての第一段階の救済手続である（通則法75①一イ）。

　もっとも、納税義務者の選択により、再調査の請求を経ないで、直接次の段階である審査請求をすることもできる。

　ただし、再調査の請求を選択したときには、次に述べる例外を除き、原則として、その再調査の請求についての決定（以下「再調査決定」という）を経た後でなければ、審査請求をすることはできない。

　再調査の請求をいったん選択して、再調査決定を経ずに審査請求をすることができる例外は、次の二つの場合である（通則法75④各号）。

〈再調査決定を経ずに審査請求ができる場合〉
①　再調査の請求をした日（補正要求（通則法81③前段）があった場合は、その要求に応じて補正した日）の翌日から起算して３か月を経過してもその再調査決定がない場合
②　再調査決定を経ないことにつき正当な理由がある場合

Ⅲ 審査請求の概要

　「審査請求」とは、再調査決定を経た処分又は原処分に不服がある場合に、それらの処分の取消しや変更を求めて国税不服審判所長に対して不服を申し立てる制度で、国税不服申立ての第二段階の救済手続である（通則法75①一ロ）。

☐ 国税不服審判所

　「国税不服審判所」は、国税に関する法律に基づく処分についての審査請求に対する裁決を行う機関である（通則法78①）。国税庁の特別の機関（第三者的機関＊1）である国税不服審判所には、東京にある本部のほか、全国の主要都市に12の支部（札幌、仙台、関東信越（さいたま）、東京、金沢、名古屋、大阪、広島、高松、福岡、熊本及び沖縄）と7の支所（新潟、長野、横浜、静岡、京都、神戸及び岡山）がある（図表6－2）。

　なお、国税不服審判所の支部（支所を含む。以下同じ）は、国税不服審判所の事務の一部を取り扱わせるために置かれているものであって、国税不服審判所と別個独立の官庁ではないので、例えば、審査請求に関して提出する書類が原処分庁の管轄区域を管轄する支部以外の支部に提出された場合においても、それを理由にその審査請求が不適法となるものではない（審通（審）78－1）。

＊1　国税不服審判所長は、国税庁長官通達に示された法令解釈に拘束されることなく裁決をすることができる（通則法99）。

■図表6－2　国税不服審判所の所在地と管轄

	名　称	所在地	管轄（分掌）
本部	国税不服審判所	東京都（千代田区霞が関）	
支部	札幌国税不服審判所	札幌市	北海道
	仙台国税不服審判所	仙台市	青森県・岩手県・宮城県・秋田県・山形県・福島県
	関東信越国税不服審判所	さいたま市	茨城県・栃木県・群馬県・埼玉県
	東京国税不服審判所	東京都（千代田区九段南）	千葉県・東京都・山梨県
	金沢国税不服審判所	金沢市	富山県・石川県・福井県
	名古屋国税不服審判所	名古屋市	岐阜県・愛知県・三重県
	大阪国税不服審判所	大阪市	大阪府・奈良県・和歌山県
	広島国税不服審判所	広島市	島根県・広島県・山口県
	高松国税不服審判所	高松市	徳島県・香川県・愛媛県・高知県
	福岡国税不服審判所	福岡市	福岡県・佐賀県・長崎県
	熊本国税不服審判所	熊本市	熊本県・大分県・宮崎県・鹿児島県
	国税不服審判所沖縄事務所	那覇市	沖縄県
支所	新潟支所	新潟市	新潟県
	長野支所	長野市	長野県
	横浜支所	横浜市	神奈川県
	静岡支所	静岡市	静岡県
	京都支所	京都市	滋賀県・京都府
	神戸支所	神戸市	兵庫県
	岡山支所	岡山市	鳥取県・岡山県

（出典）　国税不服審判所資料をもとに作成。

② 国税審判官等

(1) 国税審判官・国税副審判官

国税不服審判所において審査請求に係る事件の調査及び審理を行う

担当者を「国税審判官」といい、国税審判官の命を受けその事務を整理する者を「国税副審判官」という（通則法79①）。

(2) 国税審判官の資格

国税審判官の任命資格を有する者は、次のいずれかに該当する者でなければならない（通則法79④、通則令31各号）。

〈国税審判官の任命資格を有する者〉

❶ 弁護士、税理士、公認会計士、大学の教授・准教授、裁判官又は検察官の職にあった経歴を有する者で、国税に関する学識経験を有するもの

❷ 国税に関する事務に従事した経歴を有する一定の等級以上の国家公務員

❸ その他国税庁長官が国税に関し❶、❷に掲げる者と同等以上の知識経験を有すると認める者

なお、審査請求に係る処分又はその処分に係る再調査決定に関与した者等については、国税審判官であっても、その審査請求事件を担当することはできない（通則法94②）。

(3) 国税審判官の民間登用

国税審判官として任命される者の資格については、上記のように規定されているが、過去における実際は、上記(2)❷に基づく税務行政部内の国家公務員が国税審判官として任命されることがほとんどであった。しかし、国税不服審判所における審理の中立性・公正性・透明性を向上させるためには、上記(2)❶に基づく国税審判官の民間登用を実施すべきとの意見が呈されていた。

これを受けて、国税不服審判所では、平成19年度から年間数名程度の国税審判官（特定任期付職員）の民間登用が実施されることとなっ

た。また、国税不服審判所の争訟機関としての改革の方向性が示された平成23年度税制改正大綱の記述*2を受けて、国税不服審判所は「国税審判官への外部登用の工程表」を平成22年12月に公表し、3年かけて事件を担当する国税審判官の半数程度を外部登用者とする方針を示した。そして、実際に3年後の平成25年にはこの方針が実現し、引き続き今日まで概ねその状況は維持されている（図表6-3）。

なお、この方針に基づいて半数程度を民間登用者とする対象は、「事件を担当する審判官」（下線著者）とされていることには注意を要する。すなわち、首席国税審判官*3や法規・審査*4を担当する国税審判官等については「事件を担当する審判官」には含まれないので、国税審判官全員の半数程度が民間登用ではないということである。ちなみに、国税審判官の定数は181人とされており（国税不服審判所組織規則2一）、事件を担当する国税審判官の総数の目安とされる100人よりもはるかに多い。また、国税副審判官は国税審判官の職務を行うことができるとされていること（通則法79③）についても注意を要する。すなわち、（民間登用の対象外である）国税副審判官が参加審判官として審理に加わることもあるので、合議体を構成する審判官の半数程度が民間登用者でもないということである。

---

*2　平成23年度税制改正大綱における記述は以下のとおり（大綱8頁）。
　　「国税不服審判所における審理の中立性・公正性を向上させる観点から、今後、国税審判官への外部登用を以下のとおり拡大することとし、その方針及び工程表を公表します。
　　　①　民間からの公募により、年15名程度採用します。
　　　②　3年後の平成25年までに50名程度を民間から任用することにより、事件を担当する国税審判官の半数程度を外部登用者とします。」
*3　「首席審判官」とは、国税不服審判所の各支部の事務を総括する者であり（通則法78④）、各支部の所長（例えば「東京国税不服審判所長」）とも称されている。
*4　「法規・審査」とは、担当審判官及び通常2名の参加審判官で構成される合議体が行った議決について、法令解釈の統一性が確保されているか、文書表現は適正かなどの審査を行うことをいう（国税不服審判所「審査請求よくある質問－Q&A－」（令和4年8月）32頁）。国税不服審判所の各支部には、事件担当部とは別に、法規・審査部が置かれている。

■図表6-3　国税審判官の民間登用状況

採用年度	募集数	応募者数	採用者数	内訳	各年7月末の民間登用者在籍者数
平19年度	10名程度	39名	4名	税理士4名	4名
平20年度	10名程度	17名	1名	税理士1名	5名
平21年度	若干名	17名	3名	弁護士3名	8名
平22年度	15名程度	51名	13名	弁護士5名 税理士4名 公認会計士4名	18名
平23年度	15名程度	93名	15名	弁護士7名 税理士7名 公認会計士1名	31名
平24年度	15名程度	101名	16名	弁護士10名 税理士3名 公認会計士3名	44名
平25年度	15名程度	76名	17名	弁護士7名 税理士6名 公認会計士4名	50名
平26年度	15名程度	74名	14名	弁護士8名 税理士4名 公認会計士2名	50名
平27年度	15名程度	95名	13名	弁護士7名 税理士3名 公認会計士3名	50名
平28年度	15名程度	96名	17名	弁護士7名 税理士7名 公認会計士3名	49名
平29年度	15名程度	86名	15名	弁護士8名 税理士4名 公認会計士3名	50名
平30年度	15名程度	93名	16名	弁護士13名 税理士2名 公認会計士1名	50名
令元年度	15名程度	97名	14名	弁護士4名 税理士6名 公認会計士4名	49名(注1)
令2年度	15名程度	98名	16名	弁護士9名 税理士4名 公認会計士3名	50名
令3年度	15名程度	91名	11名	弁護士4名 税理士9名 公認会計士2名	50名
令4年度	15名程度	85名	19名	弁護士11名 税理士6名 公認会計士2名	50名(注2)
令5年度	15名程度	74名	15名	弁護士7名 税理士6名 公認会計士2名	50名

（注1）　令和元年10月1日付けで1名が新規採用されている（採用後の在籍者数は50名）。
（注2）　うち1名は、令和4年8月1日付で採用。

③ 審査請求前置主義

　原則として、審査請求についての裁決を経た後でなければ、訴訟を提起することはできない（通則法115①本文）。これを「審査請求前置主義」という。

　ただし、審査請求をした日の翌日から３か月を経過しても裁決がない場合や、その裁決を経ないことにつき正当な理由がある場合等は、裁決を経ないで裁判所に訴訟を提起することができる（通則法115①ただし書）。

　審査請求についての裁決があった後の処分になお不服がある場合は、原則として、裁決があったことを知った日の翌日から６か月以内に裁判所に訴訟を提起することができる（行訴法14①）。

Ⅳ 不服申立期間

① 主観的申立期間

　再調査の請求又は審査請求をするには、原則として、次の期間内に書面（再調査の請求書又は審査請求書）を提出しなければならない（通則法77①本文・②本文）。これを「主観的申立期間」という。

〈主観的申立期間〉
① 再調査の請求又は直接審査請求する場合
　原処分があったことを知った日（処分に係る通知を受けた場合には、その受けた日）の翌日から３か月以内
② 再調査決定を経て審査請求する場合
　再調査決定書謄本の送達があった日の翌日から１か月以内

　このうち、特に②の再調査決定後の二審的審査請求期間は、再調査の請求又は直接審査請求する場合の主観的申立期間である３か月や出訴期間の６か月と比べると、わずか１か月という短い期間となるので、実務上は注意が必要である。

② 客観的申立期間

　また、処分があった日（処分に係る書類の送達があった日（公示送達をしたときは、書類の送達があったものとみなされる日））の翌日

から起算して１年を経過したときは、再調査の請求及び審査請求のいずれの不服申立てもすることはできない（通則法77③本文）。すなわち、原処分があったことを知らなかった場合でも、１年を経過すると不服申立てはできないということである。これを「客観的申立期間」という。

③ 正当な理由がある場合の救済措置

ただし、「正当な理由」がある場合には、上記の主観的申立期間又は客観的申立期間を経過していた場合でも、不服申立てをすることができる（通則法77①〜③各ただし書）。

この正当な理由の例としては、①誤って法定の期間より長い期間を不服申立期間として教示した場合において、その教示された期間内に不服申立てがされたときや、②不服申立人の責めに帰すべからざる事由により、不服申立期間内に不服申立てをすることが不可能と認められるような客観的な事情がある場合（具体的には、地震、台風、洪水、噴火などの天災に起因する場合や、火災、交通の途絶等の人為的障害に起因する場合等）がこれに当たるが（審通（庁）77－１、審通（審）77－１）、具体的には、それぞれの事案に応じて判断されることになる。

以上の不服申立期間に関する諸規定をまとめたものが、図表６－４である。

再調査の請求・直接審査請求	主観的（原則）	始期	処分があったことを知った日（処分に係る通知を受けた場合には、その受けた日）の翌日（通則法77①本文）
		期間	３か月（通則法77①本文）
	主観的（例外）	要件	正当な理由があるとき（通則法77①ただし書）
	客観的（原則）	始期	処分があった日の翌日（通則法77③本文）
		期間	１年（通則法77③本文）
	客観的（例外）	要件	正当な理由があるとき（通則法77③ただし書）
二審的審査請求	主観的（原則）	始期	再調査決定書の謄本の送達があった日の翌日（通則法77②本文）
		期間	１か月（通則法77②本文）
	主観的（例外）	要件	正当な理由があるとき（通則法77②ただし書）

Ⅴ 標準審理期間の設定

　国税庁長官、国税不服審判所長、国税局長、税務署長又は税関長は、不服申立てについての決定又は裁決をするまでに通常要すべき標準審理期間[*5]を定めるよう努めるとともに、これを定めたときは、その事務所における備付けその他の適当な方法により公にしておかなければならないこととされている（通則法77の２）。

　具体的に設定されている標準審理期間については、再調査の請求については「３か月」[*6]と、審査請求については、国税庁長官及び国税不服審判所長に対するもののいずれについても「１年」[*7]と設定されている（図表６−５）。なお、国税庁及び国税不服審判所は、国税庁実績評価において、この標準審理期間内の処理件数割合の目標値を95％と設定している[*8]。

[*5]　再調査審理庁又は国税庁長官が定める標準審理期間とは、その通常の審理体制において適法な不服申立てについての決定又は裁決をするために要する審理期間の目安として定める期間をいうこととされている（審通（庁）77の２−１）。また、国税不服審判所における標準審理期間とは、審査請求に係る事件について、審査請求書が国税不服審判所の支部に到達した日から適法な審査請求に対する裁決をするために要する審理期間の目安となる期間をいうこととされている（審通（審）77の２−１）。なお、標準審理期間を経過した事件については、その期間が経過したからといって、不作為の違法又は裁決の手続上の瑕疵には当たらないと解されている（審通（審）77の２−２）。

[*6]　国税庁長官「不服申立てに係る標準審理期間の設定等について（事務運営指針）」平成28年４月１日。

[*7]　国税庁長官に対する審査請求に係る標準審理期間については、国税庁長官・前掲[*6]。国税不服審判所長に対する審査請求に係る標準審理期間については、国税不服審判所長「審査請求に係る標準審理期間の設定等について（事務運営指針）」平成28年３月24日。

[*8]　財務省「令和５事務年度 国税庁実績評価の事前分析表」（令和５年６月）51～52頁参照。

■図表6−5　国税不服申立制度の標準審理期間

不服申立ての種類	標準審理期間
再調査の請求	３か月
審査請求 （対国税庁長官・国税不服審判所長）	１年

再調査の請求と審査請求の いずれを選択すべきか

　以上のように、国税に関する法律に基づく処分に不服がある納税義務者は、「再調査の請求」か「審査請求」のいずれかの不服申立てを選択できるわけだが、いずれを選択すべきであろうか。これに関する著者が考える判断基準をここで解説しよう。

１　両不服申立ての長所・短所

　再調査の請求と審査請求を制度として相対的に見た場合のそれぞれの長所と短所をまとめたものが、図表６－６である。

■図表６－６　再調査の請求と審査請求の長所・短所

	再調査の請求	審査請求
長所	○不服申立先が近隣（処分をした税務署等）。 ○結論が早い（３か月）。 ○救済される可能性がある（過去10年間の平均認容割合は約１割）。	○第三者的機関が審理（担当審判官の半数は民間登用）。 ○対審的構造になっている。 ○救済され得る処分の範囲が広い（事実認定はもちろん、法解釈の誤り、通達の違法性についても審理可能（通則法99））。
短所	○第三者性はない。 ○対審的構造になっていない。 ○救済され得る処分の範囲が狭い（基本的に事実認定の誤認のみ）。	○不服申立先が遠隔（国税不服審判所）。 ○結論が遅い（１年）。 ○直接審査請求する場合、再調査の請求で認容される可能性を放棄することになる。

まず、再調査の請求の長所としては、原処分庁に対して行う不服申立てであることから、申立先の近接性が挙げられる（原処分庁となる税務署は全国に524か所）。これに比べると、審査請求は、納税義務者の居場所によっては遠隔地になる国税不服審判所に対して行わなければならない（審査庁である国税不服審判所は本部・12支部・7支所（上記Ⅲ1参照））。次に、再調査の請求は、結論が早く得られるという長所がある。再調査の請求の標準審理期間は3か月であり、審査請求の1年と比して圧倒的に迅速である（上記Ⅴ参照）。さらに、再調査の請求をせずに直接審査請求するということは、救済の機会を一度は放棄することになるということを（当然のことかもしれないが）あえて指摘しておきたい。再調査決定によって認容されると、そこでその認容は確定する[*9]。再調査の請求の認容割合は最近10年間の平均値で9.3％であるから（下記Ⅶ2(1)参照）、単純計算で10回に1回は救済されるということである。直接審査請求するということは、この救済の機会を自ら放棄することにもなるというわけである。

　一方、審査請求の長所としては、まず、第三者的機関である国税不服審判所が審理するということが挙げられる。そして最近は、実際に事件を担当する国税審判官の半数は民間から登用されているのだ（上記Ⅲ2(3)参照）。また、これと関係して、審査請求は、第三者的機関である国税不服審判所が審理することから、例えば口頭意見陳述（通則法95の2）は審理を主宰する担当審判官の面前で審査請求人と原処分庁が対峙して行われるといった対審的構造が採り入れられていることも、審査請求の長所であるといえる。これに対して再調査の請求は、原処分庁に対して行うものであるから、第三者性も対審的構造もないので[*10]、納税義務者からみれば「同じ穴のムジナ」という印象

[*9]　審査請求の裁決についても、裁決は関係行政庁を拘束するので（通則法102①）、認容された部分はそこで確定する。

[*10]　ただし、再調査の請求においても、口頭で意見を述べる機会が請求人等に与えられる口頭意見陳述の制度は設けられている（通則法84①〜⑤）。

はどうしても拭いきれないだろう。

　さらに、両制度では、救済され得る処分の範囲の広狭についても違いがある。まず、再調査の請求で救済され得る不服は、要件事実の認定の当否に係るものであり、もっぱら法令解釈に関する争いは、基本的に想定されていないということ[11]に留意しておかなければならない。これに対して審査請求では、事実認定だけでなく法解釈に関する争いについても当然に審理することができ、さらに国税庁長官が法令解釈通達等で示している解釈の違法性についても審理することができる（通則法99）。したがって、要件事実の当否に関して不服がある場合には、再調査の請求に係る調査が実施されることによって、再調査決定により処分が見直されることも期待できるが[12]、事実認定については争いがなく、法令解釈のみが争点となる事案については、基本的に、直接審査請求を選択すべきであるといえる。なお、特に法令の違憲性を争う場合については審査請求においても救済が期待できないが、そのようなケースであれば、いったん直接審査請求をした後、3か月経過後に訴訟提起すればよい。

②　再調査の請求を選択する意義

　もっとも、救済されることがほとんど期待できない場合でも、再調査の請求を選択する意義はある。それは、再調査決定書によってより詳細な理由を知ることができるからである。平成23年12月の国税通則法改正によって、現在は基本的にすべての処分に理由が付記されることになっているが（通則法74の14①かっこ書、行手法8、14。**第4章**

＊11　総務省「行政不服審査制度の見直し方針」（平成25年6月）4頁参照。

＊12　山本洋一郎「納税者の手続き的な救済の2つの事例」租税訴訟13号（2020）392頁以下では、筆者自身が代理人として関与した再調査の請求において、再調査の請求に係る調査が実施されたことにより、事務運営指針（法人の青色申告の承認の取消しについて）5項に定められる特別の事情等に該当することが認定され、青色申告承認取消処分が取り消された事例（平成30年2月21日再調査決定）が紹介されている。

Ⅲ4参照）、処分時に付記される理由に比して再調査決定書ではより詳細な理由が記載されるので、処分庁が争点をどのように整理し、どのような法解釈をして具体的な認定事実への当てはめを行ったのか等につき理解することができる[13]。そういったことを理解した上で、しっかり理論武装をして審査請求に臨むことは有意義である。そうすると、特に処分理由に疑義がある場合など（処分後に税理士等が代理人として新たに関与する場合は、基本的にこれに該当すると思われる[14]）は、まずは再調査の請求をして３か月待って再調査決定を受けてから、審査請求に進んだ方が１年間という限られた審理時間を有効に使うことにもなるだろう。

---

[13]　青木丈「国税不服申立てにおける再調査の請求と審査請求の選択」東京税理士界739号（2018）５頁参照。余郷太一『国税不服申立制度活用の教科書』（日本法令、2018）207頁も同旨。

[14]　著者は税理士業務の一環で代理人としていくつかの国税不服申立てに関与した経験があるが、そのすべての事案が（通常の顧問先ではなく）処分後に新たに関与することとなったものであった。

Ⅶ 近年の国税争訟の状況

　調査に立ち会う税理士としては、調査の後に争訟に至った場合の勝ち目がどのくらいあるのかなどといったデータ上の割合は把握しておくべきであると思われる。そこでここでは、国税庁及び国税不服審判所から毎年公表されている不服申立て及び訴訟の概要（それぞれの発生状況及び処理状況）についてのデータ[15]をもとに、近年の国税争訟の傾向を分析してみよう。なお、それぞれの箇所でも触れているが、令和２年度以降については、発生状況や処理状況に新型コロナウイルス感染症の影響を受けている可能性があることに、あらかじめご留意いただきたい。

1 発生状況

(1) 不服申立ての発生状況

　再調査の請求と審査請求の最近10年間の発生件数の推移は、図表６－７のとおりである（このうち「再調査の請求」については、平成28年３月31日以前の処分に係るものについては「異議申立て」をいう。以下同じ）。
　まず、直近の令和４年度における再調査の請求の発生件数は1,533

---

*15　直近に公表されているものは、国税庁「令和４年度における再調査の請求の概要」（令和５年６月）、同「令和４年度における訴訟の概要」（令和５年６月）及び国税不服審判所「令和４年度における審査請求の概要」（令和５年６月）であり、ここで示しているデータは、基本的にこれらの資料に基づいている。

■図表6－7　不服申立ての発生件数の推移

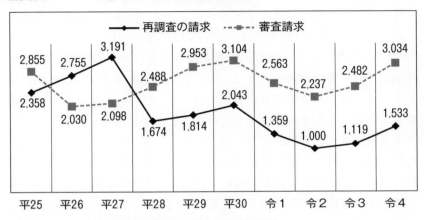

（出典）　国税庁及び国税不服審判所資料をもとに作成。

　件（前年度と比べ37.0％の増加であるが、ピーク時の平成27年度
（3,191件）と比べると52.0％の減少）である。また、直近の令和4年
度における審査請求の件数は3,034件であり、前年度と比べ22.2％の増
加（ピーク時の平成30年度（3,104件）とほぼ同程度（0.2％の減少））
となっている。

　次に、過去10年間の推移を見よう。まず、再調査の請求の令和2年
度の1,000件は最近10年間の最低値というだけでなく、国税庁発足以
来最低の件数である*16（審査請求の発生件数については、平成26年
度の2,030件が国税不服審判所発足以来最低の件数*17）。コロナ禍に
入った令和2年度は、審査請求の発生件数（2,237件）も比較的低く、
再調査の請求と審査請求のいずれの不服申立ても、平成30年度から令
和2年度まで減少傾向にあった。これが令和4年度にかけてV字に件
数が回復しているのは、コロナ禍が落ち着いてきていることが一つの

＊16　国税庁『国税庁70年史（平成21年6月～令和元年7月）』（令和2年7月）143頁には、令和
　　　元年度の1,359件が国税庁発足以来最低の件数であると記載されている。
＊17　国税庁・前掲＊16・144頁参照（ただし、ここでは2,029件と表記されている）。

要因かもしれない。

　また、平成27年度以前の「異議申立て」は、異議申立前置主義が採られていたので（旧通則法（平成26年法律第69号による改正前のもの）75）、異議申立て（現在の「再調査の請求」）の件数が審査請求の件数に比して多い傾向にあった。ただし、平成25年度は、これが逆転していて、審査請求の件数の方が多い。この理由としては、必ず異議申立てを経てから審査請求をしていることによる年度を跨ぐタイムラグがあり、また、例外的に青色申告者等は直接審査請求をすることが可能であったこと（旧通則法75④）もあると考えられる。なお、消費税についても、青色申告をしている法人税等と更正に係る基本的な事実関係又は証拠書類を一にするときは、「合意によるみなす審査請求」（通則法89①）により直接審査請求をすることが可能であった。

　そして、平成28年4月1日以降の処分に係るものから、「異議申立て」は「再調査の請求」に改められた。この改正後の平成28年度以降は、再調査の請求と審査請求の件数が逆転し、すべての年度において、審査請求の件数の方が多くなっている（同年度以降は、再調査の請求と審査請求がほぼ同様の折れ線になっていることも興味深い）。この理由は、「再調査の請求」に改められたことによって、旧来の異

■図表6−8　直接審査請求の割合の推移

（単位：％）

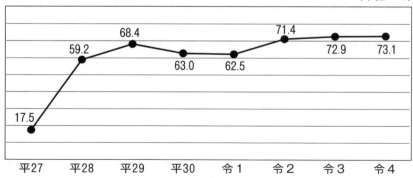

（出典）　国税不服審判所資料をもとに作成。

議申立前置主義が廃止され、納税義務者の選択により、再調査の請求をせずに直接審査請求をすることが可能となったことによるものと考えられる。つまり、この改正後は、相当数の納税義務者が、再調査の請求をせずに直接審査請求をしているということなのであろう。そこで次に、どの程度の納税義務者が直接審査請求を選択しているのかについて分析しよう。

(2) 直接審査請求の割合

ここでは、不服申立てにおいて納税義務者が直接審査請求を選択している割合を確認しよう。審査請求の発生件数のうち直接審査請求の件数のデータが示された平成27年度以降の直接審査請求が占める割合の推移は、税目全体で図表6−8のとおりである。

前述のように、平成27年度までの「異議申立て」は原則として前置強制されており、改正後の「再調査の請求」では一般的に選択による直接審査請求が可能となったことから、平成28年度から直接審査請求の割合が跳ね上がっている。ただし、この「再調査の請求」は同年4月1日以後にされた処分に係るものから適用されているので、同年度のデータには改正前の「異議申立て」を経た審査請求の件数も混在している。そのため、同年度の割合は平成29年度以降の割合と比べて若干低くなっている。

また、税目等ごとの直接審査請求の件数（割合）の内訳については、図表6−9のとおりである。

まず、申告所得税等[18]及び法人税等[19]については、改正前においても青色申告者は直接審査請求をすることが認められていたため、平成27年度においても相当数（いずれも2割強）が直接審査請求を選択している（消費税等[20]についても、上記(1)で述べたように青色申告をしている法人税等と併せて「合意によるみなす審査請求」をするこ

---

*18 「申告所得税等」とは、申告所得税及び復興特別所得税をいう。
*19 「法人税等」とは、法人税、地方法人税及び復興特別法人税をいう。
*20 「消費税等」とは、消費税及び地方消費税をいう。

（単位：件）

区分		課税関係							徴収関係	合計
		申告所得税等	源泉所得税等	法人税等	相続税贈与税	消費税等	その他	小計		
平27年度	内直審（割合）	118 (22.9%)	0 (0%)	90 (26.9%)	5 (2.7%)	82 (11.3%)	10 (8.5%)	305 (16.0%)	63 (32.1%)	368 (17.5%)
	合計	514	36	334	180	721	117	1,902	196	2,098
平28年度	内直審（割合）	239 (42.8%)	45 (62.5%)	376 (74.6%)	58 (33.7%)	599 (63.9%)	8 (80.0%)	1,325 (58.8%)	148 (62.9%)	1,473 (59.2%)
	合計	558	72	504	172	937	10	2,253	235	2,488
平29年度	内直審（割合）	605 (66.4%)	65 (69.1%)	298 (64.0%)	172 (79.6%)	761 (68.8%)	24 (88.8%)	1,925 (68.3%)	95 (70.3%)	2,020 (68.4%)
	合計	910	94	465	216	1,106	27	2,818	135	2,953
平30年度	内直審（割合）	648 (62.4%)	40 (81.6%)	415 (74.5%)	118 (63.7%)	612 (54.9%)	8 (100%)	1,841 (62.3%)	117 (76.4%)	1,958 (63.0%)
	合計	1,038	49	557	185	1,114	8	2,951	153	3,104
令1年度	内直審（割合）	426 (55.1%)	31 (63.2%)	366 (72.4%)	88 (65.1%)	605 (62.9%)	5 (100%)	1,521 (62.6%)	82 (60.2%)	1,603 (62.5%)
	合計	772	49	501	135	961	5	2,423	136	2,559
令2年度	内直審（割合）	516 (68.4%)	32 (76.1%)	226 (70.4%)	149 (83.2%)	586 (70.6%)	6 (100%)	1,515 (62.6%)	78 (80.4%)	1,593 (71.4%)
	合計	754	42	321	179	830	6	2,132	97	2,229
令3年度	内直審（割合）	506 (65.7%)	42 (79.2%)	451 (83.8%)	122 (77.7%)	598 (69.6%)	13 (92.8%)	1,732 (72.4%)	79 (85.8%)	1,811 (72.9%)
	合計	770	53	538	157	858	14	2,390	92	2,482
令4年度	内直審（割合）	588 (70.9%)	34 (73.9%)	396 (72.0%)	97 (87.3%)	921 (74.5%)	51 (94.4%)	2,087 (73.8%)	131 (62.6%)	2,218 (73.1%)
	合計	829	46	550	111	1,235	54	2,825	209	3,034

（出典）　国税不服審判所資料をもとに作成。

とにより直接審査請求が可能であったため、同年度で11.3％が直接審査請求となっている）。

　さて、ここで注目したいのは、法人税等である。法人税については ほとんどすべての納税義務者が（直接審査請求が可能であった）青色申告法人であるが[21]、旧法下においてもかなりの割合の法人が直接審査請求をせずに異議申立てを経ている実態があった（平成27年度の法人税等で直接審査請求の割合はわずか26.9％）。この実態について著者は、旧法下の異議申立てに納税義務者の一定のニーズがあるこ

とを示しているものと考えていた[22]。これが平成28年度以降を見ると、法人税等の直接審査請求の割合がほぼ7割強と大幅に増加しているのだ（平成29年度のみ64%）。この現象は、改正後の再調査の請求のニーズが低下したということになる。そして、青色申告制度がない他の税目については、当然のことかもしれないが、直接審査請求の割合が軒並み大幅に増加している。この現状は、多くの納税義務者が再調査の請求の機会を自ら放棄してしまっているということにもなるので、著者は憂慮しているところである（上記Ⅵ参照）。

(3) 訴訟の発生状況

次に、不服申立ての次段階の訴訟の発生状況（図表6－10）も見ておこう。

■図表6－10　訴訟の発生件数の推移

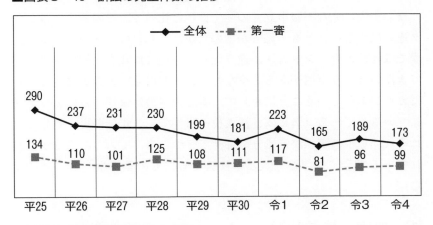

（出典）　国税庁資料をもとに作成。

---

*21　平成27年度の統計データでは、青色申告法人は全体の99.3%（国税庁「平成27年度分　会社標本調査」（平成29年3月）168頁）。なお、直近の令和3年度のデータにおいては、99.2%である（国税庁「令和3年度分　会社標本調査」（令和5年3月）168頁）。

*22　青木丈『こう変わる！　国税不服申立て』（ぎょうせい、2014）39頁参照。

まず、直近の令和4年度における全体の発生件数は173件（前年度と比べ8.5％の減少であり、ピーク時の平成25年度（290件）と比べると40.3％の減少）である。また、直近の令和4年度における第一審の件数は99件であり、前年度からほぼ横ばい（0.3％の増加）（ピーク時の平成25年度（134件）と比べると26.1％の減少）となっている。

　次に、過去10年間の推移を見ると、全体と第一審のいずれも10年前の平成25年度をピークになだらかに減少傾向にあることが分かる。この全体と第一審の発生件数の推移を比較すると、控訴審や上告審も含む全体の方が増減の振れ幅が大きいようにも見えるが、訴訟の純粋な発生状況を示しているといえる第一審の発生件数では、10年間を通して（減少傾向とはいえ）ほぼ横ばいに推移していることが分かる。

　また、全体と第一審のいずれも、コロナ禍が始まった令和2年度が最少の件数であり、それ以降は回復しているのは、上記(1)で見た不服申立ての発生件数と概ね同様の傾向である。

　なお、先に見た不服申立ての発生件数と比べて訴訟の発生件数がケタ違いに少ないことも一見分かるのだが、これには、不服申立てと訴訟では件数のカウント方法が違うため、単純に件数を比較することができないという事情がある。すなわち、不服申立ての件数は処分ごとにカウントしていることに対して、訴訟の件数は事件ごとにカウントしているのである（例えば、法人税の事件で、3年分の更正処分にそれぞれ加算税の賦課決定処分を併せて一つの事件で六つの処分が争われている場合には、処分数と事件数で6倍もの差が生じることになる）。

② 処理・終結状況

(1) 一部認容と全部認容の合計値

　再調査の請求、審査請求及び訴訟における認容割合の推移は、図表6－11のとおりである。

■図表6−11　認容割合の推移

（単位：％）

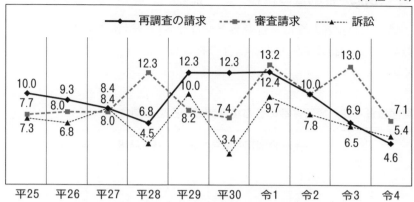

（出典）　国税庁及び国税不服審判所資料をもとに作成。

　まず、この全体を俯瞰して見ると、訴訟の認容割合が不服申立て（再調査の請求及び審査請求）と比して総じて低い値を示していることが分かる。これは逆にいえば、近年の国税争訟の認容割合は、訴訟よりも不服申立ての方が高い傾向にあるということである（過去10年間の認容割合の平均値は、再調査の請求9.3％、審査請求9.5％、訴訟7.0％）。これは、不服申立段階での認容は確定し、訴訟に移行するのは不服申立段階で認容されなかったものだけであるということに鑑みれば、当然の傾向ともいえる。

　次に個別に見ると、平成30年度の訴訟の認容割合が3.4％と非常に低い値で、著者が当時このデータに接したときにはこの低すぎる値に憂慮していたのだが、翌年の令和元年度は9.7％と持ち直した。しかし、これ以降は減少傾向が続き、直近の令和4年度は5.4％まで落ち込んでしまっている。また、不服申立てについても最近は低調で（ただし、審査請求の令和3年度は13.0％と比較的高い）、特に直近の令和4年度は、再調査の請求（4.6％）及び審査請求（7.1％）のいずれも過去10年間で最低値となっている。

(2)　全部認容割合の推移

　以上見た認容割合は一部認容と全部認容の合計値であるが、認容件数のうち全部認容が占める割合の推移は、図表6−12のとおりである。

■図表6−12　認容件数のうち全部認容が占める割合

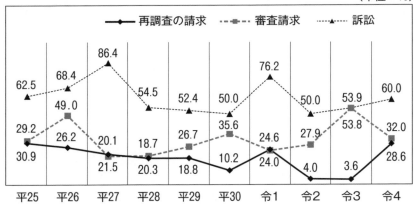

（単位：％）

（出典）　国税庁及び国税不服審判所資料をもとに作成。

　これを見ると、認容件数のうち全部認容が占める割合については、不服申立てと比べて、訴訟がほぼ全年度を通じて圧倒的に高いことが分かる（訴訟では、全年度を通じて認容件数の半数以上が全部認容である。過去10年間の平均値は、再調査の請求18.5％、審査請求32.0％、訴訟61.4％）。

　このように、訴訟に比べて不服申立ての全部認容の割合が低いということは、逆にいえば、不服申立ての方が一部認容の割合の方が高いということである。一部認容については、納税義務者の請求が認められた程度はさまざまであろうから（請求のほとんどの部分が認められる場合もあれば、逆にほとんどの部分が認められない場合もあり得る）、不服申立ての一部認容の割合が高いことについて、ここで一概

に評価することはできない。ただ、再調査の請求の一部認容の割合が最も高い（全部認容の割合が最低値）ことの理由としては、再調査の請求は第一段階の不服申立てであり、そこで救済され得る不服は主に要件事実の認定の当否に係るものでありもっぱら法解釈に関する争いは基本的に想定されていないことから（上記Ⅵ参照）、再調査における事実認定によって処分の一部が是正される機会が相対的に多いということが考えられる。これに対して審査請求においては、もちろん法解釈上の違法についても是正することができるが、通達の違法性については判断されづらく、違憲性については判断できないという限界もある。

　また、再調査の請求、審査請求及び訴訟の処理・終結全体に占める全部認容割合の推移（図表6－13）を見ても、やはり総じて訴訟の方が不服申立てよりも高い値にある（過去10年間の平均値は、再調査の請求1.7％、審査請求3.0％、訴訟4.4％）。

■図表6－13　全部認容割合の推移

（単位：％）

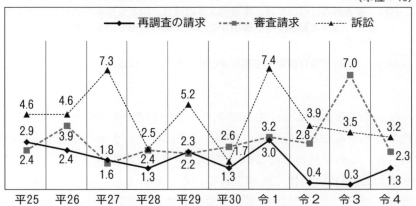

（出典）　国税庁及び国税不服審判所資料をもとに作成。

(3)　標準審理期間内の処理件数

　上記Ⅴで述べたように、国税庁及び国税不服審判所は、標準審理期間（通則法77の２）について、再調査の請求は「３か月」、審査請求は「１年」とそれぞれ設定している。この標準審理期間内の処理件数割合の推移は、図表６－14のとおりである。

■図表６－14　標準審理期間内の処理件数割合の推移

再調査の請求：３か月以内の処理件数割合

平25	平26	平27	平28	平29	平30	令１	令２	令３	令４
97.0%	96.9%	99.3%	95.6%	96.6%	99.5%	91.1%	87.9%	100%	99.5%

審査請求：１年以内の処理件数割合

平25	平26	平27	平28	平29	平30	令１	令２	令３	令４
96.2%	92.2%	92.4%	98.3%	99.2%	99.5%	98.0%	83.5%	92.6%	95.4%

（注）　再調査の請求については、処理期間が通常３か月を超えることとなる相互協議事案、公訴関連事案及び国際課税事案に係る件数を除いて集計されている。

（注）　審査請求については、平成29年度以降は、相互協議事案や公訴関連事案など、審理を留保すべき事由が生じた事案の留保期間等を除いて算定されている。

（出典）　国税庁及び国税不服審判所の資料をもとに作成。

　これをみると、まず、令和２年度の審査請求が83.5％と低い値で処理されていることが分かるのだが、これにはコロナ禍の影響があるのだろう。これ以外の年度については、いずれの不服申立手続においても概ね100％に近い値で処理されている。もっとも、令和元年度の再調査の請求については91.1％と落ち込んでおり、国税庁実績評価における目標値である95％も下回ってしまっていることが、やや気になるところである。再調査の請求は、自由選択主義が採られているが、再調査の請求をしたときには、原則として、その再調査の請求についての決定を経た後でなければ審査請求はできないこととされている。た

だし、再調査の請求をした日から３か月を経過しても決定がない場合には、決定を経ないで審査請求をすることができる（通則法75④一）。このような３か月経過後の免除措置が設けられているとはいえ、自由選択主義の下、概ね３か月で結論が出るという標準審理期間は、納税義務者が再調査の請求を選択する際の目安の一つになり得ると考えられるので、適正な審理処理水準を維持する観点からも、再調査審理庁の迅速な処理への取組が期待される。

参考資料

1 国税通則法（抄）※令和5年10月1日現在の条文

第7章の2　国税の調査

（当該職員の所得税等に関する調査に係る質問検査権）

第74条の2　国税庁、国税局若しくは税務署（以下「国税庁等」という。）又は税関の当該職員（税関の当該職員にあつては、消費税に関する調査（第131条第1項（質問、検査又は領置等）に規定する犯則事件の調査を除く。以下この章において同じ。）を行う場合に限る。）は、所得税、法人税、地方法人税又は消費税に関する調査について必要があるときは、次の各号に掲げる調査の区分に応じ、当該各号に定める者に質問し、その者の事業に関する帳簿書類その他の物件（税関の当該職員が行う調査にあつては、課税貨物（消費税法第2条第1項第11号（定義）に規定する課税貨物をいう。第4号イにおいて同じ。）若しくは輸出物品（同法第8条第1項（輸出物品販売場における輸出物品の譲渡に係る免税）に規定する物品をいう。第4号イにおいて同じ。）又はこれらの帳簿書類その他の物件とする。）を検査し、又は当該物件（その写しを含む。次条から第74条の6まで（当該職員の質問検査権）において同じ。）の提示若しくは提出を求めることができる。

一　所得税に関する調査　次に掲げる者

イ　所得税法の規定による所得税の納税義務がある者若しくは納税義務があると認められる者又は同法第123条第1項（確定損失申告）、第125条第3項（年の中途で死亡した場合の確定申告）若しくは第127条第3項（年の中途で出国をする場合の確定申告）（これらの規定を同法第166条（申告、納付及び還付）において準用する場合を含む。）の規定による申告書を提出した者

ロ　所得税法第225条第1項（支払調書及び支払通知書）に規定する調書、同法第226条第1項から第3項まで（源泉徴収票）に規定する源泉徴収票又は同法第227条から第228条の3の2まで（信託の計算書等）に規定する計算書若しくは調書を提出する義務がある者

ハ　イに掲げる者に金銭若しくは物品の給付をする義務があつたと認められる者若しくは当該義務があると認められる者又はイに掲げる者から金銭若しくは物品の給付を受ける権利があつたと認められる者若しくは当該権利があると認められる者

二　法人税又は地方法人税に関する調査　次に掲げる者

イ　法人（法人税法第2条第29号の2（定義）に規定する法人課税信託の引受けを行う個人を含む。第4項において同じ。）

ロ　イに掲げる者に対し、金銭の支払若しくは物品の譲渡をする義務があると認められる者又は金銭の支払若しくは物品の譲渡を受ける権利があると認められる者

三　消費税に関する調査（次号に掲げるものを除く。）　次に掲げる者

イ　消費税法の規定による消費税の納税義務がある者若しくは納税義務があると認められる者又は同法第46条第1項（還付を受けるための申告）の規定による申告書を提出した者

ロ　消費税法第57条の5第1号、若しくは第2号（適格請求書類似書類等の交付の

禁止）に掲げる書類を他の者に交付したと認められる者又は同条第３号に掲げる
電磁的記録を他の者に提供したと認められる者

　　ハ　イに掲げる者に金銭の支払若しくは資産の譲渡等（消費税法第２条第１項第８
号に規定する資産の譲渡等をいう。以下この条において同じ。）をする義務があ
ると認められる者又はイに掲げる者から金銭の支払若しくは資産の譲渡等を受け
る権利があると認められる者

　　四　消費税に関する調査（税関の当該職員が行うものに限る。）　次に掲げる者

　　イ　課税貨物を保税地域から引き取る者又は輸出物品を消費税法第８条第１項に規
定する方法により購入したと認められる者

　　ロ　イに掲げる者に金銭の支払若しくは資産の譲渡等をする義務があると認められ
る者又はイに掲げる者から金銭の支払若しくは資産の譲渡等を受ける権利がある
と認められる者

２　分割があつた場合の前項第２号の規定の適用については、分割法人（法人税法第２
条第12号の２に規定する分割法人をいう。次条第３項において同じ。）は前項第２号
ロに規定する物品の譲渡をする義務があると認められる者に、分割承継法人（同法第
２条第12号の３に規定する分割承継法人をいう。次条第３項において同じ。）は前項
第２号ロに規定する物品の譲渡を受ける権利があると認められる者に、それぞれ含ま
れるものとする。

３　分割があつた場合の第１項第３号又は第４号の規定の適用については、消費税法第
２条第１項第６号に規定する分割法人は第１項第３号ハ又は第４号ロに規定する資産
の譲渡等をする義務があると認められる者と、同条第１項第６号の２に規定する分割
承継法人は第１項第３号ハ又は第４号ロに規定する資産の譲渡等を受ける権利がある
と認められる者と、それぞれみなす。

４　第１項に規定する国税庁等の当該職員のうち、国税局又は税務署の当該職員は、法
人税又は地方法人税に関する調査にあつては法人の納税地の所轄国税局又は所轄税務
署の当該職員（通算法人の各事業年度の所得に対する法人税又は当該法人税に係る地
方法人税に関する調査に係る他の通算法人に対する同項の規定による質問、検査又は
提示若しくは提出の要求にあつては当該通算法人の納税地の所轄国税局又は所轄税務
署の当該職員を、納税地の所轄国税局又は所轄税務署以外の国税局又は税務署の所轄
区域内に本店、支店、工場、営業所その他これらに準ずるものを有する法人に対する
法人税又は地方法人税に関する調査にあつては当該国税局又は税務署の当該職員を、
それぞれ含む。）に、消費税に関する調査にあつては消費税法第２条第１項第４号に
規定する事業者の納税地の所轄国税局又は所轄税務署の当該職員（納税地の所轄国税
局又は所轄税務署以外の国税局又は税務署の所轄区域内に住所、居所、本店、支店、
事務所、事業所その他これらに準ずるものを有する第１項第３号イに掲げる者に対す
る消費税に関する調査にあつては、当該国税局又は税務署の当該職員を含む。）に、
それぞれ限るものとする。

５　法人税等（法人税、地方法人税又は消費税をいう。以下この項において同じ。）に
ついての調査通知（第65条第５項（過少申告加算税）に規定する調査通知をいう。以
下この項において同じ。）があつた後にその納税地に異動があつた場合において、そ
の異動前の納税地（以下この項において「旧納税地」という。）を所轄する国税局長
又は税務署長が必要があると認めるときは、旧納税地の所轄国税局又は所轄税務署の

当該職員は、その異動後の納税地の所轄国税局又は所轄税務署の当該職員に代わり、当該法人税等に関する調査（当該調査通知に係るものに限る。）に係る第１項第２号又は第３号に定める者に対し、同項の規定による質問、検査又は提示若しくは提出の要求をすることができる。この場合において、前項の規定の適用については、同項中「あつては法人の納税地」とあるのは「あつては法人の旧納税地（次項に規定する旧納税地をいう。以下この項において同じ。）」と、「同項」とあるのは「第１項」と、「通算法人の納税地」とあるのは「通算法人の旧納税地」と、「、納税地」とあるのは「、旧納税地」と、「事業者の納税地」とあるのは「事業者の旧納税地」と、「（納税地」とあるのは「（旧納税地」とする。

（当該職員の相続税等に関する調査等に係る質問検査権）

第74条の３　国税庁等の当該職員は、相続税若しくは贈与税に関する調査若しくは相続税若しくは贈与税の徴収又は地価税に関する調査について必要があるときは、次の各号に掲げる調査又は徴収の区分に応じ、当該各号に定める者に質問し、第１号イに掲げる者の財産若しくは第２号イからハまでに掲げる者の土地等（地価税法第２条第１号（定義）に規定する土地等をいう。以下この条において同じ。）若しくは当該財産若しくは当該土地等に関する帳簿書類その他の物件を検査し、又は当該物件の提示若しくは提出を求めることができる。

一　相続税若しくは贈与税に関する調査又は相続税若しくは贈与税の徴収　次に掲げる者

　イ　相続税法の規定による相続税又は贈与税の納税義務がある者又は納税義務があると認められる者（以下この号及び次項において「納税義務がある者等」という。）

　ロ　相続税法第59条（調書の提出）に規定する調書を提出した者又はその調書を提出する義務があると認められる者

　ハ　納税義務がある者等に対し、債権若しくは債務を有していたと認められる者又は債権若しくは債務を有すると認められる者

　ニ　納税義務がある者等が株主若しくは出資者であつたと認められる法人又は株主若しくは出資者であると認められる法人

　ホ　納税義務がある者等に対し、財産を譲渡したと認められる者又は財産を譲渡する義務があると認められる者

　ヘ　納税義務がある者等から、財産を譲り受けたと認められる者又は財産を譲り受ける権利があると認められる者

　ト　納税義務がある者等の財産を保管したと認められる者又はその財産を保管すると認められる者

二　地価税に関する調査　次に掲げる者

　イ　地価税法の規定による地価税の納税義務がある者又は納税義務があると認められる者

　ロ　イに掲げる者に土地等の譲渡（地価税法第２条第２号に規定する借地権等の設定その他当該土地等の使用又は収益をさせる行為を含む。ロにおいて同じ。）をしたと認められる者若しくはイに掲げる者から土地等の譲渡を受けたと認められる者又はこれらの譲渡の代理若しくは媒介をしたと認められる者

ハ　イに掲げる者の有する土地等を管理し、又は管理していたと認められる者
2　国税庁等の当該職員は、納税義務がある者等に係る相続税若しくは贈与税に関する調査又は当該相続税若しくは贈与税の徴収について必要があるときは、公証人の作成した公正証書の原本のうち当該納税義務がある者等に関する部分の閲覧を求め、又はその内容について公証人に質問することができる。
3　分割があつた場合の第1項第2号の規定の適用については、分割法人は同号ロに規定する土地等の譲渡をしたと認められる者に、分割承継法人は同号ロに規定する土地等の譲渡を受けたと認められる者に、それぞれ含まれるものとする。
4　第1項に規定する国税庁等の当該職員のうち、国税局又は税務署の当該職員は、地価税に関する調査にあつては、土地等を有する者の納税地の所轄国税局又は所轄税務署の当該職員（納税地の所轄国税局又は所轄税務署以外の国税局又は税務署の所轄区域内に住所、居所、本店、支店、事務所、事業所その他これらに準ずるものを有する同項第2号イに掲げる者に対する地価税に関する調査にあつては、当該国税局又は税務署の当該職員を含む。）に限るものとする。

（当該職員の酒税に関する調査等に係る質問検査権）
第74条の4　国税庁等又は税関の当該職員（以下第4項までにおいて「当該職員」という。）は、酒税に関する調査について必要があるときは、酒類製造者等（酒類製造者（酒税法（昭和28年法律第6号）第7条第1項（酒類の製造免許）に規定する酒類製造者をいう。以下この条において同じ。）、酒母（同法第3条第24号（その他の用語の定義）に規定する酒母をいう。以下この条において同じ。）若しくはもろみ（同法第3条第25号に規定するもろみをいう。以下この条において同じ。）の製造者、酒類（同法第2条第1項（酒類の定義及び種類）に規定する酒類をいう。以下この条において同じ。）の販売業者又は特例輸入者（同法第30条の6第3項（納期限の延長）に規定する特例輸入者をいう。第4号において同じ。）をいう。第3項において同じ。）に対して質問し、これらの者について次に掲げる物件を検査し、又は当該物件の提示若しくは提出を求めることができる。
一　酒類製造者が所持する酒類、酒母、もろみ又は酒類の製造の際生じた副産物
二　酒母の製造者が所持する酒母
三　もろみの製造者が所持する酒母又はもろみ
四　酒類の販売業者又は特例輸入者が所持する酒類
五　酒類、酒母若しくはもろみの製造、貯蔵若しくは販売又は酒類の保税地域からの引取りに関する一切の帳簿書類
六　酒類、酒母又はもろみの製造、貯蔵又は販売上必要な建築物、機械、器具、容器又は原料その他の物件
2　当該職員は、前項第1号から第4号までに掲げる物件又はその原料を検査するため必要があるときは、これらの物件又はその原料について、必要最少限度の分量の見本を採取することができる。
3　当該職員は、酒類製造者等に原料を譲渡する義務があると認められる者その他自己の事業に関し酒類製造者等と取引があると認められる者に対して質問し、これらの者の業務に関する帳簿書類その他の物件を検査し、又は当該物件の提示若しくは提出を求めることができる。

4　当該職員は、酒税の徴収上必要があると認めるときは、酒類製造者又は酒税法第10条第２号（製造免許等の要件）に規定する酒類販売業者の組織する団体（当該団体をもつて組織する団体を含む。）に対してその団体員の酒類の製造若しくは販売に関し参考となるべき事項を質問し、当該団体の帳簿書類その他の物件を検査し、又は当該物件の提示若しくは提出を求めることができる。

5　国税庁等の当該職員は、検査のため必要があると認めるときは、酒類製造者若しくは酒母若しくはもろみの製造者の製造場にある酒類、酒母若しくはもろみの移動を禁止し、又は取締り上必要があると認めるときは、酒類製造者の製造場にある次に掲げる物件に封を施すことができる。ただし、第２号の物件について封を施すことができる箇所は、政令で定める。

一　酒類の原料（原料用酒類を含む。）の容器

二　使用中の蒸留機（配管装置を含む。）及び酒類の輸送管（流量計を含む。）

三　酒類の製造又は貯蔵に使用する機械、器具又は容器で使用を休止しているもの

（当該職員のたばこ税等に関する調査に係る質問検査権）

第74条の５　国税庁等又は税関の当該職員（税関の当該職員にあつては、印紙税に関する調査を行う場合を除く。）は、たばこ税、揮発油税、地方揮発油税、石油ガス税、石油石炭税、国際観光旅客税又は印紙税に関する調査について必要があるときは、次の各号に掲げる調査の区分に応じ、当該各号に定める行為をすることができる。

一　たばこ税に関する調査　次に掲げる行為

イ　たばこ税法（昭和59年法律第72号）第25条（記帳義務）に規定する者に対して質問し、これらの者の業務に関する製造たばこ（同法第３条（課税物件）に規定する製造たばこをいう。以下この号において同じ。）若しくは帳簿書類その他の物件を検査し、又は当該物件の提示若しくは提出を求めること。

ロ　製造たばこを保税地域から引き取る者に対して質問し、又はその引き取る製造たばこを検査すること。

ハ　イに規定する者の業務に関する製造たばこ又はロに規定する製造たばこについて必要最少限度の分量の見本を採取すること。

ニ　イ又はロに規定する者に原料を譲渡する義務があると認められる者その他自己の事業に関しイ又はロに規定する者と取引があると認められる者に対して質問し、これらの者の業務に関する帳簿書類その他の物件を検査し、又は当該物件の提示若しくは提出を求めること。

二　揮発油税又は地方揮発油税に関する調査　次に掲げる行為

イ　揮発油税法（昭和32年法律第55号）第24条（記帳義務）に規定する者に対して質問し、これらの者の業務に関する揮発油（同法第２条第１項（定義）に規定する揮発油（同法第６条（揮発油等とみなす場合）の規定により揮発油とみなされる物を含む。）をいう。以下この号において同じ。）若しくは帳簿書類その他の物件を検査し、又は当該物件の提示若しくは提出を求めること。

ロ　揮発油を保税地域から引き取る者に対して質問し、又はその引き取る揮発油を検査すること。

ハ　イに規定する者の業務に関する揮発油又はロに規定する揮発油について必要最少限度の分量の見本を採取すること。

ニ　イ又はロに規定する者に原料を譲渡する義務があると認められる者その他自己の事業に関しイ又はロに規定する者と取引があると認められる者に対して質問し、これらの者の業務に関する帳簿書類その他の物件を検査し、又は当該物件の提示若しくは提出を求めること。

三　石油ガス税に関する調査　次に掲げる行為

イ　石油ガス税法（昭和40年法律第156号）第24条（記帳義務）に規定する者に対して質問し、これらの者の業務に関する石油ガス（同法第２条第１号（定義）に規定する石油ガスをいう。以下この号において同じ。）、石油ガスの容器若しくは帳簿書類その他の物件を検査し、又は当該物件の提示若しくは提出を求めること。

ロ　課税石油ガス（石油ガス税法第３条（課税物件）に規定する課税石油ガスをいう。以下この号において同じ。）を保税地域から引き取る者に対して質問し、又はその引き取る課税石油ガス及び自動車用の石油ガス容器（同法第２条第３号に規定する自動車用の石油ガス容器をいう。）を検査すること。

ハ　イに規定する者の業務に関する石油ガス又はロに規定する課税石油ガスについて必要最少限度の分量の見本を採取すること。

ニ　イ又はロに規定する者に石油ガスを譲渡する義務があると認められる者その他自己の事業に関しイ又はロに規定する者と取引があると認められる者に対して質問し、これらの者の業務に関する帳簿書類その他の物件を検査し、又は当該物件の提示若しくは提出を求めること。

四　石油石炭税に関する調査　次に掲げる行為

イ　石油石炭税法第21条（記帳義務）に規定する者に対して質問し、これらの者の業務に関する原油等（同法第４条第２項（納税義務者）に規定する原油等をいう。以下この号において同じ。）若しくは帳簿書類その他の物件を検査し、又は当該物件の提示若しくは提出を求めること。

ロ　原油等を保税地域から引き取る者（石油石炭税法第15条第１項（引取りに係る原油等についての課税標準及び税額の申告等の特例）の承認を受けている者を除く。）に対して質問し、又はその引き取る原油等を検査すること。

ハ　イに規定する者の業務に関する原油等又はロに規定する原油等について必要最少限度の分量の見本を採取すること。

ニ　イ又はロに規定する者に原油等を譲渡する義務があると認められる者その他自己の事業に関しイ又はロに規定する者と取引があると認められる者に対して質問し、これらの者の業務に関する帳簿書類その他の物件を検査し、又は当該物件の提示若しくは提出を求めること。

五　国際観光旅客税に関する調査　次に掲げる行為

イ　次に掲げる者に対して質問し、その者の業務に関する帳簿書類その他の物件を検査し、又は当該物件の提示若しくは提出を求めること。

(1)　国際観光旅客税法の規定による国際観光旅客税の納税義務がある者又は納税義務があると認められる者

(2)　国際観光旅客税法第16条第１項（国内事業者による特別徴収等）又は第17条第１項（国外事業者による特別徴収等）の規定により国際観光旅客税を徴収して納付する義務がある者又はその義務があると認められる者

ロ　イ(2)に掲げる者の委託を受けて運賃の領収を行う者その他自己の事業に関しイ
　　　に規定する者と取引があると認められる者に対して質問し、これらの者の業務に
　　　関する帳簿書類その他の物件を検査し、又は当該物件の提示若しくは提出を求め
　　　ること。
　六　印紙税に関する調査　次に掲げる行為
　　イ　印紙税法の規定による印紙税の納税義務がある者若しくは納税義務があると認
　　　められる者に対して質問し、これらの者の業務に関する帳簿書類その他の物件を
　　　検査し、又は当該物件の提示若しくは提出を求めること。
　　ロ　課税文書（印紙税法第３条第１項（納税義務者）に規定する課税文書をいう。
　　　ロにおいて同じ。）の交付を受けた者若しくは課税文書の交付を受けたと認めら
　　　れる者に対して質問し、当該課税文書を検査し、又は当該課税文書（その写しを
　　　含む。）の提示若しくは提出を求めること。
　　ハ　印紙税法第10条第１項（印紙税納付計器の使用による納付の特例）に規定する
　　　印紙税納付計器の販売業者若しくは同項に規定する納付印の製造業者若しくは販
　　　売業者に対して質問し、これらの者の業務に関する帳簿書類その他の物件を検査
　　　し、又は当該物件の提示若しくは提出を求めること。

（当該職員の航空機燃料税等に関する調査に係る質問検査権）

第74条の６　国税庁等の当該職員は、航空機燃料税又は電源開発促進税に関する調査に
　ついて必要があるときは、次の各号に掲げる調査の区分に応じ、当該各号に定める者
　に質問し、その帳簿書類その他の物件（第１号ロ又は第２号ロに掲げる者に対する調
　査にあつては、その事業に関する帳簿書類その他の物件に限る。）を検査し、又は当
　該物件の提示若しくは提出を求めることができる。
　一　航空機燃料税に関する調査　次に掲げる者
　　イ　航空機の所有者等（航空機燃料税法（昭和47年法律第７号）第14条第１項（課
　　　税標準及び税額の申告）に規定する航空機の所有者等をいう。次項において同
　　　じ。）
　　ロ　イに掲げる者に対し航空機燃料（航空機燃料税法第２条第２号（定義）に規定
　　　する航空機燃料をいう。ロ及び次項において同じ。）を譲渡する義務があると認
　　　められる者（その者の委託を受けて航空機燃料の貯蔵、運搬又は積込みを行う者
　　　を含む。）その他自己の事業に関しイに掲げる者と取引があると認められる者
　二　電源開発促進税に関する調査　次に掲げる者
　　イ　一般送配電事業者等（電源開発促進税法（昭和49年法律第79号）第２条第２号
　　　（定義）に規定する一般送配電事業者等をいう。次項において同じ。）
　　ロ　イに掲げる者に対し電気を供給したと認められる者その他自己の事業に関しイ
　　　に掲げる者と取引があると認められる者
２　前項に規定する国税庁等の当該職員のうち、国税局又は税務署の当該職員は、航空
　機燃料税に関する調査にあつては航空機の所有者等の納税地の所轄国税局又は所轄税
　務署の当該職員（納税地の所轄国税局又は所轄税務署以外の国税局又は税務署の所轄
　区域内に、住所、居所、事務所、事業所、航空機燃料の保管場所その他これらに準ず
　るものを有する航空機の所有者等に対する航空機燃料税に関する調査にあつては、当
　該国税局又は税務署の当該職員を含む。）に、電源開発促進税に関する調査にあつて

は一般送配電事業者等の納税地の所轄国税局又は所轄税務署の当該職員（納税地の所轄国税局又は所轄税務署以外の国税局又は税務署の所轄区域内に、営業所、事務所その他の事業場又は電気事業法（昭和39年法律第170号）第2条第1項第18号（定義）に規定する電気工作物を有する一般送配電事業者に対する電源開発促進税に関する調査にあつては、当該国税局又は税務署の当該職員を含む。）に、それぞれ限るものとする。

（提出物件の留置き）
第74条の7　国税庁等又は税関の当該職員は、国税の調査について必要があるときは、当該調査において提出された物件を留め置くことができる。

（特定事業者等への報告の求め）
第74条の7の2　所轄国税局長は、特定取引の相手方となり、又は特定取引の場を提供する事業者（特別の法律により設立された法人を含む。）又は官公署（以下この条において「特定事業者等」という。）に、特定取引者に係る特定事項について、特定取引者の範囲を定め、60日を超えない範囲内においてその準備に通常要する日数を勘案して定める日までに、報告することを求めることができる。

2　前項の規定による処分は、国税に関する調査について必要がある場合において次の各号のいずれかに該当するときに限り、することができる。
　一　当該特定取引者が行う特定取引と同種の取引を行う者に対する国税に関する過去の調査において、当該取引に係る所得の金額その他の特定の税目の課税標準が千万円を超える者のうち半数を超える数の者について、当該取引に係る当該税目の課税標準等又は税額等につき更正決定等（第36条第1項（第2号に係る部分に限る。）（納税の告知）の規定による納税の告知を含む。）をすべきと認められている場合
　二　当該特定取引者がその行う特定取引に係る物品又は役務を用いることにより特定の税目の課税標準等又は税額等について国税に関する法律の規定に違反する事実を生じさせることが推測される場合
　三　当該特定取引者が行う特定取引の態様が経済的必要性の観点から通常の場合にはとられない不合理なものであることから、当該特定取引者が当該特定取引に係る特定の税目の課税標準等又は税額等について国税に関する法律の規定に違反する事実を生じさせることが推測される場合
3　この条において、次の各号に掲げる用語の意義は、当該各号に定めるところによる。
　一　所轄国税局長　特定事業者等の住所又は居所の所在地を所轄する国税局長をいう。
　二　特定取引　電子情報処理組織を使用して行われる事業者等（事業者（特別の法律により設立された法人を含む。）又は官公署をいう。以下この号において同じ。）との取引、事業者等が電子情報処理組織を使用して提供する場を利用して行われる取引その他の取引のうち第1項の規定による処分によらなければこれらの取引を行う者を特定することが困難である取引をいう。
　三　特定取引者　特定取引を行う者（特定事業者等を除き、前項第1号に掲げる場合に該当する場合にあつては、特定の税目について千万円の課税標準を生じ得る取引

金額を超える同号の特定取引を行う者に限る。）をいう。

四　特定事項　次に掲げる事項をいう。

　イ　氏名（法人については、名称）

　ロ　住所又は居所

　ハ　番号（行政手続における特定の個人を識別するための番号の利用等に関する法律（平成25年法律第27号）第2条第5項（定義）に規定する個人番号（第124条（書類提出者の氏名、住所及び番号の記載）において「個人番号」という。）又は同法第2条第15項に規定する法人番号をいう。以下同じ。）

4　所轄国税局長は、第1項の規定による処分をしようとする場合には、あらかじめ、国税庁長官の承認を受けなければならない。

5　第1項の規定による処分は、所轄国税局長が、特定事業者等に対し、同項に規定する特定取引者の範囲その他同項の規定により報告を求める事項及び同項に規定する期日を書面で通知することにより行う。

6　所轄国税局長は、第1項の規定による処分をするに当たつては、特定事業者等の事務負担に配慮しなければならない。

（権限の解釈）

第74条の8　第74条の2から第74条の7まで（当該職員の質問検査権等）又は前条の規定による当該職員又は国税局長の権限は、犯罪捜査のために認められたものと解してはならない。

（納税義務者に対する調査の事前通知等）

第74条の9　税務署長等（国税庁長官、国税局長若しくは税務署長又は税関長をいう。以下第74条の11（調査の終了の際の手続）までにおいて同じ。）は、国税庁等又は税関の当該職員（以下同条までにおいて「当該職員」という。）に納税義務者に対し実地の調査（税関の当該職員が行う調査にあつては、消費税等の課税物件の保税地域からの引取り後に行うもの又は国際観光旅客税について行うものに限る。以下同条までにおいて同じ。）において第74条の2から第74条の6まで（当該職員の質問検査権）の規定による質問、検査又は提示若しくは提出の要求（以下「質問検査等」という。）を行わせる場合には、あらかじめ、当該納税義務者（当該納税義務者について税務代理人がある場合には、当該税務代理人を含む。）に対し、その旨及び次に掲げる事項を通知するものとする。

一　質問検査等を行う実地の調査（以下この条において単に「調査」という。）を開始する日時

二　調査を行う場所

三　調査の目的

四　調査の対象となる税目

五　調査の対象となる期間

六　調査の対象となる帳簿書類その他の物件

七　その他調査の適正かつ円滑な実施に必要なものとして政令で定める事項

2　税務署長等は、前項の規定による通知を受けた納税義務者から合理的な理由を付して同項第1号又は第2号に掲げる事項について変更するよう求めがあつた場合には、

当該事項について協議するよう努めるものとする。

3　この条において、次の各号に掲げる用語の意義は、当該各号に定めるところによる。

　一　納税義務者　第74条の２第１項第１号イ、第２号イ、第３号イ及び第４号イ並びに第74条の３第１項第１号イ及び第２号イに掲げる者、第74条の４第１項並びに第74条の５第１号イ及びロ、第２号イ及びロ、第３号イ及びロ、第４号イ及びロ、第５号イ並びに第６号イの規定により当該職員による質問検査等の対象となることとなる者並びに第74条の６第１項第１号イ及び第２号イに掲げる者

　二　税務代理人　税理士法第30条（税務代理の権限の明示）（同法第48条の16（税理士の権利及び義務等に関する規定の準用）において準用する場合を含む。）の書面を提出している税理士若しくは税理士法人又は同法第51条第１項（税理士業務を行う弁護士等）の規定による通知をした弁護士若しくは同条第３項の規定による通知をした弁護士法人若しくは弁護士・外国法事務弁護士共同法人

4　第１項の規定は、当該職員が、当該調査により当該調査に係る同項第３号から第６号までに掲げる事項以外の事項について非違が疑われることとなつた場合において、当該事項に関し質問検査等を行うことを妨げるものではない。この場合において、同項の規定は、当該事項に関する質問検査等については、適用しない。

5　納税義務者について税務代理人がある場合において、当該納税義務者の同意がある場合として財務省令で定める場合に該当するときは、当該納税義務者への第１項の規定による通知は、当該税務代理人に対してすれば足りる。

6　納税義務者について税務代理人が数人ある場合において、当該納税義務者がこれらの税務代理人のうちから代表する税務代理人を定めた場合として財務省令で定める場合に該当するときは、これらの税務代理人への第一項の規定による通知は、当該代表する税務代理人に対してすれば足りる。

（事前通知を要しない場合）

第74条の10　前条第１項の規定にかかわらず、税務署長等が調査の相手方である同条第３項第１号に掲げる納税義務者の申告若しくは過去の調査結果の内容又はその営む事業内容に関する情報その他国税庁等若しくは税関が保有する情報に鑑み、違法又は不当な行為を容易にし、正確な課税標準等又は税額等の把握を困難にするおそれその他国税に関する調査の適正な遂行に支障を及ぼすおそれがあると認める場合には、同条第１項の規定による通知を要しない。

（調査の終了の際の手続）

第74条の11　税務署長等は、国税に関する実地の調査を行つた結果、更正決定等（第36条第１項（第２号に係る部分に限る。）（納税の告知）の規定による納税の告知を含む。以下この条において同じ。）をすべきと認められない場合には、納税義務者（第74条の９第３項第１号（納税義務者に対する調査の事前通知等）に掲げる納税義務者をいう。以下この条において同じ。）であつて当該調査において質問検査等の相手方となつた者に対し、その時点において更正決定等をすべきと認められない旨を書面により通知するものとする。

2　国税に関する調査の結果、更正決定等をすべきと認める場合には、当該職員は、当

該納税義務者に対し、その調査結果の内容（更正決定等をすべきと認めた額及びその理由を含む。）を説明するものとする。

3　前項の規定による説明をする場合において、当該職員は、当該納税義務者に対し修正申告又は期限後申告を勧奨することができる。この場合において、当該調査の結果に関し当該納税義務者が納税申告書を提出した場合には不服申立てをすることはできないが更正の請求をすることはできる旨を説明するとともに、その旨を記載した書面を交付しなければならない。

4　実地の調査により質問検査等を行つた納税義務者について第74条の９第３項第２号に規定する税務代理人がある場合において、当該納税義務者の同意がある場合には、当該納税義務者への前３項に規定する通知、説明又は交付（以下この項において「通知等」という。）に代えて、当該税務代理人への通知等を行うことができる。

5　第１項の通知をした後又は第２項の調査（実地の調査に限る。）の結果につき納税義務者から修正申告書若しくは期限後申告書の提出若しくは源泉徴収等による国税の納付があつた後若しくは更正決定等をした後においても、当該職員は、新たに得られた情報に照らし非違があると認めるときは、第74条の２から第74条の６まで（当該職員の質問検査権）の規定に基づき、当該通知を受け、又は修正申告書若しくは期限後申告書の提出若しくは源泉徴収等による国税の納付をし、若しくは更正決定等を受けた納税義務者に対し、質問検査等を行うことができる。

（当該職員の事業者等への協力要請）

第74条の12　国税庁等又は税関の当該職員（税関の当該職員にあつては、消費税等又は国際観光旅客税に関する調査を行う場合に限る。）は、国税に関する調査について必要があるときは、事業者（特別の法律により設立された法人を含む。）又は官公署に、当該調査に関し参考となるべき帳簿書類その他の物件の閲覧又は提供その他の協力を求めることができる。

2　国税庁等の当該職員は、酒税法第２章（酒類の製造免許及び酒類の販売業免許等）の規定による免許に関する審査について必要があるときは、官公署に、当該審査に関し参考となるべき帳簿書類その他の物件の閲覧又は提供その他の協力を求めることができる。

（身分証明書の携帯等）

第74条の13　国税庁等又は税関の当該職員は、第74条の２から第74条の６まで（当該職員の質問検査権）の規定による質問、検査、提示若しくは提出の要求、閲覧の要求、採取、移動の禁止若しくは封かんの実施をする場合又は前条の職務を執行する場合には、その身分を示す証明書を携帯し、関係人の請求があつたときは、これを提示しなければならない。

（預貯金者等情報の管理）

第74条の13の２　金融機関等（預金保険法（昭和46年法律第34号）第２条第１項各号（定義）に掲げる者及び農水産業協同組合貯金保険法（昭和48年法律第53号）第２条第１項（定義）に規定する農水産業協同組合をいう。以下この条において同じ。）は、政令で定めるところにより、預貯金者等情報（預貯金者等（預金保険法第２条第３項

に規定する預金者等及び農水産業協同組合貯金保険法第２条第３項に規定する貯金者等をいう。以下この条において同じ。）の氏名（法人については、名称。次条及び第74条の13の４第１項（振替機関の加入者情報の管理等）において同じ。）及び住所又は居所その他預貯金等（預金保険法第２条第２項に規定する預金等及び農水産業協同組合貯金保険法第２条第２項に規定する貯金等をいう。）の内容に関する事項であつて財務省令で定めるものをいう。）を当該金融機関等が保有する預貯金者等の番号により検索することができる状態で管理しなければならない。

（口座管理機関の加入者情報の管理）

第74条の13の３　口座管理機関（社債、株式等の振替に関する法律（平成13年法律第75号）第２条第４項（定義）に規定する口座管理機関（同法第44条第１項第13号（口座管理機関の口座の開設）に掲げる者を除く。）をいう。以下この条及び次条第２項において同じ。）は、政令で定めるところにより、加入者情報（当該口座管理機関の加入者（同法第２条第３項に規定する加入者をいう。以下この条及び次条において同じ。）の氏名及び住所又は居所その他社債等（同法第２条第１項に規定する社債等をいう。次条第１項において同じ。）の内容に関する事項であつて財務省令で定めるものをいう。）を当該口座管理機関が保有する当該加入者の番号により検索することができる状態で管理しなければならない。

（振替機関の加入者情報の管理等）

第74条の13の４　振替機関（社債、株式等の振替に関する法律第２条第２項（定義）に規定する振替機関をいう。以下この条において同じ。）は、政令で定めるところにより、加入者情報（当該振替機関又はその下位機関（同法第２条第９項に規定する下位機関をいう。次項において同じ。）の加入者の氏名及び住所又は居所その他株式等（社債等のうち財務省令で定めるものをいう。同項において同じ。）の内容に関する事項であつて財務省令で定めるものをいう。）を当該振替機関が保有する当該加入者の番号により検索することができる状態で管理しなければならない。

２　振替機関は、国税に関する法律に基づき税務署長に調書を提出すべき者（株式等の発行者又は口座管理機関に限る。）から当該振替機関又はその下位機関の加入者（当該株式等についての権利を有する者又は当該口座管理機関の加入者に限る。以下この項において同じ。）の番号その他財務省令で定める事項（以下この項において「番号等」という。）の提供を求められたときは、政令で定めるところにより、当該調書を提出すべき者に対し、当該振替機関が保有する当該加入者の番号等を提供するものとする。

2 国税通則法施行令（抄）※令和5年10月1日現在の条文

第7章の2　国税の調査

（蒸留機等の封を施す箇所）

第30条の2　法第74条の4第5項ただし書（当該職員の酒税に関する調査等に係る質問検査権）の規定により蒸留機（配管装置を含む。）及び酒類の輸送管（流量計を含む。）につき封を施すことができる箇所は、次に掲げる箇所とする。

一　各部の接続部分

二　留出液のたれ口

三　留出液の試験採取口

四　前3号に掲げるもののほか、蒸留物を取り出すことができる箇所

（提出物件の留置き、返還等）

第30条の3　国税庁、国税局若しくは税務署又は税関の当該職員（以下この条及び次条において「当該職員」という。）は、法第74条の7（提出物件の留置き）の規定により物件を留め置く場合には、当該物件の名称又は種類及びその数量、当該物件の提出年月日並びに当該物件を提出した者の氏名及び住所又は居所その他当該物件の留置きに関し必要な事項を記載した書面を作成し、当該物件を提出した者にこれを交付しなければならない。

2　当該職員は、法第74条の7の規定により留め置いた物件につき留め置く必要がなくなつたときは、遅滞なく、これを返還しなければならない。

3　当該職員は、前項に規定する物件を善良な管理者の注意をもつて管理しなければならない。

（調査の事前通知に係る通知事項）

第30条の4　法第74条の9第1項第7号（納税義務者に対する調査の事前通知等）に規定する政令で定める事項は、次に掲げる事項とする。

一　調査の相手方である法第74条の9第3項第1号に掲げる納税義務者の氏名及び住所又は居所

二　調査を行う当該職員の氏名及び所属官署（当該職員が複数であるときは、当該職員を代表する者の氏名及び所属官署）

三　法第74条の9第1項第1号又は第2号に掲げる事項の変更に関する事項

四　法第74条の9第4項の規定の趣旨

2　法第74条の9第1項各号に掲げる事項のうち、同項第2号に掲げる事項については調査を開始する日時において質問検査等を行おうとする場所を、同項第3号に掲げる事項については納税申告書の記載内容の確認又は納税申告書の提出がない場合における納税義務の有無の確認その他これらに類する調査の目的を、それぞれ通知するものとし、同項第6号に掲げる事項については、同号に掲げる物件が国税に関する法令の規定により備付け又は保存をしなければならないこととされているものである場合にはその旨を併せて通知するものとする。

（国際観光旅客税の調査の終了の際の手続）

第30条の5 法第74条の11第1項（調査の終了の際の手続）に規定する更正決定等には法第45条第1項（税関長又は国税局長が徴収する場合の読替規定）の規定により読み替えて適用される法第36条第1項（納税の告知）の規定による納税の告知（国際観光旅客税法第18条第1項（国際観光旅客等による納付）の規定により納付すべき国際観光旅客税に係るものに限る。）を含むものとし、法第74条の11第5項の納付には国際観光旅客税法第18条第1項の規定により納付すべき国際観光旅客税の納付を含むものとする。

（預貯金者等情報の管理）

第30条の6 金融機関等（法第74条の13の2（預貯金者等情報の管理）に規定する金融機関等をいう。以下この条において同じ。）は、預貯金者等情報（法第74条の13の2に規定する預貯金者等情報をいう。以下この条において同じ。）に関するデータベース（預貯金者等情報に係る情報の集合物であつて、それらの情報を電子計算機を用いて検索することができるように体系的に構成したものをいう。）における各預貯金等（法第74条の13の2に規定する預貯金等をいう。）に係る電磁的記録（法第34条の6第3項（納付受託者の帳簿保存等の義務）に規定する電磁的記録をいう。以下同じ。）に当該金融機関等が保有する預貯金者等（法第74条の13の2に規定する預貯金者等をいう。）の番号（法第74条の7の2第3項第4号ハ（特定事業者等への報告の求め）に規定する番号をいう。次条及び第30条の8第1項（振替機関の加入者情報の管理等）において同じ。）を記録しなければならない。

（口座管理機関の加入者情報の管理）

第30条の7 口座管理機関（法第74条の13の3（口座管理機関の加入者情報の管理）に規定する口座管理機関をいう。以下この条において同じ。）は、加入者情報（法第74条の13の3に規定する加入者情報をいう。以下この条において同じ。）に関するデータベース（加入者情報に係る情報の集合物であつて、それらの情報を電子計算機を用いて検索することができるように体系的に構成したものをいう。）における各社債等（法第74条の13の3に規定する社債等をいう。）に係る電磁的記録に当該口座管理機関が保有する当該口座管理機関の加入者（同条に規定する加入者をいう。次条第1項において同じ。）の番号を記録しなければならない。

（振替機関の加入者情報の管理等）

第30条の8 振替機関（法第74条の13の4第1項（振替機関の加入者情報の管理等）に規定する振替機関をいう。以下この条において同じ。）は、加入者情報（同項に規定する加入者情報をいう。以下この項において同じ。）に関するデータベース（加入者情報に係る情報の集合物であつて、それらの情報を電子計算機を用いて検索することができるように体系的に構成したものをいう。）における各株式等（法第74条の13の4第1項に規定する株式等をいう。）に係る電磁的記録に当該振替機関が保有する当該振替機関又はその下位機関（同項に規定する下位機関をいう。次項において同じ。）の加入者の番号を記録しなければならない。

2　法第74条の13の４第２項の規定により番号等（同項に規定する番号等をいう。以下この項において同じ。）の提供を求められた振替機関は、調書を提出すべき者（同条第２項に規定する調書を提出すべき者をいう。以下この項において同じ。）から提供を受けた電磁的記録で当該振替機関又はその下位機関の加入者（同条第２項に規定する加入者をいう。以下この項において同じ。）の氏名及び住所又は居所が記録されたものに当該振替機関が保有する当該加入者の番号等を記録して、当該調書を提出すべき者に対し、これを電磁的方法（電子情報処理組織を使用する方法その他の情報通信の技術を利用する方法であつて財務省令で定めるものをいう。）により提供するものとする。

3　国税通則法施行規則（抄）※令和5年10月1日現在の条文

（税務代理人がある場合における納税義務者に対する調査の事前通知）

第11条の3　法第74条の9第5項（納税義務者に対する調査の事前通知等）に規定する財務省令で定める場合は、税理士法施行規則（昭和26年大蔵省令第55号）第15条（税務代理権限証書）の税務代理権限証書（次項において「税務代理権限証書」という。）に、法第74条の9第3項第1号に規定する納税義務者への調査の通知は税務代理人に対してすれば足りる旨の記載がある場合とする。

2　法第74条の9第6項に規定する財務省令で定める場合は、税務代理権限証書に、当該税務代理権限証書を提出する者を同項の代表する税務代理人として定めた旨の記載がある場合とする。

（預貯金等の内容に関する事項）

第11条の4　法第74条の13の2（預貯金者等情報の管理）に規定する財務省令で定める事項は、同条に規定する預貯金者等の顧客番号並びに同条に規定する預貯金等の口座番号、口座開設日、種目、元本の額、利率、預入日及び満期日とする。

（社債等の内容に関する事項）

第11条の5　法第74条の13の3（口座管理機関の加入者情報の管理）に規定する財務省令で定める事項は、同条に規定する口座管理機関の加入者（同条に規定する加入者をいう。次条第2項において同じ。）の顧客番号又は口座番号並びに法第74条の13の3に規定する社債等の種類、銘柄及びその銘柄ごとの数又は金額とする。

（株式等の内容に関する事項等）

第11条の6　法第74条の13の4第1項（振替機関の加入者情報の管理等）に規定する財務省令で定める社債等は、社債、株式等の振替に関する法律第2条第1項第8号、第10号の2又は第12号から第17号の2まで（定義）に掲げるもののうち、社債、株式等の振替に関する命令（平成14年内閣府・法務省令第5号）第62条（特定個人情報の提供）の規定により振替機関（法第74条の13の4第1項に規定する振替機関をいう。以下この条において同じ。）が同令第62条に規定する業務規程で定めるものとする。

2　法第74条の13の4第1項に規定する財務省令で定める事項は、振替機関又はその下位機関（同項に規定する下位機関をいう。次項において同じ。）の加入者の同条第1項に規定する株式等の種類、銘柄及びその銘柄ごとの数又は金額を特定するために当該振替機関が定める当該加入者の記号又は番号とする。

3　法第74条の13の4第2項に規定する財務省令で定める事項は、振替機関又はその下位機関の同項に規定する加入者の氏名（法人については、名称）及び住所又は居所（事務所及び事業所を含む。）とする。

4　令第30条の8第2項（振替機関の加入者情報の管理等）に規定する財務省令で定める方法は、次に掲げる方法とする。

一　電子情報処理組織を使用して送信する方法

二　その提供すべき事項を記録した電磁的記録に係る記録媒体を交付する方法

4 国税通則法第７章の２（国税の調査）等関係通達の制定について（法令解釈通達）

下記 URL を参照してください。

https://www.nta.go.jp/law/tsutatsu/kobetsu/zeimuchosa/120912/index.htm

5 調査手続の実施に当たっての基本的な考え方等について（事務運営指針）

下記 URL を参照してください。

https://www.nta.go.jp/law/jimu-unei/sonota/120912/index.htm

6 個人課税部門における書面添付制度の運用に当たっての基本的な考え方及び事務手続等について（事務運営指針）

下記 URL を参照してください。

https://www.nta.go.jp/law/jimu-unei/shotoku/shinkoku/090401/01.htm

7 資産税事務における書面添付制度の運用に当たっての基本的な考え方及び事務手続等について（事務運営指針）

下記 URL を参照してください。

https://www.nta.go.jp/law/jimu-unei/sozoku/090401/01.htm

8 法人課税部門における書面添付制度の運用に当たっての基本的な考え方及び事務手続等について（事務運営指針）

下記 URL を参照してください。

https://www.nta.go.jp/law/jimu-unei/hojin/090401/01.htm

9 申告所得税及び復興特別所得税の過少申告加算税及び無申告加算税の取扱いについて（事務運営指針）

下記 URL を参照してください。

https://www.nta.go.jp/law/jimu-unei/pdf/01.pdf

10 人為による異常な災害又は事故による延滞税の免除について（法令解釈通達）

下記 URL を参照してください。

https://www.nta.go.jp/law/tsutatsu/kobetsu/chosyu/010622/01.htm

11 源泉所得税及び復興特別所得税の不納付加算税の取扱いについて（事務運営指針）

下記 URL を参照してください。

https://www.nta.go.jp/law/jimu-unei/shotoku/gensen/000703/01.htm

12 相続税、贈与税の過少申告加算税及び無申告加算税の取扱いについて（事務運営指針）

下記 URL を参照してください。

https://www.nta.go.jp/law/jimu-unei/sozoku/170111_1/01.htm

13 法人税の過少申告加算税及び無申告加算税の取扱いについて（事務運営指針）

下記 URL を参照してください。

https://www.nta.go.jp/law/jimu-unei/hojin/100703_01/00.htm

14 消費税及び地方消費税の更正等及び加算税の取扱いについて（事務運営指針）

下記 URL を参照してください。

https://www.nta.go.jp/law/jimu-unei/shozei/000703/01.htm

15 申告所得税及び復興特別所得税の重加算税の取扱いについて（事務運営指針）

下記 URL を参照してください。

https://www.nta.go.jp/law/jimu-unei/pdf/02.pdf

16 源泉所得税及び復興特別所得税の重加算税の取扱いについて（事務運営指針）

下記 URL を参照してください。

https://www.nta.go.jp/law/jimu-unei/shotoku/gensen/000703-2/02.htm

17 相続税及び贈与税の重加算税の取扱いについて（事務運営指針）

下記 URL を参照してください。

https://www.nta.go.jp/law/jimu-unei/sozoku/170111_2/01.htm

18 法人税の重加算税の取扱いについて（事務運営指針）

下記 URL を参照してください。

https://www.nta.go.jp/law/jimu-unei/hojin/100703_02/00.htm

19　税務調査手続に関する FAQ（一般納税者向け）

下記ＵＲＬを参照してください。

https://www.nta.go.jp/information/other/data/h24/nozeikankyo/ippan02.htm

20　税務調査手続に関する FAQ（税理士向け）

下記ＵＲＬを参照してください。

https://www.nta.go.jp/information/other/data/h24/nozeikankyo/zeirishi.htm

21 税務調査手続等に関するFAQ（職員用）【共通】

令和4年6月
国税庁課税総括課
（TAINS：税務調査手続等FAQ R040600共通）

（目次省略）

1 事前通知

（事前通知の方法）

> **問1-1** 事前通知は調査の何日前までに行えばよいのか。

（答）

　通則法第74条の9第1項には、「あらかじめ、当該納税義務者に対し、…実地の調査を行う旨を…通知するものとする。」と規定されており、何日前までに通知するかについての定めはありませんが、調査手続の透明性と納税者の予見可能性を高めるという本改正の趣旨を踏まえ、調査開始日前までに相当の時間的余裕を置いて行うこととします。

　また、事前通知に当たっては、納税義務者及び税務代理人の都合を聴取し、必要に応じて調査日程を調整することとします。

　なお、納税義務者に対して都合を聴取する際は、実地の調査を行う旨、調査の対象となる税目及び調査の対象となる期間の通知（以下「調査通知」といいます。）を併せて行うこととします。

　おって、事前通知の実施に当たっては、納税義務者に対し、通知事項が正確に伝わるよう分かりやすく丁寧な通知に努めることに留意してください。

> **問1-2** 納税義務者と電話による連絡が取れないことから、事前通知を行うために納税地等に臨場したところ納税義務者と面接することができた場合、その場で事前通知を行い調査に移行することはできるか。

（答）

　事前通知の方法は、法令上、特段規定されていませんので、納税地等に臨場の上、納税義務者に直接、口頭にて事前通知を行うことや、不在の場合に、事前通知を行うための連絡を依頼するための「連絡票」を納税義務者の納税地等に差し置くことは可能ですが、通則法第74条の9第1項には、「あらかじめ、当該納税義務者に対し、…実地の調査を行う旨を…通知するものとする。」と規定されていますので、事前通知又は「連絡

票」の差置きの際に納税義務者と面接でき、納税義務者から臨場当日に調査が可能である旨の申入れがあったとしても、事前通知は調査開始日前までに相当の時間的余裕を置いて行う必要があることから、原則として、同日にそのまま調査に移行することはできません。

　なお、通則法第74条の10に規定する「その他国税に関する調査の適正な遂行に支障を及ぼすおそれ」には、

イ　事前通知を行うため相応の努力をして電話等による連絡を行おうとしたものの、応答を拒否され、又は応答がなかった場合、

ロ　事業実態が不明であるため、実地に臨場した上で確認しないと事前通知先が判明しない等、事前通知を行うことが困難な場合

などが該当しますので（手続通達 5 － 10）、質問のような場合は、法令等に基づき、事前通知を要しない調査に該当するかを検討した上で、事前通知を行わずに臨場することも考えられます。

問1－3　事前通知の際に、調査担当者から納税義務者に対し、事前通知事項の詳細は税務代理人を通じて通知してもよいか確認することは可能か。

（答）

　納税義務者から事前通知事項の詳細は税務代理人を通じて通知しても差し支えない旨の申立てがあったときには、納税義務者には調査通知事項のみを通知し、その他の事前通知事項は税務代理人を通じて通知することとして差し支えありません。

　この場合、多くの納税義務者は税務代理人を通じた通知方法を知らないと思われることから、事前通知事項の詳細を税務代理人を通じて通知するかどうかについて、事前通知の際に、当方から納税義務者に確認しても差し支えありません。

問1－4　税理士関与のない納税義務者から、事前通知事項の詳細は臨場時に説明を受ければよいとの申立てがある場合、どのように対応すればよいのか。

（答）

　原則として、納税義務者に対しては、全ての事前通知事項について、納税義務者の理解を得て通知する必要があります。

　ただし、事前通知をしようとした際に、税理士関与のない納税義務者から、通知事項の詳細は臨場時に説明を受ければよいとの申立てがあった場合は、実地の調査を行う旨、調査対象税目、調査対象期間、調査開始日時・場所、日程変更の申出が可能である旨といった最低限通知して承諾を受けるべき事項以外は、臨場後、調査着手前に通知することとして差し支えありません。

　この場合、通知した事項や納税義務者との具体的なやり取りを「調査経過記録書」に確実に記載してください。

> **問１－５** 税理士関与のない納税義務者に、事前通知の途中で電話を切られた場合、どのように対応すればよいのか。

（答）

　原則として、納税義務者に対しては、全ての事前通知事項について、納税義務者の理解を得て通知する必要があります。

　ただし、事前通知の途中で電話が切られた場合には、再度電話等により少なくとも実地の調査を行う旨、調査対象税目、調査対象期間、調査開始日時・場所、日程変更の申出が可能である旨といった最低限通知して承諾を受けるべき事項については通知し、了解を得る必要がありますが、これら以外の通知事項について、追加的に（通知して）説明することがかえって円滑な調査の遂行に支障を及ぼすと考えられるときは、それまでに通知した事項及び納税義務者との具体的なやり取りを「調査経過記録書」に確実に記録した上で、通知してある日時・場所に臨場することとして差し支えありません。

　また、上記の最低限通知して承諾を受けるべき事項以外の事項は、臨場後、調査着手前に通知してください。

　なお、再度電話等により事前通知を試みるも、納税義務者が調査の実施について了解しないとして、最低限通知して承諾を受けるべき事項を通知する前に一方的に電話を切られた場合は、手続通達５－10(2)に該当するものとして、事前通知を行わないことについて検討することに留意してください。

（事前通知の有無）

> **問１－６** 災害等のやむを得ない事情により調査を中断・延期した後に、改めて実地の調査を行う際には、事前通知は必要か。

（答）

　災害等のやむを得ない事情により調査を中断・延期し、その事情が解消された後に再度調査を開始する場合には、法令上の事前通知を行う必要はありませんが、改めて納税義務者等と日程調整を行い、理解と協力を得た上で実施することとします。

> **問１－７** 実地の調査以外の調査として、電話により納税義務者に申告内容の確認を行っていたが、その後、納税義務者の事業所に臨場して調査を実施することとなった場合、改めて事前通知を行うことは必要か。

（答）

　法令上、納税義務者に対して臨場して質問検査等を行う場合は、あらかじめ事前通知を行うこととされていますので、実地の調査を行う前に、実地の調査以外の調査として電話による申告内容の確認を行っていたとしても、納税義務者の事業所に臨場して調査を実施することとなった場合は、原則として、事前通知を行った上で実地の調査を実施する必要があります。

（答）

　個人に対する実地の調査の過程で、その納税義務者たる個人が単なる名義人であり、他に実質所得者と想定される個人がいることを把握し、当該実質所得者たる個人に対して実地の調査を行う場合は、基本的には、改めて当該実質所得者たる個人に対し、事前通知を行う必要があります。

　ただし、事前通知することにより違法又は不当な行為を容易にし、正確な課税標準等又は税額等の把握を困難にするおそれが認められる場合は、臨場先から統括官等に電話により事前通知を行わないことについて承諾を得た上で、事前通知を行うことなく実地の調査を実施することになります。

　この場合、電話を受けた統括官等は、調査の実施の適否、再調査の適否及び事前通知を要しない調査の適否を検討した上で、調査担当者に連絡してください。また、帰署後の対応については、以下のとおりとなります。

①　調査担当者は、統括官等に説明した内容及び電話により指示を受け事前通知を行うことなく実地の調査を実施したことを「調査経過記録書」に記録するとともに、「再調査の適否検討表」及び「事前通知を要しない調査の適否検討表」を作成の上、統括官等の確認を受けます。

※　「事前通知を要しない調査の適否検討表」の納税者氏名等の基本情報及び「事前通知を要しない理由」欄を記載することとなります。

②　統括官等は、調査担当者から提出された各様式の記載内容を確認し、決裁欄に確認印を押印の上、署長等へ事案の報告を行うこととなります。

※　「再調査の適否検討表」及び「事前通知を要しない調査の適否検討表」の決裁日欄には、署長等への報告を行った日付を記載することとなります。

　なお、法人に対する調査の過程において、当該代表者が単なる名義上の代表者であり、他に実質経営者がいることを把握したため、当該実質経営者に対して質問検査等を行う場合は、その主宰する法人に対する実地の調査を実施していることに変わりはないことから、事前通知を改めて行う必要はありません。

問1－9　法定監査の際に、当該監査先の申告内容について非違が疑われた場合、どのような手続で調査に移行すべきか。

（答）

　法定監査の際に、当該監査先の申告内容について非違が疑われた場合は、監査担当者においては、「重要資料せん」や「各課部門事務連絡せん」など非違の内容に応じた連絡せん等を作成し、調査担当部門に引き継ぎ、調査担当部門は、基本的には、改めて当該監査先に対し、法令上の事前通知を行った上で実地の調査を行うこととなります。

　ただし、事前通知することにより違法又は不当な行為を容易にし、正確な課税標準等又は税額等の把握を困難にするおそれが認められかつ、監査担当者が当該監査先の当該税目に係る質問検査権を有している場合には、臨場先から統括官等に電話により事前通

知を行わないことについて承諾を得た上で、事前通知を行うことなく実地の調査を実施することも可能です。

この場合、電話を受けた統括官等は、調査の実施の適否、再調査の適否及び事前通知を要しない調査の適否を検討した上で、調査担当者に連絡してください。

※　帰署後の対応については、**問1－8**参照。

問1－10　納税義務者の取引先等に対して反面調査を行っていたところ、当該取引先等の申告内容について非違が疑われた場合、どのような手続で調査に移行すべきか。

(答)

納税義務者の取引先等に対する反面調査の過程において、当該取引先等の申告内容に非違が疑われた場合は、基本的には、当該取引先等の所轄署の調査担当者が改めて、当該取引先等に対し事前通知を行った上で実地の調査を行うことになります。

ただし、当該取引先等が、反面調査を実施している調査担当者の所轄署の納税義務者であり、事前通知することにより違法又は不当な行為を容易にし、正確な課税標準等又は税額等の把握を困難にするおそれが認められる場合には、臨場先から統括官等に電話により事前通知を行わないことについて承諾を得た上で、事前通知を行うことなく実地の調査を実施することになります。

この場合、電話を受けた統括官等は、調査の実施の適否、再調査の適否及び事前通知を要しない調査の適否を検討した上で、調査担当者に連絡してください。

※　帰署後の対応については、**問1－8**参照。

(注)　広域調査担当者による反面調査の場合には、本務署の統括官等を通じ反面調査先の所轄署の統括官等に連絡し、連絡を受けた所轄署の統括官等は、調査の実施の適否、再調査の適否及び事前通知を要しない調査の適否の検討を行い、調査担当者に連絡してください。

事前通知を要しない調査を実施しない場合には、調査担当者は反面調査の範囲内で確認できる証拠を的確に保全して、改めて実地の調査に係る事務手続を行うこととなります。

問1－11　青色申告承認申請等の各種申請の承認の適否の確認のために、納税義務者の納税地に臨場する場合、事前通知は必要か。

(答)

納税義務者の事業所等に臨場し、各種申請に対する処分に係る事実の確認等（質問検査等）を行う行為も、実地の調査に該当しますので、法令上の事前通知が必要となります（手続通達1－1(2)）。

問1－12　一般収集又は特別収集を実施する場合において、収集先の事業所等に臨場して資料収集する場合、事前通知は必要か。

（答）

　一般収集又は特別収集は、通則法第74条の12に基づく事業者等への協力要請（行政指導）により実施しているものであり、調査には該当しませんので、収集先の事業所等に臨場して実地で資料収集する場合であっても、法令上の事前通知は必要ありません。

　なお、運用上は、特段の事情がない限りは、あらかじめ日程調整を行った上で臨場することとなります。

問1-13　租税条約に基づく情報交換実施のための調査について、事前通知は必要か。

（答）

　租税条約に基づく情報交換実施のための調査は、通則法に規定する質問検査権の対象外となるため、法令上の事前通知を行う必要はありません。

　なお、運用上は、特段の事情がない限りは、あらかじめ日程調整を行った上で臨場することとなります。

問1-14　法定監査を実施する場合、事前通知は必要か。

（答）

　法定調書の提出義務者は、通則法第74条の9において事前通知の対象となる納税義務者には含まれませんので、監査先に臨場して法定監査を実施する場合であっても、法令上の事前通知を行う必要はありません。

　なお、運用上は、特段の事情がない限りは、あらかじめ日程調整を行った上で臨場することとなります。

問1-15　金融機関に対して、印紙税担当職員による印紙税調査と、開発特官による法定監査を同時に行う場合、事前通知はどのように行うのか。

（答）

　同一の納税義務者に対し、別の調査担当部署（印紙税担当職員・開発特官）が印紙税調査と法定監査を同時に行う場合、原則として、

① 印紙税担当職員が納税義務者に対して印紙税調査に係る事前通知を行うとともに、開発特官による法定監査も併せて行うので、後ほど開発特官から連絡する旨を伝えます。

② ①の後、開発特官が納税義務者（監査対象者）に対して印紙税調査と併せて法定監査も行う旨を伝えます。

> **問 1 − 16** 消費税の還付申告が提出され、還付保留審査をすることとなったが、還付理由等を確認するために納税義務者の納税地に臨場する場合、事前通知は必要か。

（答）

　還付申告書の提出に対して、還付理由等を確認するため納税義務者の納税地に臨場して質問検査等を行う場合は、実地の調査に該当しますので、原則として、法令上の事前通知を行う必要があります。

> **問 1 − 17** 事業者又は官公署への協力要請規定に基づき、事業者又は官公署に臨場する場合、事前通知は必要か。

（答）

　事業者又は官公署への協力要請は、通則法第74条の12において規定されており、当該規定に基づき事業者又は官公署において任意の協力依頼に基づき情報の収集を行う場合は、調査には該当しませんので、事業者又は官公署に臨場する場合であっても、法令上の事前通知は必要ありません。

　なお、運用上は、特段の事情がない限りは、あらかじめ日程調整を行った上で臨場することとなります。

（事前通知の通知事項）
●調査開始日時

> **問 1 − 18** 事前通知を行った後、調査を効率的に実施する観点から、実際に臨場して調査を開始する前に納税者の許可を得て帳簿等の一部を徴求し預かる場合、通則法第74条の9第1項第1号に規定する「調査を開始する日時」はいつになるのか。

（答）

　調査を効率的に実施する観点から、実際に臨場して調査を開始する前に帳簿等の一部を徴求する場合、その行為は質問検査権の行使（帳簿等の提示・提出を求める行為）に該当するため、その場合の「調査を開始する日時」は、当該帳簿等の一部を徴求する日時となります。

　なお、事前に準備しておいてもらいたい帳簿等の一部を臨場して伝えるだけである場合には、単なる打合せと考えられることから、質問検査等を行う実地の調査の開始には当たりません。

●調査開始場所等

> **問 1 − 19** 調査初日に、複数の場所（自宅と事業所）で調査を行うことを予定しているが、「調査開始場所」はどのように通知すればよいか。

（答）

　調査開始場所については、通則法施行令第30条の４第２項において、「調査を開始する日時において同項に規定する質問検査等を行おうとする場所」と規定されており、初日に複数の場所で同時に調査を行う場合は、臨場する場所を全て通知することになります。

問１－20　「納税義務者の住所又は居所」は、源泉所得税の調査にあっては、「源泉徴収の対象とされている給与等の支払事務を取り扱う事務所や事業所等」を通知することになるのか。

（答）

　「住所又は居所」については、通則法施行令第４条において、「事務所及び事業所を含む」とされていることから、源泉所得税の調査にあっては、「納税義務者の住所又は居所」として、基本的には源泉徴収の対象とされている給与等の支払事務を取り扱う事務所や事業所等を通知することになります。

●調査の目的

問１－21　「調査の目的」に、調査の選定理由の通知は含まれるのか。

（答）

　調査の目的については、通則法施行令第30条の４第２項において、「納税申告書の記載内容の確認又は納税申告書の提出がない場合における納税義務の有無の確認その他これらに類する調査の目的」を通知することとされており、選定理由の通知は含まれていません。

　なお、納税義務者から、調査の選定理由を説明してほしいと言われた場合、調査の選定理由は、法令上の事前通知事項ではないことを納税義務者に丁寧に説明の上、調査への理解と協力を求めることとします。

問１－22　無申告者の調査において、「調査の目的」は、どのように通知すればよいのか。

（答）

　無申告者の調査における調査の目的については、通則法施行令第30条の４第２項において、「納税義務の有無の確認」を通知することとされています。

　なお、無申告法人の調査については、内国法人についてはすべからく申告義務があることから、「申告すべき内容の確認」を通知することになります。

●調査対象税目

問１－23　「調査対象税目」として加算税を通知する必要はないか。

（答）

通則法第69条において、加算税については、その額の計算の基礎となる税額の属する税目の国税とすることとされていることから、加算税の通知は不要です。

問1－24 申告所得税や法人税の調査の際には、印紙税についても事前通知を行うのか。

（答）

印紙税については、運用上、同時処理を行うことを前提としていますが、同時処理とは、調査の過程で、印紙の貼付漏れ等を把握した場合に、その事実を指摘した上で、納税義務者が自主的な見直しをして不納付の申出を行うものであり、当初から印紙税の調査を行うこととしているものではないため、原則として、法令上の事前通知を行う必要はありません。

なお、印紙税単独調査を同時に行う場合は、原則として、法令上の事前通知を行う必要があります。

問1－25 源泉所得税は所得税法に規定されていることから、事前通知の段階で「所得税調査」を通知していれば、源泉所得税の調査も含まれていると解してよいか。

（答）

調査手続に関する規定において、調査は税目・課税期間によって特定される納税義務に関してなされるものであることから、当該納税義務に係る調査を原則として一の調査として取り扱うこととなります（手続通達4－1(1)）。

したがって、源泉所得税は所得税の一部ですが、源泉徴収に係る所得税の納税義務とそれ以外の所得税の納税義務は別個に成立するものであることから、源泉徴収に係る所得税はそれ以外の所得税の納税義務とは別に、通則法第74条の9の事前通知の規定が適用されるものと解されます。そのため、源泉所得税の調査を行う際には、所得税の調査に係る通知とは別に、源泉所得税の調査を行う旨の通知を行うこととなります（手続通達4－1(2)）。

問1－26 消費税の調査を行う場合、調査対象税目をどのように通知するのか。

（答）

消費税の調査を行う場合、「消費税及び地方消費税」を調査対象税目として通知することとなります。この場合の地方消費税は、「譲渡割」に係る部分をいいます。

問1－27　通則法第74条の９の規定により通知することとなる調査対象税目には、復興特別所得税・復興特別法人税や地方法人税を含めて事前通知する必要があるのか。

（答）

復興特別所得税・復興特別法人税は、所得税・法人税とは別個に納税義務が成立・確定する国税であり、「東日本大震災からの復興のための施策を実施するために必要な財源の確保に関する特別措置法」（32条・62条）において、通則法の調査手続規定を準用することとされています。

このため、申告所得税・法人税の調査対象年分について復興特別所得税・復興特別法人税の申告がある場合や申告義務があるのではないかと思料される場合には、復興特別所得税・復興特別法人税についても調査対象税目とし、源泉所得税の調査対象期間に復興特別所得税の法定納期限がある場合には、復興特別所得税についても調査対象税目として事前通知を行う必要があります。

また、地方法人税は、法人税とは別個に納税義務が成立・確定する国税であり、通則法第74条の２第１項第２号において、質問検査等を行うことができることとされています。

このため、地方法人税については、地方法人税の申告義務が法人税の申告義務がある全法人に課されていることに鑑み、法人税を調査対象税目とする場合には、地方法人税についても調査対象税目として事前通知を行うこととします（平成26年10月１日以後に開始する課税事業年度分に限る）。

東日本大震災からの復興のための施策を実施するために必要な財源の確保に関する特別措置法
（当該職員の質問検査権等）
第三十二条　国税通則法第七十四条の二第一項（第一号に係る部分に限る。）及び第七十四条の八から第七十四条の十一まで及び第七十四条の十二第一項の規定は、復興特別所得税に関する調査を行う場合について準用する。
（当該職員の質問検査権等）
第六十二条　国税通則法第七十四条の二（第一項第二号に係る部分に限る。次項において同じ。）及び第七十四条の八から第七十四条の十一までの規定は、復興特別法人税に関する調査を行う場合について準用する。

●調査対象期間

問1－28　進行期についても、「調査の対象となる期間」として事前通知を行う必要があるのか。

（答）

進行期については、更正決定等を目的とした調査の対象期間とはなりませんので、事

前通知事項である「調査の対象となる期間」には含まれません。

　なお、通則法第74条の9第1項の規定により通知を行った「帳簿書類その他の物件」には、調査の目的を達成するために必要であるときは、例えば、「調査の対象となる期間」として事前通知した期間以外の期間（進行年分を含む。）に係る帳簿書類その他の物件も含まれます（手続通達5－5）。

　したがって、事前通知した調査の対象となる期間（年分・事業年度）の納税申告書の記載内容の確認のために、進行期に作成・取得された帳簿書類等を検査することは可能です。

問1－29　申告所得税と消費税の同時調査を行う際に、調査対象期間が相違する場合（消費税の課税事業者に該当しない年分が含まれている場合）には、どのように通知すればよいのか。

（答）

　申告所得税と消費税を同時調査する場合において、必ずしも、事前通知を行う調査対象期間が一致していなくとも問題ありません。したがって、それぞれの税目ごとに調査対象期間を通知することとなります。

●調査対象物件

問1－30　「調査の対象となる帳簿書類その他の物件」における「その他の物件」というのはどのようなものを指すのか。

（答）

　「その他の物件」とは、例えば、金銭、有価証券、棚卸商品、不動産（建物・土地）等の各種資産や、帳簿書類の（作成の）基礎となる原始記録などの調査又は徴収の目的を達成するために必要な物件が該当します（手続通達1－5）。

問1－31　「調査の対象となる帳簿書類その他の物件」は、どの程度、通知すればよいのか。また、事前通知で具体的に指定していない書類は確認することができないのか。

（答）

　調査の対象となる帳簿書類その他の物件について、納税義務者が作成・保存している帳簿書類等には、税法上、作成・保存が義務付けられているもののほか、多種多様なものが存在し、また、それらの具体的な名称や作成単位も区々であることから、網羅的に通知することは実際上困難ですので、納税義務者の事前の準備に資するよう、例えば、「仕訳帳、総勘定元帳…などの帳簿や請求書、領収書綴り…などの書類」といった調査開始時に用意しておいていただきたい主な帳簿書類等を明示した上で、「その他○○税の申告書の記載内容や納付すべき○○税が正しいかどうかを確認するために必要な帳簿

書類その他の物件」といった包括的な通知を行うこととなります。

このため、通則法第74条の2から同法第74条の6までの各条に規定する国税に関する調査又は同法第74条の3に規定する徴収の目的を達成するために必要と認められる帳簿書類その他の物件であれば、事前通知で個別具体的に指定されていない書類であっても、調査に必要と認められる場合は、その都度確認することができます。

なお、事前通知に当たっては、通則法施行令第30条の4第2項において、調査の対象となる帳簿書類その他の物件が「国税に関する法令の規定により備付け又は保存しなければならないこととされているものである場合にはその旨を併せて通知するものとする。」と規定されていることから、このような帳簿保存義務がある納税義務者の場合には、例えば、「所得税法の規定により保存することとされている仕分帳、総勘定元帳…などの帳簿や請求書、領収書綴り…などの書類のほか…」といった通知を行うこととなります。

※ 「帳簿書類その他の物件」には、国外において保存するものも含まれます（手続通達1-5）。

問1-32 「調査の対象となる帳簿書類その他の物件」の作成期間や対象期間を通知する必要はあるのか。

（答）

法令上、帳簿書類の作成期間や対象期間を通知することとはされていませんが、事前に準備を依頼する場合などは、必要に応じて通知します。

なお、事前通知した課税期間の調査について必要があるときは、事前通知した当該課税期間以外の課税期間（進行年分を含む。）に係る帳簿書類その他の物件も質問検査等の対象となります（手続通達5-5）。

問1-33 無申告者に対する調査の場合には、「調査の対象となる帳簿書類その他の物件」についてどのように通知すればよいのか。

（答）

調査を実施するに際し、納税義務者に事前に電話で確認できるのであれば、どのような帳簿書類等が保存されているかを聴取した上で、調査開始日に用意しておいていただきたい帳簿書類等を明示し、「その他○○税の納税義務の有無（法人税の場合は、「納税義務の有無」に代えて「申告すべき内容」）を確認するために必要な帳簿書類その他の物件」といった包括的な通知を行うこととします。

問1-34 いわゆる電子帳簿保存法の規定を適用している納税義務者に実地の調査を行う場合、「調査の対象となる帳簿書類その他の物件」は、どのように通知するのか。

（答）
　帳簿書類その他の物件については、通則法施行令第30条の４第２項において、「国税に関する法令の規定により備付け又は保存しなければならないこととされているものである場合にはその旨を併せて通知するものとする。」と規定されています。

　一方、電子計算機を使用して作成する国税関係帳簿書類の保存方法等の特例に関する法律（以下「電子帳簿保存法」）においては、国税関係帳簿書類を「国税に関する法律の規定により備付け及び保存をしなければならないこととされている帳簿（又は書類）」と規定し、国税関係帳簿書類を財務省令で定めるところにより電磁的記録により備付け及び保存している場合には、当該国税関係帳簿書類に係る電磁的記録の保存等をもってその保存等に代えることができるとされており、また、電子メールにより授受した注文書や契約書などの電子帳簿保存法第７条の規定により保存しなければならないこととされている電子取引の取引情報に係る電磁的記録もその他の物件に含まれることから、これらの「電磁的記録」も、調査の対象となる物件になります。

　したがって、これら電子帳簿保存法の規定の適用があることが予想される納税義務者には、例えば「所得税法の規定により保存することとされている帳簿書類等（それらを電磁的記録により保存している場合はその電磁的記録を含む。）及び電子帳簿保存法の規定により保存しなければならないこととされている電磁的記録がある場合にはその電磁的記録…」と通知することとなります。

　この場合、「調査手続チェックシート（事前通知用）」の「調査の対象となる帳簿書類その他の物件」欄には「『電子計算機を使用して作成する国税関係帳簿書類の保存方法等の特例に関する法律』の規定を適用している帳簿書類にあっては、その電磁的記録。また、同法により保存しなければならないこととされている電磁的記録がある場合にはその電磁的記録」と記載することとなります。

　※　令和３年度改正前の電子帳簿保存法に基づく承認を受けている納税義務者も同様です。

> 問１−35　「その他の物件」には、いわゆる電子帳簿保存法に規定するパソコン、プリンター、操作マニュアル等も含むのか。

（答）
　通則法第74条の２から同法第74条の６までの各条に規定する「帳簿書類その他の物件」には、国税に関する法令の規定により備付け、記帳又は保存をしなければならないこととされている帳簿書類のほか、各条に規定する国税に関する調査又は徴収の目的を達成するために必要と認められる帳簿書類その他の物件も含まれます（手続通達１−５）。

　したがって、電子計算機を使用して作成する国税関係帳簿書類の保存方法等の特例に関する法律施行規則において備え付けることとされている電子計算機、プログラム、ディスプレイ及びプリンター並びにこれらの操作説明書は、通則法第74条の２から同法第74条の６までに規定する「その他の物件」に含まれます。

問1－36 消費税の調査に当たり、調査対象期間の基準期間に係る「帳簿書類その他の物件」を検査する必要があるが、どのように通知すればよいのか。

（答）

　消費税の調査において、消費税の納税申告書の記載内容を確認するため、当該納税申告書の課税期間を調査対象期間として通知した場合には、通知した課税期間の申告の確認のために、基準期間の帳簿書類等の検査を行うことは事前通知した調査の範囲内であることから（手続通達5－5）、調査対象期間以前に作成又は取得された帳簿書類その他の物件の調査を行う場合であっても、事前通知した課税期間の申告内容の確認のために調査を行うのであれば、「○○年分の○○税が正しいかどうかを確認するために必要な帳簿書類その他の物件」といった包括的な通知を行うことになります。

●調査担当者

問1－37 事前通知は、調査担当者が行う必要があるか（調査に臨場しない統括官等が事前通知を行うことは可能か）。

（答）

　通則法第74条の9第1項には、「税務署長等は、国税庁等又は税関の当該職員に納税義務者に対し実地の調査を行わせる場合には、あらかじめ…当該納税義務者…に対し、…その旨…を通知する」と規定されており、質問検査等を行う当該職員が事前通知することに限定した規定とはなっていないことから、担当統括官等が事前通知を行うことは可能です。

（注）　法令上、事前通知を行う主体は「税務署長等」ですが、税務署長等を補助する当該職員が実際の手続（通知）の履行を担当しています（問1－46参照）。

問1－38 人事異動により、繰越事案の「調査担当者」を変更する場合には、改めて事前通知を行うのか。

（答）

　法令上、事前通知した調査担当者を変更する場合の手続は規定されていませんので、改めて法令上の事前通知を行う必要はありませんが、調査は、納税義務者の理解と協力を得ながら、円滑に行う必要があることから、運用上、調査担当者を変更する場合は、その旨を速やかに納税義務者に連絡することとします。

問1－39 調査中に納税義務者が所轄署以外の納税地に転出した場合、転出先の所轄署において改めて臨場するときは、事前通知を改めて行うのか。

（答）

　調査の過程において納税義務者が他署に転出した場合、当該転出元署には、当該納税義務者の申告等について更正決定等を行う権限はありませんので、転出までの間に実施していた調査について、「更正決定等をすべきと認められない旨の通知書」の通知や調査結果の内容説明を行う必要はありません。

　また、転出先署においては、転出元署から引き継がれた調査に関する情報等に基づき、実質的に調査を継続することになりますので、法令上の事前通知を改めて行う必要はありませんが、臨場して調査を実施する場合には、納税義務者に対し、事前に、当該転出先署において転出元署で実施していた調査を継続する旨及び転出先署の調査担当者名を連絡し、日程調整の上、臨場することになります。

　なお、通則法第74条の２第５項の規定の適用により、引き続き転出元署職員が調査を継続する場合も、法令上の事前通知を改めて行う必要はありませんが、当該規定により転出先署職員に代わり引き続き転出元職員が質問検査権を行使する旨を適宜の方法により納税義務者に説明することになります。

問１－40　上席調査官と調査官の２名で調査する場合、「調査を行う当該職員の氏名・所属官署」はどのように通知するのか。

（答）

　事前通知事項である「調査を行う当該職員の氏名・所轄官署」については、通則法施行令第30条の４第１項第２号において、「当該職員が複数であるときは、当該職員を代表する者の氏名及び所属官署」と規定されていることから、当該調査の主たる担当者名等を通知し、その際には、運用上、併せて臨場人数も通知することになります。

問１－41　一般調査部門の調査に国際税務専門官（又は情報技術専門官）の支援を受けることとなった場合、「調査を行う当該職員の氏名等」はどのように通知するのか。

（答）

　基本的に、支援を受ける一般調査部門の調査担当者の氏名・所属官署を、事前通知事項として通知することとなります。

　なお、法令上、臨場する全員の職員の氏名等を通知することとはされていませんが、他署の国際税務専門官（又は情報技術専門官）が、調査に同行することが予定されている場合は、必要に応じ、同行する職員の氏名・所属官署（臨場人数を含む。）も併せて通知することとなります。

問１－42　資料調査課と署との合同事案の場合、「調査を行う当該職員の氏名等」はどのように通知するのか。

（答）

　通則法施行令第30条の４第１項第２号において、事前通知の際には、調査を行う当該職員の氏名及び所属官署（当該職員が複数であるときは、当該職員を代表する者の氏名及び所属官署）を通知することとされていますので、局特別調査（局署合同調査）においては、資料調査課の担当総括主査、担当専門官又は担当主査を、調査担当者を代表する者として事前通知するとともに、所轄署の調査担当者（代表する者）の氏名等についても併せて通知することとなります。

問１−43　調査初日に調査担当者がやむを得ず変更となった場合の手続はどうするのか。

（答）

　法令上、事前通知した調査担当者を変更する場合の手続は規定されていませんので、改めて法令上の事前通知を行う必要はありませんが、事前通知事項である「調査を行う当該職員の氏名」が変更されることとなるため、その旨を速やかに納税義務者に連絡した上で調査を実施することになります。

問１−44　調査初日や調査中に担当者を追加することはできるのか。

（答）

　法令上、事前通知事項として規定されている、調査を行う当該職員の氏名・所属官署は、当該職員が複数であるときは、当該職員を代表する者の氏名等を通知することとされており（通則法施行令30条の４第１項第２号）、調査初日や調査中に担当者を追加することは可能と考えられますが、税務調査は、納税義務者の理解と協力を得ながら、円滑に行う必要があることから、そのような場合には、その旨を速やかに納税義務者に説明することとなります。

問１−45　調査初日に複数の調査場所で同時に調査を行う場合は、その調査場所ごとに、調査を行う職員名等を通知するのか。

（答）

　調査初日に、同一の納税義務者に対し複数の調査場所で同時に調査を行う場合（例：Ａ調査官（本店）、Ｂ調査官（支店））は、事前通知事項として、調査を行う場所とそこで調査を行う職員の氏名・所属官署（複数の場合は代表する者の氏名・所属官署）をそれぞれ通知し、併せて、運用上、調査場所ごとの臨場人数も連絡します。

通則法第74条の９第１項は、「税務署長等は、・・・通知するものとする。」
と規定されており、当該職員が通知するものとは規定されていないため、通知は
書面により行わなくてはならないのではないか。また、調査担当者が電話により
通知することはできないのではないか。

（答）

　事前通知については、法令上、「税務署長等は、・・・通知する。」と規定されています。

　しかしながら、その方法について特段の規定はないことから、書面によらず、電話により事前通知を行ったとしても、法令に反するものではないと考えられます。

　また、電話により事前通知を行うに当たって、税務署長を補助する者である調査担当者が実際の手続（通知）の履行を担当したとしても、差し支えないものと考えられます。

（事前通知の相手方）

問 1 －47　納税義務者の親族に対して、納税義務者に事前通知の内容を伝えるよう依
頼することは可能か。

（答）

　通則法第74条の９第３項において、事前通知の相手方は、原則として、実地の調査の相手方となる納税義務者とその税務代理人（税務代理権限証書を提出している者に限る。）とされています。

　したがって、個人の納税義務者への事前通知については、税務代理人を通じて行う場合を除き、納税義務者本人に事前通知を行う必要がありますので、納税義務者の親族に依頼することはできません。

問 1 －48　納税管理人が選任されている場合は、誰に事前通知を行えばよいのか。

（答）

　納税管理人が選任されている場合においては、納税管理人を通じて納税義務者からの連絡を促し、当該連絡があったときには、調査等を行う旨を通知します。

　この際、納税義務者に対しては税務代理人を選任することが可能である旨を説明します。

問 1 －49　納税義務者が国内に住所や居所あるいは法人における事務所・事業所を有
していない場合で、納税管理人が選任されていない場合は、納税義務者に対しど
のように事前通知を行えばよいのか。

（答）

　納税義務者が国内に住所や居所あるいは法人における事務所・事業所を有していない
場合で、納税管理人の選任もないときには、例えば調査対象者の親族や関連法人など、
調査対象者と国内で連絡をとれる者を探し、その者を通じて納税管理人を定める手続を
行った上で、その納税管理人を通じて納税義務者からの連絡を促し、当該連絡があった
ときには、調査等を行う旨を通知します。この際、納税義務者に対しては税務代理人を
選任することが可能である旨を説明します。

　なお、上記の調査対象者の親族や関連法人などが「国内便宜者」であって一定の条件
に該当する場合は、納税管理人の選任の求め（通則法第117条第3項）、国内便宜者に対
する納税義務者の納税管理人となることの求め（同条第4項）を経て、特定納税管理人
の指定（同条第5項）を行うことが可能となりましたが、当該特定納税管理人を指定し
た場合も上記と同様の方法により通知します。

問1－50　会社の代表者が長期にわたり多忙である場合や海外出張をしている場合
は、誰に事前通知を行えばよいのか。

（答）

　会社の代表者が長期にわたり多忙である場合や海外出張をしているなど、代表者に対
して事前通知を行うことが困難な事情等がある場合は、その法人の役員若しくは納税申
告書に署名した経理に関する事務の上席の責任者又は源泉徴収事務の責任者等、一定の
業務執行の権限委任を受けている者を通じて代表者に事前通知を行うこととしても差し
支えありません（手続通達4－5）。

問1－51　未成年者・成年被後見人が納税義務者になっている場合は、誰に事前通知
を行えばよいか。

（答）

　納税義務者が未成年者や成年被後見人などの場合で、納税義務者が事前通知の内容に
ついて十分に理解することが困難な場合においては、その法定代理人・成年後見人を通
じて納税義務者に事前通知を行うこととしても差し支えありません（手続通達4－5）。

問1－52　納税義務者が被保佐人である場合は、誰に事前通知を行えばよいか。

（答）

　被保佐人は意思表示の受領能力を有する（民法98条の2）ことから、基本的には被保
佐人に対する事前通知を行うこととなりますが、実質として事理弁識能力が著しく不十
分であるなど、本人に通知することが適当でない場合には、個々の事案に応じて判断す
ることとなります。

> **問 1 −53** 事前通知した法人の代表者が調査中に死亡した場合、改めて事前通知を行う必要があるか。

(答)

　法令上、特段の手続は規定されていませんので、改めて法令上の事前通知を行う必要はありませんが、事前通知の内容が引き継がれていないことも考えられますので、運用上は、前代表者に事前通知した内容を改めて説明した上で調査を実施することとなります。

> **問 1 −54** 複数税目（申告所得税、相続税、法人税等）の同時調査（例：法人税の調査と共に、法人代表者に対し申告所得税、相続税の同時調査を実施する場合など）では、事前通知を行う対象者が同一であるが、それぞれに事前通知が必要か。

(答)

　法人に対する法人税の調査とその法人の代表者に対する申告所得税、相続税の調査を同時に実施する場合は、調査の対象となる納税義務者が法人と個人（法人の代表者）とで異なりますので、納税義務者それぞれに対して事前通知を行う必要があります。

（調査日時、調査開始場所の変更）

> **問 1 −55** 「多忙である」ことは合理的な理由になるのか。

(答)

　単に多忙であることをもって、合理的な理由に該当するとは判断できませんが、多忙であることの具体的内容を聴取し、個々の実情を考慮した上で、「業務上やむを得ない事情」として調査日時等の変更が可能か否か検討することになります（手続通達5 −6）。

> **問 1 −56** 合理的な理由が認められなかった場合、不服申立てはできるのか。

(答)

　通則法第74条の9第2項には、「税務署長等は、…通知を受けた納税義務者から合理的な理由を付して、…（調査を開始する日時又は調査を行う場所）について変更するよう求めがあった場合には、当該事項について協議するよう努めるものとする」と規定されています。当該規定は、行政手続法でいう「申請」に当たるものではなく、納税義務者からの求めに対して何らかの処分を行うものではないことから、税務署長等が、合理的な理由が認められないと判断した場合であっても、不服申立ての対象にはなりません。

問1－57 事前通知を行った後において、納税義務者等から調査日時の変更の申出が
　　　あったが、その申出の理由が合理的なものと認められない場合、担当者が当初通
　　　知した調査日時で臨場することは可能か。

（答）
　単に多忙であることを理由に、繰り返し調査日時の変更を申し出るなど納税義務者等
からの変更の申出の理由が合理的なものと認められない場合は、その旨を納税義務者等
に十分説明し、事前通知した日時により調査を行うことになります。

問1－58 事前通知後に当局側から調査の開始日時や場所を変更できるのか。

（答）
　法令上、当局側の都合により、事前通知した調査開始日時や場所を変更する場合の手
続については特段規定されていませんので、従来どおり、真にやむを得ない場合などに
限り、納税義務者等と協議の上、変更することは可能です。
　なお、納税義務者等との協議により事前通知した調査開始日時や場所を変更した場合
には、変更後の調査開始日時や場所を誤解のないように納税義務者等に伝える必要があ
ります。
（注）　通則法第74条の9第5項の規定により、納税義務者への事前通知を税務代理人に
　　　対して行った場合には、変更後の日時等については、当該税務代理人に対してのみ
　　　説明することとしても差し支えありません（手続通達5－6）。

問1－59 納税義務者の事務所に臨場して調査を行う予定であったが、納税義務者の
　　　都合により税務署内で調査を行った場合、当該調査は「実地の調査」に該当する
　　　のか。

（答）
　「実地の調査」とは、調査担当者が納税義務者の支配・管理する場所等に臨場して質
問検査等を行うものをいいます（手続通達4－4）。
　したがって、納税義務者の事務所に臨場する予定であったとしても、結果として、税
務署内で調査を行ったのであれば、当該調査は「実地の調査」には該当しません。
　この場合には、調査の結果、更正決定等をすべきと認められないときでも、「更正決
定等をすべきと認められない旨の通知書」を送付する必要はありません。
　なお、調査の過程において、事務所等の納税義務者の支配・管理する場所等に臨場し
調査を行う際には、改めて事前通知を行う必要があるほか、調査の結果、更正決定等を
すべきと認められない場合には、「更正決定等をすべきと認められない旨の通知書」を
送付する必要があります。

（調査範囲の拡大）

> **問１−60** 事前通知した事項以外の事項について非違が疑われ、質問検査等を行う場合には、その非違が疑われた内容を納税義務者に説明するのか。

（答）

　事前通知した事項以外の事項について非違が疑われた場合には、納税義務者に対し調査対象に追加する税目・課税期間等を説明し、調査への理解と協力を求めて調査対象に追加する項目についての質問検査等を行うこととなります。

　この場合、法令上、非違が疑われた内容について納税義務者に説明する義務はありませんが、調査を円滑に進める観点から、調査に支障がないと判断される場合には、その範囲内で、説明することは差し支えありません。

> **問１−61** 事前通知した調査対象税目以外の税目につき、質問検査等を行う場合とは、具体的にどのような場合をいうのか。

（答）

　例えば、法人税・所得税等の調査の過程で確認した各種書類について、事前通知していない印紙税の納付（印紙貼付）漏れが疑われる場合や、資産課税部門における譲渡所得の調査の過程において、金銭の流れを検討した結果、事前通知していない贈与税の申告漏れが疑われる場合などが該当します。

> **問１−62** 事前通知した調査対象期間以外の課税期間につき、質問検査等を行う場合とは、具体的にどのような場合をいうのか。

（答）

　事前通知した調査対象期間を調査している過程で非違を把握し、その非違が認められる取引先との取引が調査対象期間よりも前の課税期間にも存在するなど、調査対象期間よりも前の課税期間にも同様の非違が疑われる場合などが該当します。

　なお、調査中に法定申告期限が到来した課税期間にも同様の非違が疑われる場合には、納税義務者の事務負担等の観点から合理的と認められるときは、調査対象としても差し支えありません。

> **問１−63** 「通知した事項以外の事項について非違が疑われることとなった場合」として調査範囲を拡大したが、問題がなかった場合、調査手続実施上の不備となるのか。

（答）

　通則法第74条の９第４項には、「第１項（事前通知）の規定は、当該職員が、当該調

査により当該調査に係る同項第３号から第６号（調査の目的、調査の対象となる税目、期間、帳簿書類その他の物件）以外の事項について非違が疑われることとなった場合において、当該事項に関し質問検査等を行うことを妨げるものではない」と規定されています。

　すなわち、当該規定は、適正公平な課税の観点から、調査担当者が、調査の過程において、通知した事項以外の事項について非違が疑われると判断した場合には、当該通知事項以外の事項についても質問検査等を行うことができることが確認的に規定されたものであり、結果として非違が把握されなかったとしても、調査手続実施上の不備には当たらないものと考えられます。

　なお、上記の場合には、通知した事項以外の期間において非違が把握されていませんので、当該期間について、納税義務者に対して「更正決定等をすべきと認められない旨の通知書」を送付する必要があります。

問１－64　調査中に、支店、工場等の調査が必要となった場合も、事前通知した事項以外の調査に当たるのか。

（答）

　通則法施行令第30条の４第２項には、「同法74条の９第１項第２号（調査を行う場所）については、調査を開始する日時において同項に規定する質問検査等を行おうとする場所」と規定されています。すなわち、事前通知においては、調査を開始する時点における調査場所を通知することとなりますので、調査開始後に、事前通知していなかった支店や工場等に臨場して質問検査等を行うことは、事前通知した事項以外の事項の調査には当たりません。

（税理士関係）

問１－65　複数の税務代理人が、税務代理権限証書を提出しているが、全ての税務代理人に対して事前通知が必要か。

（答）

　調査を行う時点において、税務代理人の関与が解消されていない限り、事前通知が行われる税目について委任を受けている全ての税務代理人に対して事前通知する必要があります。

　また、同一の税務代理権限証書に複数の税務代理人の名が連記されている場合においても、事前通知を行う税目について委任を受けている全ての税務代理人に事前通知する必要があります。

　なお、法第74条の９第６項に規定する代表する税務代理人の定めがある場合は、代表する税務代理人に対して事前通知を行えば足りますが、その他の税務代理人への事前通知は行われないため、運用上、代表する税務代理人へ事前通知を行う際に、他の税務代理人へ通知事項を伝えるよう当該代表する税務代理人に連絡することに留意してください（基本的な考え方第２章２(1)（注）２）。

> **問1－66** 例えば、法人税の調査と共に、法人代表者に対し申告所得税、相続税の同時調査を実施する場合など複数税目（申告所得税、相続税、法人税等）の同時調査を行う場合、法人税の委任を受けている税務代理人が代表する税務代理人として定められていれば、法人税の委任を受けている税務代理人への通知をすることで、相続税の委任を受けている税務代理人への通知は足りるのか。

（答）

　税理士法第34条第1項は、「租税の課税標準等を記載した申告書を提出した者について…調査する場合において、当該租税に関し…税理士があるときは、…当該税理士に対しその調査の日時場所を通知しなければならない」と規定し、通則法第74条の9第6項において「納税義務者について税務代理人が数人ある場合において…代表する税務代理人を定めた場合…通知は、当該代表する税務代理人に対してすれば足りる。」と規定していることから、法人税と相続税については、納税義務者が異なりますので、法人税の委任を受けている税務代理人を代表する税務代理人として定めたとしても、相続税の委任を受けている税務代理人を代表することはできません。

　したがって、法人税の委任を受けている税務代理人への通知をしたとしても、相続税の委任を受けている税務代理人への通知は必要となります。

> **問1－67** 納税義務者が調査立会いを依頼しないと言っている税務代理人に対しても事前通知が必要か。

（答）

　事前通知が必要か否かは、形式的には税務代理権限証書の提出の有無により判断しますが、調査に際し税務代理が解消されている事実を把握した場合には、当該事実に基づき税務代理の有無を判断することとなります。

　したがって、納税義務者に対して事前通知を行った際に、納税義務者が税務代理人に対して調査立会いを依頼しない（税務代理を依頼しない）との申立てがあった場合には、委嘱契約の有無を確認し、税務代理が解消されている場合には、当該税務代理人に対して事前通知を行う必要はありません。

（注）　税務代理が解消されていない場合は、税務代理人に対しても事前通知を行う必要があります。

> **問1－68** 税務代理人が、調査初日に立ち会わない場合、税務代理人に対する事前通知の「調査開始日時」は、どのように通知するのか。

（答）

　税務調査は、税務代理人に対して行うものではなく、納税義務者に対して実施するものであることから、事前通知すべき調査開始日時は、納税義務者に対して調査を開始する日時を通知することになります。

したがって、税務代理人が調査初日に立ち会わない場合であっても、納税義務者に対する調査開始日時を通知することになります。

問1－69　調査対象期間の中で税務代理人が交代している場合、双方の税務代理人に対して事前通知を行うのか。

（答）

　事前通知は、原則として、直近年分等に税務代理権限証書を提出している税務代理人に対してのみ行うことになります。

　なお、税務代理人が税務代理権限証書を提出していない課税期間について調査の立会いを行う場合には、当該期間に係る税務代理権限証書の提出が必要となります。

問1－70　納税義務者への事前通知の際に、直近の税務代理権限証書に記載されている税務代理人と事前通知時点における税務代理人とが異なることが判明した場合には、新たな税務代理人に事前通知を行う必要があるのか。

（答）

　事前通知を行う税務代理人については、形式的には税務代理権限証書により判断しますが、納税義務者に対して事前通知を行った際に、顧問税理士が変更されていることが判明した場合には、事前通知の時点で納税義務者から委嘱を受けている税務代理人に対して事前通知を行うこととなります。この場合、新たに税務代理人となった税理士等に対して税務代理権限証書を早期に提出するよう依頼する必要があります。

　また、調査着手直前に税務代理人が変更され、変更後の税務代理人から税務代理権限証書の提出がなされた場合には、その税務代理人に対して事前通知事項を改めて通知した上で調査を実施することとなります。

　なお、新たに税務代理人となった税理士等から、合理的な理由を付して調査開始日時等の変更の求めがあった場合には、その変更を協議することになります。

問1－71　税理士法人の場合には、誰に事前通知を行えばよいか。

（答）

　税務代理権限証書を提出している税理士法人に電話し、代表社員税理士又は担当の社員税理士のいずれかに対して事前通知することとなります。

問1－72　税務代理人本人への事前通知等が困難なときや、所属税理士へ事前通知を行ってほしい旨の申出を税務代理人本人から受けたときには、所属税理士を通じて税務代理人に事前通知等を行うことはできるのか。

（答）

　税務代理人（開業税理士又は社員税理士）本人への事前通知等が困難なときや、所属
税理士へ事前通知を行ってほしい旨の申出を税務代理人本人から受けたときには、納税
義務者と税務代理人の委嘱関係を確認した上、委嘱の事実が明らかであれば、口頭等に
より所属税理士を通じて税務代理人へ事前通知を行っても差し支えありません。

　なお、納税義務者の同意が確認できた場合には、所属税理士を通じて税務代理人のみ
に調査結果の内容説明、修正申告等の勧奨及び修正申告等の法的効果の説明・書面の交
付を行っても差し支えありません。

問1−73　税務代理権限証書の「2　その他の事項」欄に、復代理人を選任している
旨及び復代理人の氏名が記載されている場合、事前通知は誰に対して行うのか。

（答）

　原代理人である「税務代理人」と復代理人の双方が税務代理権限証書を提出している
ときは、双方に対し事前通知を行うこととなります。

　なお、復代理人が税務代理権限証書を提出していない場合には、当該復代理人に対し
て事前通知を行う必要はありませんが、納税義務者又は原代理人である「税務代理人」
に対して事前通知した際に、復代理人が税務代理する旨の申立てがあった場合には、税
務代理権限証書の提出を指導した上で、当該復代理人に事前通知を行うこととなりま
す。

（注）　1　原代理人である「税務代理人」に対する事前通知に当たっては、復代理人を
　　　　　選任したとしても税務代理権限は消滅しないため、復代理をしている税目・課
　　　　　税期間を含めて事前通知を行うことに留意してください。

　　　　2　復代理人が税務代理権限証書を提出していない場合、原代理人である「税務
　　　　　代理人」が提出した税務代理権限証書に「代理人の選任」（復代理）をしてい
　　　　　る旨の記載があったとしても、当該復代理人は、通則法第74条の9第3項第2
　　　　　号に規定す「税理士法第30条（税務代理の権限の明示）・・・の書面を提出し
　　　　　ている税理士」に該当しません。

問1−74　申請等に対する審査に当たって実地の調査を行う場合、直近の申告書に税
務代理権限証書が添付されているときは、その税務代理人に対し事前通知を行う
必要があるか。

（答）

　申請等審査のための実地の調査に当たって、申請書に関する税務代理権限証書が提出
されている場合には、税務代理人に対して事前通知を行う必要がありますが、申告書の
み税務代理権限証書が添付されている場合には、税務代理人に対して事前通知を行う必
要はありません。

　ただし、この場合であっても、申請書の「税理士署名」欄に署名がある税理士などに
ついて、納税義務者が実地の調査の立会いを望む場合には、当該税理士に対し、税務代

理権限証書の提出を指導の上、当該税務代理人に対する事前通知を行うこととなります。

問1−75 納税義務者に対して事前通知した際に、申告時の関与税理士を解任したと言われた場合、解任を証明する書類の提出は必要か。

（答）

　税理士法では、「解任を証明する書類」に関して特段規定されていません。

　また、解任を証明する書類を納税義務者と税務代理人の間で作成した場合であっても、税務官署に提出する必要はありませんし、解任を証明する書類の提出を求める必要もありません。

　この場合、調査担当者は、後のトラブル防止等の観点から、「調査経過記録書」に申告時の関与税理士を解任したことを納税義務者から聴取した旨を記載する必要があります。

問1−76 税理士法第33条の2に規定する、いわゆる書面添付がある場合、事前通知はどのような手順で行うのか。

（答）

　税理士法第33条の2第1項、第2項の規定による書面が添付されている申告書を提出した納税義務者に対して調査を行う場合には、事前通知を要しない調査を行うときを除き、事前通知を行う前に、税務代理人に対して同法第35条第1項の規定による意見聴取を行います。

　当該意見聴取の結果、実地の調査において質問検査等を行うときは、調査に移行する旨を税務代理人に伝えた後に、調査対象となる納税義務者及び税務代理人に対して事前通知を行うことになります。

　なお、税務代理人が数人あり、納税義務者が定めた代表となる税務代理人以外の税務代理人が税理士法第33条の2第1項、第2項の規定による書面を添付している場合で、意見聴取の結果、実地の調査を行うときには、調査に移行する旨を当該書面を添付している税務代理人に伝えた後に、調査対象となる納税義務者及び代表する税務代理人に対して事前通知を行うことになります。

問1−77 事前通知した日程等の変更の求めは、税務代理人も行うことができるのか。

（答）

　事前通知した日程等の変更の求めについては、納税義務者のほか税務代理人も行うことができます（手続通達8−2）。

　なお、日程等の変更を求める場合の合理的な理由には、納税義務者の事情のみなら

ず、税務代理人の事情に基づく理由も含まれていることに留意してください（税務代理人が数人ある場合の事前通知した日程等の変更の求めについては、税理士用ＦＡＱ問22参照）。

問１－78 税務代理権限証書に、納税義務者への事前通知は税務代理人に対して行われることに同意する旨が記載されている場合、誰に対して事前通知を行うのか。

（答）

調査対象税目・期間等の全てについて、納税義務者への事前通知は税務代理人に対して行われることに同意する旨（以下「事前通知に関する同意」といいます。）が記載された税務代理権限証書（以下「同意のある税務代理権限証書」といいます。）が提出されている場合には、納税義務者への都合の聴取、調査通知および事前通知を税務代理人に対して行うこととなります。

なお、「事前通知に関する同意」の対象は、①「同意のある税務代理権限証書」に記載した税目と、②過去に提出した税務代理権限証書に記載した税目となります。

このため、直近年分等について「同意のある税務代理権限証書」が提出されている場合には、過年分等に「同意のない税務代理権限証書」を提出した税目についても「同意」したことになることに留意してください。

（注）提出された税務代理権限証書に「事前通知に関する同意」と過年分等も税務代理を委任する旨が記載されている場合には、当該税務代理権限証書に記載された税目については、過去に税務代理権限証書を提出していないときでも「同意」の対象となります。

問１－79 直近の事業年度（年分）に、源泉所得税を含む全ての調査対象税目に関して「事前通知に関する同意」を記載した税務代理権限証書が提出されており、調査対象となる過去の事業年度（年分）についても税務代理権限証書を提出しているなど、納税義務者への事前通知を税務代理人に対してのみ行うための要件を満たしている場合において、直近の事業年度（年分）の税務代理権限証書に、源泉所得税の「税目」欄のチェックは記載されているものの「年分等」欄に記載漏れがあった場合、
① 税務代理権限証書の再提出が必要か。
② 税務代理人を通じて、口頭により源泉所得税の税務代理を委任する期間及び納税義務者の「事前通知に関する同意」の確認ができれば、税務代理人に対してのみ事前通知を行うこととなるのか。

（答）

ご質問の場合、②のとおり、税務代理人を通じて、口頭により、調査開始日の直近の法定納期限までの期間に係る源泉所得税について、源泉所得税の税務代理を委任する期間及び納税義務者の「事前通知に関する同意」が確認できれば、税務代理権限証書の再提出を求めずに、税務代理人に対してのみ事前通知を行い、納税義務者への事前通知を

省略します（源泉所得税に係る記載については、税理士用ＦＡＱ問10・11参照）。

問１−80　納税義務者と税務代理人の双方に対して事前通知を行う場合には、どちら
から先に連絡するのか。

（答）

事前通知の順序については、法令上特段の定めがないことから、個々の事案の内容に
応じて調査担当者が判断することとなります。

ただし、納税義務者と税務代理人の双方に対して事前通知を行う場合において、調査
対象税目・期間等のいずれか一部について「同意のある税務代理権限証書」を記載した
税務代理権限証書が提出されているときには、税務代理人から先に調査の日程調整等の
連絡を行います。

その際には、納税義務者にも事前通知を行う旨とその理由を税務代理人に伝えること
に留意してください。

（注）　直近年分等について税務代理権限証書が提出されていない場合には、納税義務者
に事前通知を行い、その際に、納税義務者から税務代理人との委嘱関係が継続して
いる旨の申出があったときには、当該税務代理人に税務代理権限証書の提出を求め
た上で、当該税務代理人に対しても事前通知を行います。

問１−81　税務代理人から先に連絡した際に、税務代理人から「同意のある税務代理
権限証書」を提出する旨の申出があった場合には、どのように対応するのか。

（答）

税務代理人から先に連絡した際に、当該税務代理人から「同意のある税務代理権限証
書」を提出する旨の申出があった場合には、納税義務者から「同意」の事実を確認しま
す。

納税義務者の「同意」が確認できた場合には、当該税務代理人から「同意のある税務
代理権限証書」の提出予定日を聴取し、これが調査開始日の相当期間前であるときは、
「同意のある税務代理権限証書」の提出予定期日を指定した上で、当該税務代理人のみ
に事前通知を行っても差し支えありません。

なお、指定した期日までに「同意のある税務代理権限証書」が提出されなかった場合
には、当該税務代理人に対して提出を督促し、それでも提出がない場合には、納税義務
者にも事前通知を行うこととなります。

この際に、納税義務者から調査開始日の延期の申出があったときには、必要に応じて
調査開始日の変更を検討します。

（注）　1　納税義務者から「同意」の事実を確認する際は、調査通知を併せて行うこと
に留意する。

2　「同意のある税務代理権限証書」が提出されなかった場合には、納税義務者
に対しても事前通知を行う必要があることから、「相当期間」の判断に当たっ
ては、納税義務者への通知に要すると見込まれる日数等を勘案する必要があり

ます。

> **問1−82** 一の年分等について複数の税務代理人が委任を受けているが、いずれかの
> 税務代理人が提出した税務代理権限証書に「事前通知に関する同意」が記載され
> ていない場合には、どのように対応するのか。

（答）

　「同意のない税務代理権限証書」を提出した税務代理人を通じて口頭で納税義務者の
「事前通知に関する同意」を確認し、納税義務者の「同意」が確認できた場合には、納
税義務者への事前通知を省略します。

　ただし、複数の税務代理人のうちに代表する税務代理人の定めがある場合は、当該代
表する税務代理人を通じて、納税義務者の「同意」を確認することとなります。

　なお、納税義務者の「事前通知に関する同意」が確認できなかった場合には、それぞ
れの税務代理人（代表する税務代理人の定めがある場合には、当該代表する税務代理
人）への事前通知の際に、納税義務者にも事前通知を行うことを伝えます。

（注）　なお書きの場合、「同意のある税務代理権限証書」を提出した税務代理人に対し
　　　ては、「同意のない税務代理権限証書」を提出した税務代理人を通じて納税義務者
　　　の「事前通知に関する同意」を確認した結果、これを確認できなかった旨を伝えて
　　　ください。

（その他）

> **問1−83** 事前通知の際に、通知事項の詳細の一部について通知がされなかった場
> 合、このことのみをもって、調査が無効となってしまうのか。

（答）

　事前通知において、事前通知事項の一部が通知されなかった場合に、そのことのみを
もって直ちに調査が無効となることはないものと考えられます。

　事前通知に当たっては、このような通知漏れが生じないよう、調査手続チェックシー
ト（事前通知用）をチェックしながら、通知事項を丁寧かつ分かりやすく通知してくだ
さい。

（注）　事前通知をした後において、通知漏れの事項を把握したような場合には、当該通
　　　知事項を追加して通知する必要があります。

2　事前通知を行うことなく調査を実施する場合

（事前通知を行うことなく調査を実施する場合の判断）

> **問2−1** 「当該納税義務者の営む事業内容に関する情報」とは、具体的に何を指す
> のか。

（答）

　通則法第74条の10に規定する「その営む事業内容に関する情報」については、手続通達5－7において、「事業の規模又は取引内容若しくは決済手段などの具体的な営業形態も含まれる。」とされており、このほかには、事業の業種・業態などの具体的な営業形態や業界特有の取引慣行に関する情報が該当するものと考えられます。

問2－2　「その他国税庁等若しくは税関が保有する情報」とは、具体的に何を指すのか。

（答）

　通則法第74条の10に規定する「その他国税庁等若しくは税関が保有する情報」とは、例えば、
① 報道機関による報道、インターネット上のホームページ、刊行物など、公開されている情報源に基づき収集した情報
② 法定調書や職員が独自に収集した資料情報
③ 調査対象者の従業員、取引先等から寄せられた情報
などが該当するものと考えられます。

問2－3　手続通達5－9(1)～(5)について、各々「合理的に推認される場合」とは具体的にどのような場合を想定しているのか。

（答）

　手続通達5－9(1)から(5)における「合理的に推認される場合」とは、単に、(1)から(5)までに掲げる一定の事情があるという可能性をうかがわせる情報が存在することだけをもって、それら一定の事情があると認めるに足るものと判断するのではなく、その情報について国税当局としての合理的な知見・判断能力をもって客観的に評価した結果、それら一定の事情があると「合理的に推認される場合」を言います。

問2－4　「現金取引を行っている」、「過去に不正計算があった」、「同業者に不正計算が多い」といった理由のいずれかのみによって、事前通知を行うことなく調査を実施することは可能か。

（答）

　「現金取引を行っている」、「過去に不正計算があった」、「同業者に不正計算が多い」といった理由は、それぞれ事前通知を行うことなく調査を実施する場合の判定の一要素にはなるものの、そのいずれかのみをもって判断することはできません。
　事前通知を要しない調査の適否検討に当たっては、内外観調査を含めた資料情報、過去の調査状況、申告内容等から事前通知の例外事由に該当するかを総合的に判断することとなります。

> **問2-5** 個人事業を営んでいた際に行われた複数回の調査において、その都度多額の不正があり、原始記録等も破棄していた個人事業者が法人成した場合に、その状況をもって事前通知の例外事由に当たると判断できるか（法人成後、調査未実施）。

(答)

　個人事業時の調査において把握した状況も、代表者の税に対する認識という観点から、事前通知を行うことなく調査を実施する場合の判定の一要素にはなるものの、それのみをもって判断するのではなく、内外観調査を含めた資料情報、申告内容等から事前通知の例外事由に該当するかを総合的に判断することとなります。

> **問2-6** 無申告者の実態確認のために、納税義務者の納税地に臨場したところ、納税義務者本人に会うことができたので、その場で情報の提供等を要請することは可能か。また、その際、次回接触時までの間に納税義務者が証ひょう類を破棄するなど正確な課税標準又は税額等の把握を困難にするおそれがあると認められる場合には、帰署せずに、その場で実地の調査に切り替えることは可能か。

(答)

　納税申告書の提出がないため納税申告書の提出義務の有無を確認する必要がある場合において、当該義務があるのではないかと思料される者に対して、当該義務の有無を確認するために必要な基礎的情報（事業活動の有無等）の自発的な提供を要請した上で、必要に応じて納税申告書の自発的な提出を要請する行為は、調査ではなく行政指導に該当します（手続通達1－2(3)）。

　したがって、臨場により無申告者の事業活動の状況等について確認し、①申告義務の説明及び自発的な申告書の提出を要請する行為は行政指導に該当します。

　なお、①の行政指導の際に、納税義務者から帳簿書類等が提示され、申告指導を依頼された場合は、当該帳簿書類等を確認しつつ申告指導を実施しても差し支えありません。

　しかしながら、②更正決定等を目的として、帳簿書類等の提示を求め、個別具体的な非違事項を指摘する行為は、質問検査権の行使であり実地の調査に該当しますので、②の行為を行う場合には、調査開始日までに相当の時間的余裕を置いて事前通知を行う（事前通知の例外事由に該当する場合には事前通知を行うことなく調査を行う）など、一連の調査手続を実施する必要があります。

　このように、納税義務者と接触する場合には、その目的によって行政指導に該当するか、調査に該当するかが異なることになりますので、行政指導又は調査を行う際には、納税義務者に対しいずれの事務として行うかを明示した上でそれぞれの行為を行ってください。

　なお、納税義務者に対し「行政指導」である旨を明示した上で臨場した場合において、その場で「調査」に切り替え、質問検査等を行うことは、「調査」と「行政指導」の区分を明示することとした意義にそぐわないことから適当ではありません。

したがって、無申告者に対する行政指導に当たっては、事前に調査の必要性についても十分検討した上で実施する必要があることに留意してください。

（臨場後の対応）

> **問２－７**　事前通知を行うことなく調査を実施する場合に、納税義務者からその理由を問われた場合、どのように説明すればよいか。

（答）

　法令上、事前通知を行うことなく調査を実施する場合にその理由を納税義務者に説明することは規定されていません。また、質問検査権に関する判例においては、実定法上特段の定めのない調査の実施の細目については、質問検査の必要があり、かつ、これと相手方の私的利益の衡量において社会通念上相当な範囲にとどまる限り、権限ある税務職員の合理的な選択に委ねられるとされています。事前通知を行わなかった理由については、質問検査等を行う上での法律上の一律の要件とされているものではない旨を納税義務者に丁寧に説明の上、調査への理解と協力を求めてください。

　なお、事前通知を行うことなく実地の調査を実施する場合であっても、運用上、納税義務者に対し、臨場後速やかに、「調査を行う旨」、「調査の目的」、「調査の対象となる税目」、「調査の対象となる期間」、「調査の対象となる帳簿書類その他の物件」、「調査対象者の氏名又は名称及び住所又は居所」、「調査担当者の氏名及び所属官署」、「通知事項以外の事項についても、調査の途中で非違が疑われることとなった場合は、質問検査等の対象となる旨」を通知してから質問検査等を開始することに留意する必要があります（基本的な考え方第２章２(3)注２）。

> **問２－８**　事前通知を行うことなく調査を実施する場合において、運用上、臨場後速やかに通知することとされている通知事項について口頭で通知することが困難な場合（例えば、納税義務者本人が臨場先に不在であったため、電話等により納税義務者本人に調査に着手することにつき理解を得たが、詳細な通知を行う時間的余裕がなかった場合など）は、どのように通知すればよいか。

（答）

　調査に着手することにつき納税義務者の理解が得られている場合には、円滑な調査実施の観点から、調査の対象となる帳簿書類その他の物件など通知事項の詳細について、調査の過程で速やかに通知することとしても差し支えありません。

　この場合には、通知した事項及び納税義務者との具体的なやり取りを「調査経過記録書」に確実に記載してください。

（注）　納税義務者に対して調査に着手することにつき理解を求める際は調査通知を併せて行うことに留意する。

> **問2−9** 事前通知を行うことなく調査を実施する場合においても、運用上、納税義務者に対して臨場後速やかに通知することとされている通知事項について、相応の努力をして通知しようとしたものの、応答を拒否され又は応答がなかったため、通知することが出来ない場合には、通知することなく反面調査等に移行することは可能か。

（答）

　臨場後、相応の努力をしても納税義務者に接触できず通知ができない等、調査の進展が阻害されるような場合においては、個別事案に即して判断した上で、通知せずに反面調査等に移行しても差し支えありません。

　この場合には、納税義務者の対応及び通知することができなかった事績を「調査経過記録書」等に記載してください。

　なお、反面調査等に移行した場合であっても、その後納税義務者に接触でき、質問検査等を行えることとなった場合は、速やかに通知事項を通知してから質問検査等を開始してください。

> **問2−10** 事前通知を行うことなく調査を実施した結果、特に非違事項が認められなかった場合、手続違反となるのか。

（答）

　通則法第74条の10の規定は、事前通知を行うことなく調査を実施した結果として必ず非違が発見されることを要件としているものではありませんので、事前通知の要否について必要な判断を適切に実施している限りにおいては、調査の結果として非違事項が認められなかった場合であっても、訴訟において、手続違反と判断されることにはならないものと考えられます。

> **問2−11** 事前通知を行うことなく調査を実施する場合、臨場後に、税務代理人にも連絡する必要はあるのか。

（答）

　法令上、事前通知を行うことなく調査を実施する場合に、臨場後、税務代理人へ連絡することは特段規定されていませんが、納税義務者が税務代理人の立会いを求める場合には、運用上、当該税務代理人に対しても、臨場後速やかに納税義務者へ通知した事項を通知します（基本的な考え方第2章2(3)注2）。

　なお、税務代理権限証書の提出はないものの、申告書に署名を行っている税理士があり、納税義務者が当該税理士の立会いを求める場合には、税務代理権限証書の提出を指導した上で、当該税理士に対しても納税義務者へ通知した事項を通知することとなります。

3　提出物件の留置き

（総論）

> 問3−1　帳簿書類等の提示・提出の求めの罰則規定にある「正当な理由」とは、どのようなものか。

（答）

　帳簿書類等の提示・提出の求めに対し、正当な理由がないのに提示・提出に応じない場合や、虚偽の記載をした帳簿書類等を提示・提出した場合には、罰則（１年以下の懲役又は50万円以下の罰金）が科されることがあります（通則法第128条第３号）。

　この「正当な理由」には、例えば、提示・提出を求めた帳簿書類等が、災害等により滅失・毀損するなどして、直ちに提示・提出することが物理的に困難であるような場合などが該当するものと考えられます。

　なお、提示・提出の求めに当たっては、罰則規定をもって強権的に行っているとの誤解を与えないよう、質問検査等の相手方の理解と協力の下、その承諾を得て行うとともに、この「正当な理由」については、個々の事案に即して具体的に判断する必要がありますので、納税義務者等との応接状況などの調査経過や確認した内容、相手方の主張を「調査経過記録書」に確実に記載することに留意してください。

> 問3−2　「留置き」と「預かり」は異なるのか。

（答）

　通則法において規定された「物件の留置き」については、運用上行われていた納税義務者等から提出された物件の預かり・返還等に関する手続を法令上明確化したものであり、納税義務者等から預かる帳簿書類等や預かる理由など、その取扱いについては基本的に従来の手続と変わるものではなく、実務においては、従来どおり、質問検査等の相手方となる者の理解と協力の下、その承諾を得て行うことに留意する必要があります。

　なお、法令に定められたことに伴い、「預り証」の交付時に納税義務者等の受領の署名が必要になることや、留め置く物件について善管注意義務が課せられていることにも留意してください（手続通達２−１、２−２）。

> 問3−3　物件の留置きは、納税義務者の承諾なく行うことができるのか。

（答）

　物件の留置きは、やむを得ず留め置く必要がある場合や、質問検査等の相手方となる者の負担軽減の観点から留置きが合理的と認められる場合に、その必要性を説明し、帳簿書類等を提出した者の理解と協力の下、その承諾を得て行う必要があります（問3−7参照）。

> **問3-4** 行政指導において、納税義務者等（市町村等を含む。）から物件を預かる場合、「預り証」を使用することはできるか。

（答）

　行政指導については、通則法第7章の2に規定する調査手続規定は適用されませんが、行政指導の際に納税義務者等から物件を預かる必要がある場合には、納税義務者等の理解と協力の下、その承諾を得て「預り証」を使用しても差し支えありません。

　この場合、「預り証」については、「調査」の文言を抹消した上で使用し、不服申立てに関する教示文は交付しないことに留意してください。

（留置きの対象）

> **問3-5** 留め置くこととなる物件に、電子データは含まれるのか。電子データが含まれるのであれば、納税義務者等の了解の下で、税務署の電子記録媒体等に複写した電子データも含まれるのか。

（答）

　当該職員が納税義務者等の了解の下、電子記録媒体に保存されている電子データを、その場で税務署の電子記録媒体（USB等）に複写することにより提出を受けた場合は、法令上の「留置き」には該当しません（手続通達2-1）。

　なお、この場合、複写した電子データについては、従来どおり厳格に管理する必要があります。

> **問3-6** 留め置くこととなる物件に、納税義務者等が調査担当者に提出するために新たに作成した物件も含まれるのか。

（答）

　提出された物件が、調査担当者に提出するために調査の過程で納税義務者等が新たに作成した物件（納税義務者等が事実関係を整理したメモ等）である場合や、新たに作成した物件の写しである場合など、返還を要しないものであるときは、当該物件の占有を継続することは法令上の「留置き」には該当しません（手続通達2-1）。

　なお、物件の写しであっても、納税義務者等が事業の用に供するために調査前から保有しているものである場合など、返還を要するものを預かるときは、「留置き」に該当することになります。

（留置きの方法・手続）

> **問3-7** 「国税の調査について必要があるとき」とは、具体的にはどのような場合をいうのか。

（答）

「国税の調査について必要があるとき」とは、

① 質問検査等の相手方の事務所等で調査を行うスペースがなく調査を効率的に行うことができない場合

② 帳簿書類等の写しの作成が必要であるが調査先にコピー機がない場合

③ 相当分量の帳簿書類等を検査する必要があるが、必ずしも質問検査等の相手方となる者の事業所等において当該相手方となる者に相応の負担をかけて説明等を求めなくとも、税務署や国税局内において当該帳簿書類等に基づく一定の検査が可能であり、質問検査等の相手方となる者の負担や迅速な調査の実施の観点から合理的であると認められる場合

④ 不納付となっている印紙税の課税文書等の物件等について、後日、課税上の紛争が生ずるおそれがあるなど証拠保全の必要が認められる場合

などが該当すると考えられますが、いずれにしても、質問検査等の相手方の理解と協力の下、その承諾を得た上で実施する必要があります。

また、当該物件について写しをとるなどにより留め置く必要がなくなったときには、遅滞なく、交付した「預り証」と引換えに留め置いた物件を返還することに留意する必要があります（基本的な考え方第2章3(5)）。

問3−8 納税義務者等に対し、留置きを目的として、物件の郵送を依頼することは可能か。

（答）

留置きは、実地の調査等の際に納税義務者等から任意に提出された物件を、納税義務者等の承諾を得た上で預かるものであり、その際、預かる物件の名称や数量など必要な事項を記載した書面（「預り証」）をその物件を提出した者に交付し、署名を求める手続を要することから、納税義務者等に対し、留置きを目的として物件の郵送を依頼等することは適当ではありません。

なお、署内調査等において、契約書の写しや元帳の写しなどの郵送を依頼する（提出された写しは返還を求めないとの申出があり）ことがありますが、これは、法令上の「物件の留置き」には該当しません。

問3−9 局調査担当部署における実地の調査等において、納税義務者等の事業所等が遠隔地である場合、そこで預かった帳簿書類等をその所轄署で保管する場合があるが、この場合の部内手続（管理者の確認等）はどのように行うのか。

（答）

局調査担当部署における実地の調査等において、遠隔地にある納税義務者等の事業所等にある物件を、その所轄署に留め置く場合には、局調査担当部署の調査担当者が実施した留置きに係る手続の確認を、当該調査担当者の管理者に代わって当該所轄署の筆頭統括官等が行うこととして差し支えありません。

なお、留め置いた物件については、当該筆頭統括官等が適切に保管・管理することとなります。

問3−10　複数の店舗に同時に調査を実施する場合などで、各店舗の店長等の責任者から帳簿書類等を留め置く場合には、店長等の納税義務者本人以外の者に「預り証」を交付するのか。

（答）

　法令上、「預り証」は、当該物件を提出した者に交付することとされており、必ずしも納税義務者本人に限定されていません。したがって、留置きに当たっては、その物件を提出した者の承諾の下、「預り証」をその提出した者に交付することとなります。

　なお、質問のような場合には、調査対象者である当該納税義務者本人に対しても、電話等により留置きを行う旨の理解と協力を求め、その承諾を得た上で、店長など一定の権限を有する者に「預り証」を交付し、物件を留め置くことが適当と考えられます。

問3−11　通帳等の名義が異なる物件を留め置く場合は、どのように対応するのか。

（答）

　納税義務者等から提出を受けた他人名義の物件について留め置く必要がある場合には、原則として、その名義人の承諾を得た上で留め置くことが必要と考えられます。

　なお、この際の「預り証」の交付先は、その物件を提出した納税義務者等で差し支えありません。

　また、その物件の名義が実質と異なり、納税義務者等本人に帰属するものと認められる場合には、当該納税義務者等本人の承諾により留め置くことができると考えられます。

問3−12　留め置いた物件をコピーする場合に、事前に納税義務者等の承諾が必要か。

（答）

　一般的に、帳簿書類等を留め置いた場合には、必要に応じ、その（一部の）写しをとるものと考えられますので、じ後の無用のトラブルを避けるため、物件を留め置く際には、納税義務者等に、必要に応じ写しをとる旨を説明するとともに、「調査経過記録書」にその事績を確実に記載してください。

問3−13　留め置いている物件の閲覧の申出があった場合は、閲覧の手続が必要か。

（答）

　留置きした物件の閲覧の申出があった場合には、特段の手続は必要なく、担当者立会いの下で閲覧に応じることになります。

　なお、当該物件について写しをとるなどにより留め置く必要がなくなったときには、遅滞なく、交付した「預り証」と引換えに留め置いた物件を返還する必要があります。

（返還の方法）

問３－14　「留め置く必要がなくなったとき」とはどのようなときか。

（答）

　法令で規定する「留め置く必要がなくなったとき」とは、留め置いた物件について署内で必要な検査が終了したとき、又は署内でその物件に係る必要な写し（コピー）をとったとき等が該当するものと考えられます。

問３－15　留め置いた提出物件のうち一部について留め置く必要がなくなったときには、その都度、返還するのか。

（答）

　物件の返還については、原則として、留め置いた物件の全部を、交付した「預り証」と引換えに返還することとなりますが、納税義務者等から一部について返還の求めがあり、返還しても特段の支障がない場合には、適正に返還されたことを客観的に証明する手段として、「預り証（交付用及び控用の双方）」の備考欄に、「左記の物件については令和○年○月○日に返還を受けました。○○○○」と納税義務者等に署名を求めた上で、返還するとともに、「調査経過記録書」にその事績を記載してください。

問３－16　納税義務者等から返還請求があった場合、どのように対応するのか。

（答）

　納税義務者等から預かり、留め置いている帳簿書類等については、留め置く必要がなくなった段階で、遅滞なく返還する必要がありますが、留め置く必要性がなくなる前に、納税義務者等から返還の求めがあった場合には、特段の支障がない限り、返還に応じることになります。

　なお、「特段の支障」とは、例えば、以下のようなものが考えられます。

① 　留め置いた物件のコピー等に相当な時間を要するため、遅滞なく返却することが困難な場合

② 　留め置いた電子記録媒体内のデータを署内のパソコンで確認する際、データ変換等に時間を要し、すぐに返還することが困難な場合

　ただし、上記の場合であっても、納税義務者等に対し、遅滞なく返却することが困難な理由及び返却可能な日時について口頭で説明し理解を求めるとともに、「調査経過記

録書」にその旨を記載する必要があります。

　※　物件の返還の求めを拒否する場合の不服申立てに関する教示については、問3－
　　　28参照。

問3－17　納税義務者等から、「預り証（交付用）」の返却が受けられない場合には、
　　どのように対応すればよいのか。

（答）

　「帳簿書類等の物件の返還に当たって、納税義務者等の方が『預り証』を返却しなけ
ればならないことは、法律上明記されていませんが、適正に返還されたことを客観的に
証明する手段として、返還確認欄に署名をしていただいた上で、『預り証』の返却をお
願いしている」旨を説明することとなります。

　それでも「預り証（交付用）」の返却が受けられない場合には、「預り証（控用）」の
返却確認欄に署名を求めるとともに、「預り証（控用）」の返還確認欄の余白に、「預り
証（交付用）」の返却がなかった旨とその理由を記載することとなります。

　なお、納税義務者等が、署名にも応じない場合には、「預り証（控用）」の返還確認欄
の余白に、①「預り証（交付用）」の返却がなかった旨とその理由、②署名に応じな
かった旨とその理由を記載することとなります。

問3－18　納税義務者等から、「『預り証』を今回の税務調査の記録として持っておき
　　たい」と言われた場合、どのように答えるのか。

（答）

　「『預り証』は、返還確認欄に署名をしていただいた上で、返却していただくこととな
りますが、返却の前にその写し（コピー）をとっていただくことは差し支えない」旨を
回答することとなります。

問3－19　留め置いた物件については、税務代理人や従業員などの納税義務者等以外
　　の者に返還することも可能か。

（答）

　物件の返還は、原則として、「預り証」の内容と返還したものに不突合がないことを
その物件の提出を受けた納税義務者等に確認していただいた上で行うこととなります。

　なお、当該納税義務者等の同意が確認できた場合には、税務代理人や役員など一定の
権限を有する関係者に「預り証」の返還確認欄に署名をしていただいた上で返還しても
差し支えありません。

　ただし、税務代理人に返還する場合には、「税務代理権限証書」のみでは、当該納税
義務者等の同意があったこととはならないため、当該納税義務者等に直接同意の有無を
確認することに留意してください。

（預り証の記載事項）

> 問3−20 「名称又は種類」とはどのようなものを指すか。また、「文書」の作成に当たっては、例えば「○○さんから受領した領収証」等と詳細に記載する必要があるか。それとも、「領収証一式」で構わないか。

（答）

　「名称」とは、納税義務者等が物件にラベルを貼付するなどして記載しているその物件の名称をいいます。例えば、納税義務者等がファイルに「総勘定元帳（令和○年分）」と記載したラベルを貼付している場合には、預り証に「総勘定元帳（令和○年分）」と記載することとなります。

　また、「種類」とは、納税義務者等がその物件に特段の名称を付していない場合に記載するものであり、例えば、ノートに１日ごとの売上金額を記載している場合には、預り証に「ノート（令和○年の売上に関する事項が記載されているもの）」と記載することとなります。

　なお、領収証の場合には、通常、日付順に綴った状態にして「領収証綴り」等として表示しているものと考えられますが、その場合には、預り証に「領収証綴り（令和○年○月〜令和○年○月分）」と記載することとなりますし、結束されていない複数の領収証の場合には、単に「領収証一式」と記載するのではなく、その日付や相手方の名称等を付すなど、留め置く物件が客観的に明らかになるよう可能な範囲で具体的に記載する必要があります。

> 問3−21 「数量」とはどのように記載すればいいか。領収証が袋いっぱいに入っている場合、枚数を数えるのか。

（答）

　結束されていない大量の領収証を留め置く場合には、預り証に、単に「領収証一式」と記載するのではなく、できる限りその日付や相手方の名称を付すとともにその枚数を適切に記載するなど、留め置く物件が客観的に明らかになるよう可能な範囲で具体的に記載する必要があります。

> 問3−22 名称及び種類を区分することが困難な場合、納税義務者等の承諾を得て、「事務室机右引き出し上段」といった記載方法は可能か。

（答）

　預り証には、留め置く物件が客観的に明らかになるよう具体的な名称・種類を記載する必要がありますので、「事務室机右引出し上段」といった抽象的な記載ではなく、少なくとも「事務室机右引出し上段中の○○」と具体的な物件の名称等を記載する必要があります。

> **問3－23** 複数税目の調査を行う場合、「預り証」の「＿＿税の調査上必要がありますので、下記の物件をお預かりします。」欄の下線部分に、全ての税目を記載する必要があるか。

（答）

　複数税目の調査を行う場合、「預り証」の「＿＿税の調査上必要がありますので、下記の物件をお預かりします。」欄の下線部分には、原則として、全ての調査対象税目を記載することとなります。

　ただし、記載すべき税目が多岐に渡る場合（おおむね３税目以上）は、事前通知（事前通知を要しない調査にあっては臨場時）において調査対象税目を納税義務者に別途通知していることから、「預り証」においては簡潔に記載することを納税義務者に説明した上で、主たる調査対象税目とその他の税目をまとめて「○○税等」と記載して差し支えありません。

（例）　法人課税部門における調査
○　調査対象税目
　　法人税・地方法人税・消費税及び地方消費税・源泉所得税及び復興特別所得税
○　記載例
　　「法人税等の調査上必要がありますので、…」

> **問3－24** 資料調査課と署との合同事案の場合、「預り証」に記載する「調査担当者」はどのようにすればよいのか。

（答）

　局特別調査（局署合同調査）のように、一の納税義務者に対して局の調査担当者と署の調査担当者が合同で行う調査において物件を留め置く場合、「預り証」に記載する調査担当者については、事前通知等の際に調査担当者の代表者として納税義務者に通知した者（具体的には、資料調査課の担当総括主査、担当専門官又は担当主査）の氏名・所属官署を記載することになります。

　なお、複数の臨場先において物件を留め置く場合であっても、納税義務者の不服申立ての手続が煩雑となることがないよう、「預り証」の「調査担当者」欄には、事前通知の際に調査担当者の代表として通知した者の氏名・所属官署等を記載することとなります。

　ただし、上記の取扱いはあくまで「一の納税義務者に対して局の調査担当者と署の調査担当者が合同で行う調査」の場合の取扱いであり、例えば調査対象者の取引先等、別の納税義務者に対して局の調査担当者のみ又は署の調査担当者のみで反面調査を実施する場合には、物件を実際に預かる際の現場チーフの氏名・所属官署を記載することとなることに留意してください。

> **問3－25** 留置きを行う際に、不服申立てに関する教示文の交付は必要か。

（答）

　行政庁は、不服申立てをすることができる処分をする場合には、その処分を口頭で行う場合を除き、書面で教示することとされています（行審法第82条）。

　なお、留置きは、公権力の行使に当たる事実上の行為であって、行政不服審査法における「処分」に該当する（行審法第1条第2項、不服審査基本通達第2編1－3）ことから、不服申立ての対象になるとともに、当該留置きは、その行為自体が処分となるため、「口頭で行う」処分には該当しません。

　したがって、当該職員が留置きを行った場合は、不服申立てに関する教示文の交付が必要となります。

問3－26　不服申立てに関する教示文を「預り証（交付用）」の裏面に印刷してよいか。

（答）

　不服申立てに関する教示文を「預り証（交付用）」の裏面に印刷した場合には、「預り証（交付用）」の回収後、納税義務者から教示を受けていないとの申立てがなされる可能性があることなどから、不服申立てに関する教示文については、「預り証（交付用）」の裏面に印刷せず、別紙により納税義務者に交付することとなります。

問3－27　法定監査において物件を留め置く場合、不服申立てに関する教示文の交付は必要か。

（答）

　国税庁等又は税関の当該職員は、国税の調査について必要があるときは、当該調査において提出された物件を留め置くことができるところ、法定監査は、通則法第74条の2第1項第1号ロに規定する質問検査権を行使して行う調査であるため、通則法第74条の7《提出物件の留置き》が適用されます。

　したがって、法定監査において物件を留め置く場合、「預り証」と併せて不服申立てに関する教示文を交付する必要があります。

　なお、法定監査は調書の提出義務者に対する質問検査等であるため、納税義務者に対する質問検査等を行う際に適用されることとなる通則法第74条の9～11の規定の適用はありません。

問3－28　納税義務者からの物件の返還の求めを拒否する場合、不服申立てに関する教示は必要か。

（答）

　留め置いた物件の返還に当たって、調査担当者が示した返還可能な日時に対し、納税義務者等が理解を示さず即日の返還を求めるなど、当方が示す返還期限に応じない場合

には、継続して物件を留め置く必要性を説明した上で当該求めには応じられないことを口頭により伝える必要があります。

この場合、返還できないことを口頭により伝えた日の翌日から起算して3か月以内であれば通則法に基づく不服申立てができることも併せて説明する必要があります。

なお、物件の提出者から書面による教示を求められた場合には、書面により不服申立ての教示（「不服申立て等について」の交付）を行うことに留意してください（行審法第82条）。

【参考】不服申立ての区分

処分の態様	行政不服審査法上の区分（留置きに係る不服申立て）	国税通則法上の区分（物件の返還の求めを拒否した場合の不服申立て）
税務署の職員が行う処分	国税庁長官に対する審査請求	税務署長に対する再調査の請求又は国税不服審判所長に対する審査請求
国税局の職員が行う処分		国税局長に対する再調査の請求又は国税不服審判所長に対する審査請求
国税庁の職員が行う処分		国税庁長官に対する審査請求

4　調査終了の際の手続

●総論
（更正決定等をすべきと認められない旨の通知書）

> 問4－1　「更正決定等をすべきと認められない旨の通知書」の法的効果はどのようなものか。

（答）
「更正決定等をすべきと認められない旨の通知書」は、その通知行為自体が何らかの法的効果を生じさせているものではなく、法律上は事実行為に当たると考えられますが、当該通知をもって一連の調査が終了すること、また、法令上定められている「新たに得られた情報に照らして非違があると認めるとき」の要件に該当しない限り、同一税目・課税期間について質問検査等を行うことはできないことに留意する必要があります。

● 「更正決定等をすべきと認められない旨の通知」の有無

> **問４－２**　「更正決定等をすべきと認められない場合」とは、どのような場合を指すのか。

（答）

　通則法第74条の11第１項でいう「更正決定等をすべきと認められない場合」とは、税務署長等が、実地の調査において把握された事実関係等に基づき、更正、決定、賦課決定又は納税告知を行うべきかどうかを検討した結果、更正、決定、賦課決定又は納税告知を行う必要はないと判断した場合のことをいいます。

> **問４－３**　無申告者である個人に実地の調査を行った結果、申告書の提出義務がないと判断された場合、「更正決定等をすべきと認められない旨の通知書」を送付するのか。

（答）

　無申告者である個人に実地の調査を行った結果、申告書の提出義務がないと判断された場合も、更正決定等をすべきと認められない場合に該当しますので、「更正決定等をすべきと認められない旨の通知書」を送付する必要があります。

> **問４－４**　納税義務者の特殊事情（死亡、長期入院等）により、調査を終了（打ち切り）する場合又は中断・延期する場合には、「更正決定等をすべきと認められない旨の通知書」を送付するのか。

（答）

　調査の打ち切りと調査の終了は、いずれも当該納税義務者への質問検査等を終了するという意味では実質的に同じであると考えられますので、その時点において更正決定等すべきと認められない場合には、「更正決定等をすべきと認められない旨の通知書」を送付することとなります。

　この場合、その後に行う後続調査は、再調査に該当するため、「新たに得られた情報に照らし非違があると認める場合」に該当するかどうかを判定する必要があることに留意してください。

　なお、調査の中断・延期は、事実上、調査自体は継続していることになりますので、その時点で「更正決定等をすべきと認められない旨の通知書」を送付する必要はありません。

> **問４－５**　指導事項があった場合はどのように対応するのか。

（答）

　通則法第74条の11第１項には、「国税に関する実地の調査を行った結果、更正決定等をすべきと認められない場合には、…書面により通知するものとする。」と規定されており、指導事項があった場合に、当該通知の対象外とする規定は設けられていません。

　したがって、指導事項があったとしても、最終的に更正決定等をすべきと認められないと判断した場合には、その旨を書面により通知する必要があります（その際、指導事項として指摘した内容を、当該書面に記載する必要はありません）。

　なお、納税義務者に対する指導事項の説明は、調査結果の内容説明の前の段階で行う必要があります。

（注）　指導事項とは、例えば、帳簿書類等の備付け、保存が不備である場合に、適正に備付け、保存をするよう指導することなどをいいます。

問４－６　調査の過程において、事前通知事項以外の税目・課税期間について非違が疑われたため、当該税目・課税期間について質問検査等を行ったが、結果として非違が認められなかった場合、「更正決定等をすべきと認められない旨の通知書」を送付するのか。

（答）

　「更正決定等をすべきと認められない旨の通知書」は、事前通知で通知した調査対象税目・課税期間及び事前通知していないが調査の過程において非違が疑われるとして調査した税目・課税期間の全てが対象となり、その中で最終的に更正決定等をすべきと認められない税目・課税期間を通知することとなります。

　したがって、調査の過程において非違が疑われるとして調査対象とした事前通知事項以外の税目・課税期間についても、更正決定等をすべきと認められない場合には、「更正決定等をすべきと認められない旨の通知書」を送付する必要があります。

問４－７　実地の調査が長期化し、一部の調査対象期間について除斥期間が徒過した場合には、当該調査対象期間について、「更正決定等をすべきと認められない旨の通知書」を納税義務者に送付する必要があるのか。

（答）

　実地の調査が長期化し、一部の調査対象期間に係る除斥期間が徒過した場合には、当該調査対象期間について更正決定等をすることができませんので、「更正決定等をすべきと認められない旨の通知書」を納税義務者へ送付する必要があります。

　なお、複数年分の課税期間を調査している事案については、原則として、同時に調査の終了の際の手続を行うこととなりますが、一部の課税期間につき除斥期間が到来する場合などは、当該課税期間につき、先行して調査結果の内容説明等を行った上で、修正申告書の提出を受けても（更正等の処分をしても）差し支えありません。

> **問4-8** 申請書の内容を審査するため、臨場して質問検査権を行使したが、申請どおりの内容で処理する場合、「更正決定等をすべきと認められない旨の通知書」を送付するのか。

(答)

　「更正決定等をすべきと認められない旨の通知書」は、実地の調査において、更正決定等をすべきと認められない場合に通知するものです。したがって、更正決定等を目的としない申請書につき、臨場して内容を審査した結果、申請どおりの内容で処理する場合であっても、「更正決定等をすべきと認められない旨の通知書」を送付する必要はありません。

> **問4-9** 消費税の還付申告について、臨場して調査した結果、申告どおりに還付することとした場合であっても、「更正決定等をすべきと認められない旨の通知書」を送付するのか。

(答)

　還付申告の内容について実地による審査をすることは、更正決定等を目的とする調査であるため、申告どおりに還付することとなった場合には、「更正決定等をすべきと認められない旨の通知書」を送付する必要があります。

● 「更正決定等をすべきと認められない旨の通知書」の内容

> **問4-10** 「更正決定等をすべきと認められない旨の通知書」の発信者名は誰になるのか（局で行う調査と署で行う調査に違いはあるのか。）。

(答)

　局で行う調査であるか署で行う調査であるかにかかわらず、「更正決定等をすべきと認められない旨の通知書」の発信者名は、全て税務署長となります。

> **問4-11** 通則法第74条の11第1項に規定する「その時点」とは、いつのことを指しているのか。

(答)

　通則法第74条の11第1項に規定する「その時点」とは、税務署長等が更正決定等をすべきと認められないと判断した時点をいうものと解されますので、実務に当てはめると、当該実地の調査について申告是認処理又は非課税決定処理決議を了した時点をいうものと考えられます。

●更正決定等をすべきと認められない旨の通知の手続

> 問4−12 「更正決定等をすべきと認められない旨の通知書」は、いつ作成し、送付
> すればよいのか。

（答）

　通則法第74条の11第1項には、「更正決定等をすべきと認められない場合…」と規定
されており、更正決定等をすべきと認められないと判断した後に「更正決定等をすべき
と認められない旨の通知書」を作成し、送付することになります。具体的には、実地の
調査について申告是認処理又は非課税決定処理決議を行う際に、併せて「更正決定等を
すべきと認められない旨の通知書」の決裁を了し、原則として、普通郵便にて通知する
ことになります。

（注）　交付送達により通知する場合は、書面の交付に基づく手続として、納税義務者か
　　　ら署名を受領する必要があります（手続通達6−5）。

> 問4−13 「更正決定等をすべきと認められない旨の通知書」を送付する際は、調査
> が終了したことも通知するのか。

（答）

　調査が終了したことについては、調査結果の内容の説明を行う際（調査対象税目・期
間の全てについて更正決定等をすべきと認められなかった場合には、その旨を連絡する
際）に、納税義務者に対し説明することとなります。

　なお、「更正決定等をすべきと認められない旨の通知書」には、通則法第74条の11第
1項等に基づき、「実地の調査の結果、その時点において更正決定等をすべきと認めら
れない旨」を通知することとされており、特段調査が終了した旨の記載は必要とされて
いません。

（調査結果の内容説明）
●結果説明の有無

> 問4−14 「更正決定等をすべきと認める場合」とは、どのような場合を指すのか。

（答）

　通則法第74条の11第2項に規定する「更正決定等をすべきと認める場合」とは、納税
申告書に記載された課税標準等又は税額等が調査結果と異なる場合（増額更正に限ら
ず、減額更正をすべきと認められる場合も含む。）や納税義務があると認められる者の
調査を行った結果、課税標準等及び税額等を決定すべきと認められる場合をいいます。

> 問4−15 延滞税、利子税に関する調査結果の内容説明は必要か。

（答）

　通則法第74条の11第２項には、「国税に関する調査の結果、更正決定等をすべきと認める場合には、…その調査結果の内容（更正決定等をすべきと認めた額及びその理由を含む。）を説明するものとする。」と規定されており、この「更正決定等をすべきと認めた額」には、更正決定等の対象とならない延滞税及び利子税は含まれないと解されますので、法令上は延滞税及び利子税の額について説明をする必要はありません（手続通達６－３）。

　ただし、調査結果の内容説明の際には、運用上、納付すべき税額及び加算税のほか、納付すべき税額によっては延滞税が生じることを説明することとなります（基本的な考え方第２章４(2)）。

問４－16　調査結果の内容説明後に調査対象者が転出した場合には、転出先の所轄署において改めて調査結果の内容説明を行うのか。

（答）

　調査結果の内容説明後に調査対象者が転出した場合に、転出先の所轄署において改めて調査結果の内容説明を行う必要はありません。

　この場合、修正申告書等の提出は、転出先署に提出するよう指導し、当初調査を行っていた部署は、転出先署に速やかに、調査関係書類一式を引き継ぐ必要があります。

問４－17　調査結果の内容説明を何度試みても行えない場合に、更正決定等の処分を行うことは可能か。

（答）

　通則法第74条の11第２項では、「国税に関する調査の結果、更正決定等をすべきと認める場合には、…当該納税義務者に対し、その調査結果の内容（更正決定等をすべきと認めた額及びその理由を含む。）を説明するものとする。」とされており、調査の結果、更正決定等の処分を行う場合についても、原則として、調査結果の内容説明は必要となります。

　ただし、いかなる方法によっても納税義務者と連絡が取れないなど、相応の努力をしたにもかかわらず調査結果の内容説明を行うことができない場合には、その経緯を取りまとめて決裁を受けるとともに、必要に応じて局主務課とも協議の上、更正決定等の処分を行うことになると考えられます。

　なお、再三にわたり調査結果の説明を行おうとするも、納税義務者がこれを拒否した場合にも同様に処理することになると考えられますが、その際には、必要に応じて、納税義務者に対して、調査結果の内容説明を再三行おうとしたが応じてもらえないため、調査した結果に基づき更正決定等の処分を行うこととなることを伝えてください。

> **問4－18**　申告書の督促ハガキを送った結果、自主的に期限後申告書が提出され、無
> 申告加算税を賦課決定する場合においても調査結果の内容説明が必要か。

（答）

　例えば、法人税確定申告書の督促ハガキを送付する行為は、質問検査権を行使する調
査には該当せず、行政指導の一環と考えられますので、通則法第74条の11第２項（国税
に関する調査の結果、更正決定等をすべきと認める場合には、…当該納税義務者に対
し、その調査結果の内容（更正決定等をすべきと認めた額及びその理由を含む。）を説
明するものとする。）に規定する調査結果の内容説明を行う必要はありません。

　また、自発的に提出された期限後申告書について部内の処理のみで無申告加算税の賦
課決定を行う行為も、納税義務者に対して質問検査等を行うものではありませんので、
法定化された調査手続の適用はありません（手続通達１－１(3)ロ）。

> **問4－19**　青色申告承認申請の審査の結果についても調査結果の内容説明が必要か。

（答）

　通則法第74条の11第２項には、「国税に関する調査の結果、更正決定等をすべきと認
める場合には、…説明するものとする。」と規定されており、ここでいう国税に関する
調査は、更正決定等を目的とする調査を対象としているものと解されます（手続通達6
－1）。

　ここで、青色申告承認申請に対する審査は、納税義務者からの申請内容が適用要件を
満たすかを確認するものであり、更正決定等を目的としているものではありませんの
で、当該申請に対する審査は、調査結果の内容説明の対象にはなりません。

　なお、当該審査に伴い青色申告の却下等を行う場合には理由附記が必要となりますの
で、書面に記載された理由等に関し、納税義務者等から何らかの説明を求められた場合
には、納税義務者等に対しわかりやすく説明をすることとします。

> **問4－20**　法定監査を実施した場合、調査結果の内容説明は必要か。

（答）

　法定監査は、更正決定等を目的として実施するものではないため、通則法第74条の11
第２項に規定する調査結果の内容説明は不要となりますが、法定調書の記載に誤りがあ
る場合や未提出となっている調書を把握した場合には、該当する法定調書の再提出など
適切な指導を行う必要があります。

> **問4－20－2**　調査通知後、更正等予知前にされた自主的な修正申告書等に係る加算
> 税の賦課決定を行う場合、調査結果の内容説明は必要か。

（答）

　修正申告書若しくは期限後申告書の提出又は源泉徴収等による国税の納付があった場合において、部内の処理のみで更正若しくは決定又は納税の告知があるべきことを予知してなされたものには当たらないものとして過少申告加算税、無申告加算税又は不納付加算税の賦課決定を行うときの一連の行為は納税義務者に対して質問検査等を行うものではありませんので、法定化された調査手続の適用はありません（手続通達１－１(3)ロ）。

　そのため、調査通知後、更正等予知前にされた自主的な修正申告書又は期限後申告書に係る加算税の賦課決定を行う行為も、納税義務者に対して質問検査等を行うものではありませんので、調査結果の説明は必要ありません。

●結果説明の方法・内容

問４－21　調査結果の内容説明は、調査のどの段階で行う必要があるのか。

（答）

　通則法第74条の11第２項には、「国税に関する調査の結果、更正決定等をすべきと認める場合には、…その調査結果の内容（更正決定等をすべきと認めた額及びその理由を含む。）を説明するものとする。」と規定されています。ここでいう「更正決定等をすべきと認める場合」とは、調査において、納税義務者及び税務代理人の主張等も踏まえた非違内容を取りまとめ、その内容について部内決裁を了し、全ての質問検査等を終えた状態をいうものと解されますので、この段階で調査結果の内容説明を行うことになります。

問４－22　調査結果の内容説明は、電話で行ってもよいのか。

（答）

　調査結果の内容説明については、原則として、来署を依頼、又は納税義務者の事務所等へ臨場の上、口頭により非違の内容等を分かりやすく説明する必要がありますが、納税義務者との日程の調整が折り合わない場合等で、口頭で容易に説明可能なときには、電話（必要に応じて参考資料を送付）で行っても差し支えありません。

問４－23　「その調査結果の内容（更正決定等をすべきと認めた額及びその理由を含む。）を説明する」とは、何を、どの程度説明すれば足りるのか。

（答）

　通則法第74条の11第２項には「国税に関する調査の結果、更正決定等をすべき場合には、…当該納税義務者に対し、その調査結果の内容（更正決定すべきと認めた額及びその理由を含む。）を説明するものとする。」と規定されています。

　具体的な説明内容は、次のとおりとなります。

① 非違の内容

　税目によって異なりますが、例えば、申告所得税の調査であれば、「所得の種類」、「(勘定)科目」、「非違の事由」(計上漏れなど)が非違の内容となります。なお、法人税の調査であれば、「売上計上漏れ」といった非違の事由に加え、その処分の内容(売掛金(留保)など)を説明する必要があります。また、相続税の調査であれば、非違の対象となった相続財産の明細(種類、銘柄等)について説明する必要があります。

② 非違の金額

　年分(事業年度)ごとに個々の非違の内容に係る金額及びその合計額、それにより新たに納付すべき税額(又は減算すべき税額)及び加算税の額を説明する必要があります。

③ 非違の理由

　法令等に基づき、非違と認める理由(例えば、商品Aについては期末時点において売上先Bに対し引渡し済であるなど)及び重加算税の対象となる非違については、仮装・隠蔽と認められる理由について説明する必要があります。

問4-24　調査結果の内容説明を書面により行うよう納税義務者等から申出があった場合は、どのように対応すればよいか。

(答)

　通則法第74条の11第2項には「国税に関する調査の結果、更正決定等をすべき場合には、…当該納税義務者に対し、その調査結果の内容(更正決定すべきと認めた額及びその理由を含む。)を説明するものとする。」と規定されており、調査結果の内容説明の方法について特段規定されていませんが、運用上は、原則として、口頭により非違の内容等を説明することとしています(基本的な考え方第2章4(2))。

　したがって、納税義務者等から書面による説明を要望された場合には、少なくとも実地の調査については、原則として、書面の交付はできない旨を説明します。

　なお、口頭で行う場合であっても、必要に応じ、非違の項目や金額を整理した資料など参考となる資料を示すなどして、納税義務者等の理解が得られるよう十分な説明を行うとともに、納税義務者等から質問等があった場合には、分かりやすく回答するよう努めてください。

(注)　1　「調査結果の説明書」は、納税義務者等に提示又は交付しないことに留意してください。

　　　2　納税義務者等に対して資料を提示又は交付した場合には、「調査経過記録書」にその旨を記載するとともに、提示又は交付した資料の写しを調査結果の説明書とともに編てつしてください。

　　　3　実地の調査以外の調査では、非違の内容が書面での説明で十分理解を得られる簡易なものについては、各課事務提要に定めるところにより、書面の送付で調査結果の内容説明を行うこともあります。

> **問4-25** 調査結果の内容説明後に、納税義務者から新たな証拠等の提示があった場合は、どのように対応すればよいのか。

(答)

国税に関する調査の結果、通則法第74条の11第2項の規定に基づき調査結果の内容の説明を行った後、当該調査について納税義務者から修正申告書若しくは期限後申告書の提出若しくは源泉徴収等による国税の納付がなされるまでの間又は更正決定等を行うまでの間において、当該説明の前提となった事実が異なることが明らかとなり当該説明の根拠が失われた場合など当該職員が当該説明に係る内容の全部又は一部を修正する必要があると認めた場合には、必要に応じ調査を再開した上で、その結果に基づき、再度、調査結果の内容説明を行うことができることとなります(手続通達6-4)。

したがって、調査結果の内容説明後に、単なる主張のみではなく、納税義務者から新たな証拠等の提示があり、説明の前提となった事実が異なることが明らかとなり、当該説明の根拠が失われた場合など、当該説明に係る内容の全部又は一部を修正する必要があると認められる場合は、修正申告書の提出が行われる前であれば、統括官等の指示により調査を再開し、その結果に基づいて「調査結果の説明書」を修正し、決裁を受けた上で、再度、調査結果の内容説明を行うことになります(この場合の調査は、いわゆる再調査には該当しません。)。

> **問4-26** 更正決定等をすべきと認められない旨の通知をした後又は調査結果の内容説明につき修正申告書等が提出された後若しくは更正決定等を行った後に、計算誤り等の明らかな誤りが判明した場合には、どのように対応するのか。

(答)

更正決定等をすべきと認められない旨の通知をした後又は調査結果の内容説明につき修正申告書等が提出された後若しくは更正決定等を行った後に、調査担当者による簡易な計算誤りなど、納税義務者に対し改めて質問検査等を行う必要がない明らかな誤りが判明した場合は、

① 納税義務者に対して、行政指導により自発的な情報の提供等を依頼し、必要に応じて修正申告書等の自発的な提出を要請する

② 納税義務者が①に応じない場合には、質問検査等を行うことなく更正処理を行うこととなります。

なお、更正処理に当たっては、事前に納税義務者等に対して調査として更正を行う旨及びその内容を説明することに留意してください。

(注) 1 単なる計算誤りが判明したことのみをもって、通則法第74条の11第5項に規定する「新たに得られた情報」に該当するとはいえないため、改めて質問検査等を行うことはできないことに留意してください。

2 簡易な計算誤り等により、課税標準等又は税額等の減少が見込まれるものについては、必要に応じて行政指導により自発的な情報の提供を要請し、質問検査等を行わない調査として減額更正を行うことに留意してください。

3 調査結果の内容説明をした後（修正申告書が提出される前又は更正決定等を行う前）に、調査担当者による簡易な計算誤りなどが判明した場合には、納税義務者等に説明の上、改めて調査結果の内容説明を行うことに留意してください。

> **問4－27** 法令に基づく調査結果の内容説明を行う前に、自主的な修正申告書を提出したい旨の申出があった場合はどうするのか（法令に基づく調査結果の内容説明を行うまでは、修正申告書を提出できないのか。）。

（答）

　法令に基づく調査結果の内容説明を行う前に、当該職員が修正申告等の勧奨をすることはできません。しかしながら、申告納税制度の下では、申告義務のある者は自主的に修正申告書を提出することが可能であるため、申出があった場合は、修正申告書を受理することとなります。

> **問4－28** 調査着手後、調査結果の内容説明を行う前に修正申告書が提出された場合、調査結果の内容説明等をどのように行うのか。

（答）

　調査結果の内容説明を行う前に修正申告書が提出された場合、当該修正申告と調査結果の内容に差額があるときは、その差額について調査結果の内容説明を行うことになりますが、差額がないときは、当該修正申告書が、
① 更正を予知して提出されたものである場合には、調査による非違の内容、非違の金額及び非違の理由について調査結果の内容説明を行う
② 更正を予知して提出されたものでない場合には、「更正決定等をすべきと認められない旨の通知書」を送付する（実地の調査に限る。）
こととなります。
（注）①の場合、修正申告等の勧奨に係る手続及び「更正決定等をすべきと認められない旨の通知書」の送付は必要ありません。

●結果説明の対象者

> **問4－29** 納税管理人が選任されている場合は、誰に調査結果の内容説明をすればよいのか。

（答）

　調査結果の内容説明は、納税義務者又は税務代理人に対して行います。
　なお、納税義務者と連絡をとれないが納税管理人の選任がある場合は、納税管理人を通じて納税義務者からの連絡を促し、当該連絡があったときには、調査結果の内容説明を行います。

（答）

　通則法第74条の11第2項では、「国税に関する調査の結果、更正決定等をすべきと認める場合には、…当該納税義務者に対し、…説明するものとする。」と規定されていることから、原則、調査対象者である納税義務者本人に対して、調査結果の内容説明を行うこととなります。

　ただし、納税義務者が未成年者・成年被後見人などの場合で、調査結果の内容について十分に理解することが困難な場合等においては、その法定代理人・成年後見人を通じて調査結果の説明を行っても差し支えありません（手続通達4－5）。

問4－31　税務代理人から法令上の調査結果の内容説明を求められた場合、どのように対応するのか（条文上、「納税義務者」のみである）。

（答）

　通則法第74条の11第2項には「納税義務者に対し、その調査結果の内容を説明するものとする。」と規定されていますが、これは税務代理人に対する説明を否定する趣旨ではないと解されますので、一般的には、納税義務者への調査結果の内容説明に併せて税務代理人に対しても説明を行うことになるものと考えられます。

　なお、同条第4項に「納税義務者について…税務代理人がある場合において、当該納税義務者の同意がある場合には、当該納税義務者への前3項に規定する通知、説明、又は交付…に代えて、当該税務代理人への通知等を行うことができる。」と規定されているとおり、納税義務者の同意がある場合を除き、税務代理人に調査結果の内容説明を行ったとしても、納税義務者への調査結果の内容説明を省略することはできないことに留意してください。

（修正申告書等の勧奨等）
●勧奨の方法

問4－32　「修正申告等を勧奨することができる。」とあるが、調査において「修正申告等の勧奨」は必須事項であるのか。例えば、納税義務者が接触を忌避している場合なども必ず勧奨は行わなければならないのか。

（答）

　修正申告等の勧奨は、調査により更正決定等をすべきと認められる納税義務者に対し、納税義務者等からの自発的な修正申告等を促す行政指導として、事務運営上、従来から実施しているところです。通則法第74条の11第3項において「前項の規定による説明をする場合において、当該職員は、当該納税義務者に対し修正申告又は期限後申告を勧奨することができる」旨が規定されていますが、これは、新たに権利義務を規定した

ものではなく、従来どおり行政指導として行うことを確認的に規定したものであり必ずしも必須条件ではありません。

したがって、修正申告等の勧奨は必ず行う必要があるわけではありませんが、運用上は、調査結果の内容説明を行った場合、原則として、修正申告等を勧奨することとします。

なお、納税義務者が接触を忌避している場合などの対応については、問4－17と同様です。

問4－33 調査により不正の事実を把握したため、6・7年前の年分についても修正申告等を勧奨する場合、通則法第74条の11第3項に規定する更正の請求に関する説明は、どのように行うのか。

（答）

通則法第74条の11第3項には「…当該調査の結果に関し当該納税義務者が納税申告書を提出した場合には不服申立てをすることはできないが更正の請求をすることはできる旨を説明するとともに、その旨を記載した書面を交付しなければならない。」と規定されています。したがって、修正申告等の勧奨を行った場合、一般的には更正の請求ができることを説明する必要がありますが、その際には請求期間を徒過している年分については、更正の請求はできないことを説明します。

問4－34 修正申告等の勧奨の際に、行政手続法第36条の2に基づく「行政指導の中止等の求め」の書面が提出されたが、どのように対応すればよいか。

（答）

「行政指導の中止等の求め」とは、法律の要件に適合しない行政指導を受けたと思う者が、行政指導を行った行政機関に対して書面で違法な行政指導の中止等を求める制度であり（行政手続法第36条の2）、調査手続においては、修正申告等の勧奨（通則法第74条の11第3項）が本制度の対象となります。

修正申告等の勧奨の際に、調査対象者から「行政指導の中止等の求め」が書面で提出された場合は、修正申告等の勧奨を行わず、調査担当者の担当以外の統括官等が、「行政指導の中止等の求め」を確認の上、「調査結果の説明書」（調査結果の説明が適切に行われたかを含む。以下、併せて「調査結果等」といいます。）を見直します。

調査担当者等は、その結果に応じて以下のとおり対応し、「行政指導の中止等の求め」があったこと及び対応の内容を「調査経過記録書」に記載します。

① 調査結果等に誤りがない場合は、第三者（担当以外の統括官等）により申出内容を確認したが、調査結果等に誤りがなかったことを調査対象者に説明し、修正申告等の勧奨を行う。

ただし、「行政指導の中止等の求め」が再度提出された場合で、その申出の内容が前回の申出の内容と変わらないときは、上記の説明の後、修正申告等の勧奨に応じる意思がないことを確認し、修正申告等の勧奨に応じる意思が確認できない場合は、更

正決定等を行う。
②　調査結果等に誤りがあった場合は、見直しを行い、申出に基づき見直しを行ったことを説明の上、見直し後の内容により調査結果の説明、修正申告等の勧奨等を行う。

　また、提出された「行政指導の中止等の求め」については、収受し、一般事務整理簿（行政手続関係）に登載の上、調査関係書類に編てつします。一般事務整理簿（行政手続関係）への登載に当たり、摘要欄に編てつ先を記載します。

　なお、「行政指導の中止等の求め」が口頭で行われた場合には、行政手続法上、「行政指導の中止等の求め」は、書面で提出することとされていることを調査対象者に伝え、上記の対応は行いません。

> **問4－35**　「行政指導の中止等の求め」については、「当該行政指導がその相手方について弁明その他意見陳述のための手続を経てされたものであるとき」は、行政手続法第36条の2の適用対象外とされていますが、意見陳述のための手続とはどの程度行う必要があるのか。

（答）

　「弁明その他意見陳述のための手続を経た」とは、修正申告等の勧奨を行うことについて、調査対象者が意見を陳述する機会が付与されたことをいいますが、申告に関する非違事項について意見聴取を行うだけでは、弁明その他意見陳述のための手続を経たことにはならないとされています。

　弁明その他意見陳述のための手続を経たとされるためには、行おうとする行政指導の内容（修正申告等の勧奨）及びその理由（根拠条項、原因となる事実等）を明らかにした上で、当該行政指導を行うことについて意見を陳述する機会を付与することが必要とされており、具体的には、次のように聴取する必要があると考えられます。

【聴取例】

　「国税通則法第74条の11第3項の規定により、調査の結果、更正決定等をすべきと認める場合には、その調査の結果を説明の上、修正申告等を勧奨することができるとされています。調査の結果、○○の非違が認められたことから、更正決定等をすべきと認められますので（調査結果の説明の後）、行政指導として、修正申告等を勧奨できると考えます。修正申告等を勧奨することについて何か意見はありますか。」

　なお、行政手続法上、「行政指導を行う前に当該行政指導を行うことについて意見聴取を行うこと」が義務付けられているわけではありませんが、行政指導の中止等の求めの提出が見込まれるような事案においては、修正申告等の勧奨に先立ち、上記のように意見聴取を行っても差し支えありません。意見聴取を行った場合は、「調査経過記録書」に確実に記載してください。

　おって、意見聴取を行った後に、行政指導の中止等の求めの提出があった場合には、行政手続法第36条の2第1項のただし書きにより、適用対象外となりますが、その旨を調査対象者に説明し、その内容を「調査経過記録書」に確実に記載してください。

（同意に基づく税務代理人への説明等）

問4－36 「調査結果の内容説明のみ同意する」といった部分的な同意は可能なのか。

（答）

　法令上は、特段、部分的な同意は否定されていないため、納税義務者本人から、例えば通則法第74条の11第2項に規定する調査結果の内容説明についてのみ、同条第4項に規定する税務代理人への通知等に同意するという申立てがあった場合には、「調査経過記録書」に適切に記録を残すとともに、同意のあった部分のみ税務代理人に説明することになります。

問4－37 税務代理権限証書の提出がない税理士であっても、同意があれば納税義務者に代わって説明等を行ってもよいか。

（答）

　税務代理人の定義は、通則法第74条の9第3項第2号に規定されているとおり、税務代理権限証書を提出している者が対象となります。したがって、納税義務者の同意があったとしても、税務代理権限証書の提出がない税理士に対して説明を行うことはできないこととなるため、税務代理権限証書の提出について当該税理士に指導することとなります。

問4－38 通則法第74条の11に規定する調査終了の際の手続（更正決定等をすべきと認められない旨の通知、調査結果の内容説明、修正申告等の勧奨の際の教示文の説明・交付）について、納税義務者に代えて、税務代理人への通知等を行う場合に必要な「同意の事実を証する書面」の記載事項はどのようなものか。

（答）

　通則法74条の11第4項に基づき、納税義務者に代えて、税務代理人に対して調査結果の内容説明等を行う場合には、納税義務者の同意を確認する必要があります。この同意の確認方法については、電話又は臨場により納税義務者に直接同意の意思を確認する方法と税務代理人を通じて同意の事実を証する書面を提出してもらう方法があります。

　なお、書面により提出してもらう場合には、①同意した日付、②名宛人（税務署長）、③同意者の住所・氏名（納税義務者）、④同意する旨（同意する税務代理人の氏名を含む）、⑤同意する税目・課税期間（基本的には、調査対象税目と調査対象期間）、⑥同意する手続（更正決定等をすべきと認められない旨の通知、調査結果の内容説明、修正申告等の勧奨の際の教示文の説明・交付）、を記載することとなります。

（注）　印紙税に関しては、税務代理人となることはないことに留意してください。

問4－39 「調査の終了の際の手続に関する同意書」に収受印の押印は必要か。また、当該書面は署内でどのように編てつすることとなるのか。

（答）

　「調査の終了の際の手続に関する同意書」は、納税義務者が自らの納税地を所轄する税務署長に対して提出する文書であり、国税当局が収受する行政文書に該当するため、収受印の押印が必要です。また、提出用と同時に提出された控えについては、収受印を押印して納税義務者へ返却します。

　また、当該書面は、調査手続チェックシートにおける手続のチェック項目に関連する内容となっているため、調査手続チェックシートと併せて、同一の場所に編てつしてください。文書の保存年限は７年（調査事務関係書類）となります。

　なお、当該書面が確定申告書等と同時に提出された場合など、質問検査等を行う前に提出されていた場合には、確定申告書等と併せて編てつしてください。

問４－40　「調査の終了の際の手続に関する同意書」が質問検査等を行う前に確定申告書等と併せて提出されていた場合、改めて納税義務者の意思を確認することなく、調査終了の際の手続を税務代理人に対して実施してよいか。

（答）

　①　実地の調査の場合

　質問検査等を行う前に「調査の終了の際の手続に関する同意書」が提出されていた場合には、「調査の終了の手続」を実施する時点において有効かどうか明らかではないため、当該手続を実施する前に、再度、納税義務者に当該同意書の内容（意思）を確認する必要があります。

　②　実地の調査以外の調査の場合

　直接納税義務者に再度意思を確認することが困難な場合には、税務代理人から委嘱されている旨（同意書が有効である旨）の申立てがあることをもって、税務代理人に調査結果の内容説明、及び「修正申告等の提出について」（教示文）の交付等を実施して差し支えありません。

問４－41　実地の調査の相手方となる納税義務者に複数の税務代理人がいる場合、全ての税務代理人に対して調査結果の内容説明等を行うのか。

（答）

　納税義務者に複数の税務代理人がいる場合には、納税義務者に調査の終了の際の手続に関する同意を確認する際に、いずれの税務代理人に対して調査結果の内容説明等を行うべきかを併せて確認し、指名された税務代理人に対して調査結果の内容説明等を行うこととなります。

（法的効果の教示）

問４－42　修正申告等を勧奨する際に交付する修正申告等の法的効果の教示文「修正申告等について」は、納税義務者に送付する場合にも、受領に関する署名を求める必要があるのか。

（答）

「修正申告等について」は、国税に関する法律の規定に基づき交付する書面であることから、教示文を対面で交付する場合は、納税義務者に対し交付送達の手続としての署名を求めることとなります（通則法第12条、第74条の11第3項、通則法施行規則第1条）。

ただし、教示文を納税義務者に送付する場合には、交付送達に該当しないことから、教示文の受領に関して納税義務者に署名を求める必要はありません。

問4−43 行政指導により自発的な修正申告書等の提出を要請する際には、修正申告等に係る法的効果を教示する必要があるのか。

（答）

行政指導に基づき修正申告等の提出の要請を行う際には、法令上、修正申告等に係る法的効果の教示を行うことは義務付けられていませんが、従前と同様に、加算税や延滞税が課される場合があることなどの説明を行うこととなります。

（再調査）
●総論

問4−44 「新たに得られた情報」や「非違が認められる」ことについて、納税義務者へその理由を通知するのか。

（答）

再調査の理由について、納税義務者に対して通知すべきことは法令上特段規定されていないため、納税義務者に対してその理由を開示して説明する必要はありません。また、判例上も、実定法上特段の定めのない調査の実施の細目については、質問検査の必要があり、かつ、これと相手方の私的利益の衡量において社会通念上相当な範囲にとどまる限り、権限ある税務職員の合理的な選択に委ねられているとされていることから、納税義務者に対してその理由を説明する必要はありません。

なお、再調査を行う際には、特段の支障がない範囲で再調査する内容を説明するなどして、納税義務者の理解と協力が得られるよう努める必要があります。

問4−45 「新たに得られた情報」に基づいて再調査可能と判断したが、情報誤りにより、結果、非違が認められなかった場合は手続違反となるのか。

（答）

通則法第74条の11第5項については、再調査の結果として必ず非違が発見されることを再調査の実施のための要件としているものではないため、再調査の適否について必要な判断を適切に実施している限りにおいては、訴訟において、手続違反と判断されることにはならないと考えられます。

なお、非違が認められなかった場合は「更正決定等をすべきと認められない旨の通知」を送付してください。

> 問4−46　調査の過程で、事前通知していない税目・課税期間に非違が疑われ、直ちに質問検査等を行う必要が生じたが、当該税目・課税期間に対する調査が再調査に該当することが明らかな場合には、どのように再調査の適否を判断すればよいのか。

（答）

　調査の過程において事前通知していない税目・課税期間について非違が疑われた場合において、当該税目・課税期間の調査が再調査に該当することが明らかなときには、臨場先から統括官等に電話により連絡し、非違があると認められる事項やその理由等を説明した上で、再調査の適否を確認してください。

　連絡を受けた統括官等は、当該税目・課税期間について、新たに得られた情報に照らして非違があると認める場合に該当するか否かを検討します。

　再調査が可能と判断した場合には、直ちに調査に着手するのか、その後の調査との関係で改めて当該税目・課税期間について調査に着手するのかを検討の上、再調査の適否を判断することとなります。

　なお、帰署後、再調査の適否の検討結果及び統括官の指示事項等を「調査経過記録書」に記載してください。

●再調査の対象

> 問4−47　同一の納税義務者に対して、異なる税目の調査を実施する場合は、再調査に該当するのか。

（答）

　再調査の判定は、税目・課税期間により判定することとなりますので、異なる税目の調査は、通則法第74条の11第5項に規定する再調査には該当しません。

> 問4−48　前回調査で検査した総勘定元帳につき、今回調査においても提示・提出を求めることは、再調査に該当するのか。

（答）

　例えば、前回調査（X年度）で検査した総勘定元帳であっても、今回調査（X＋1年度）の申告内容の確認について必要な場合は提示・提出を求めることができます。

　ただし、前回調査した課税期間（X年度）の申告内容の確認のために提示・提出を求めることは、通則法第74条の11第5項に規定する再調査に該当することになります。

（答）

　通則法第74条の11第5項には「…修正申告書の提出…若しくは更正決定等を受けた納
税義務者に対し、質問検査等を行うことができる。」と規定されていることから、再調
査は、修正申告書等を提出した納税義務者に対する質問検査等が対象となります。一
方、反面調査は、他の納税義務者に金銭若しくは物品の給付をする義務があったと認め
られる者等に対する質問検査権の行使であるため、同項に規定する納税義務者に対する
質問検査等には当たらないことから再調査には該当しないことになります。

問4−50　実地の調査以外の調査により質問検査等を行った後、同一税目・課税期間
　　　　について改めて質問検査等を行うことは、再調査に該当するのか。

（答）

　通則法第74条の11第5項には、「第1項の通知（更正決定等をすべきと認められない
旨の通知）をした後又は第2項の調査（実地の調査に限る。）の結果につき納税義務者
から修正申告書若しくは期限後申告書の提出…があった後若しくは更正決定等をした後
…」と規定されているため、いずれにしても、前回の調査が実地の調査以外の調査の場
合は、通則法第74条の11第5項に規定する再調査には該当しません。

問4−51　更正の請求書が提出され、当該請求内容につき減額更正を行った後に、同
　　　　一の年分について質問検査等を行うことは、再調査に該当するのか。

（答）

　更正の請求が提出され、その審査の過程で請求内容について納税義務者に対し実地の
調査により質問検査等を行い、結果として当該請求内容どおりに減額更正を行った後
に、当該更正の請求があった税目・課税期間について改めて質問検査等を行う場合は、
通則法第74条の11第5項に規定する再調査に該当します。

　ただし、更正の請求書が提出され、その請求に対して部内の処理のみで請求どおりに
更正を行った場合や平成27年4月1日以後に実地の調査以外の調査により質問検査等を
行った場合には、その後、同一税目・課税期間につき質問検査等を行ったとしても、再
調査には該当しません（手続通達1−1(3)イ）。

問4−52　個人事業者に対し、申告所得税につき実地の調査により更正を行った後
　　　　に、源泉所得税の調査のために質問検査等を行うことは、再調査に該当するの
　　　　か。

（答）

　通則法第74条の11第５項に規定する再調査の規定は、税目及び課税期間（処分等の対象となる納税義務）の重複により判断するものであって、申告所得税の納税義務と源泉所得税の納税義務は別個の納税義務であることから、再調査には該当しません（手続通達４－１(2)）。

　なお、通常は、所源消同時調査により調査を実施することになります。

問４－53　個人課税部門が申告所得税における実地の調査を行った後に、同一年分につき資産課税部門が譲渡所得の調査のために質問検査等を行うことは、再調査に該当するのか。また、前回の調査を行った個人課税部門職員が、資産課税部門において保有していた資料情報を確認せず前回の調査を行っていた場合、当該資料情報を「新たに得られた情報」として資産課税部門において再調査を行うことは可能か。

（答）

　個人課税部門が申告所得税における実地の調査を行った後に、同一年分につき資産課税部門が譲渡所得の調査のために質問検査等を行うことは、いずれも申告所得税に係る調査であるため、通則法第74条の11第５項に規定する再調査に該当することとなります。

　また、「新たに得られた情報」とは、通則法第74条の11第１項の通知又は同条第２項の説明に係る国税の調査において質問検査等を行った当該職員（前回の調査における調査担当者）が、当該通知又は当該説明を行った時点において有していた情報以外の情報をいうこととされています（手続通達６－７）。

　したがって、個人課税部門の行った前回の調査においては、資産課税部門が所有する情報を含め、調査対象となる納税義務者についての申告所得税関係部署が有する全ての情報に基づき、同条第１項の通知又は同条第２項の説明を実施することが適当です。

　よって、前回の調査の際に資産課税部門が保有していた資料情報は、再調査の判定をする際の「新たに得られた情報」には該当せず、当該資料情報により再調査を行うことはできません。

　※　「再調査の適否検討表」に記載する「新たに情報を取得した日」とは、例えば、投書や「各課部門事務連絡せん」が送付・回付された日を記載することとなります。したがって、新たに得られた情報とそれ以外の情報とを総合勘案し非違があると判断した場合であっても、非違があると判断した日を記載するのではなく、新たに得られた情報を取得した日を記載することとなります。

問４－54　連携調査等で、基幹法人と関連法人の同時着手を予定しており、関連法人との取引で基幹法人に不正が想定されるが、関連法人においては非違が想定されない場合において、基幹法人の不正が疑われることをもって、「新たに得られた情報に照らし非違がある」として関連法人の再調査は可能か。

（答）

　基幹法人と関連法人との取引について不正が行われているという情報に基づき、当該内容により基幹法人に非違があると認められる場合であっても、関連法人には非違が認められない場合には、関連法人に対して再調査することはできません。

　ただし、基幹法人の反面調査として、関連法人に対して調査を行うことは可能と考えられます。

　なお、非違が認められる情報は直接的な情報のみで判断されるものではなく、間接的な情報も含め総合的に判断されるものであることから、基幹法人の不正に関連法人が関連し、関連法人の申告にも非違が認められるのであれば、関連法人の調査は可能と考えられます（手続通達6−8）。

　また、連結法人においても、同様に、連結法人ごとに非違が認められるか否かの判定を行うこととなります。

問4−55　再調査の請求に係る調査により新たな非違事項を把握するとともに、再調査の請求を棄却したが、その後、当該非違事項を基に新たに調査することは、通則法第74条の11第5項の規定により制限されるのか。

（答）

　通則法第74条の11第5項の規定により更正決定等を目的とした調査を実施した後に行う、当該調査と同一の税目及び課税期間に係る調査については、再調査の制限があります。

　したがって、原処分に係る調査が更正決定等を目的とした調査である場合には、再調査の請求の棄却後においても、通則法第74条の11第5項の規定による再調査の制限はありますが、再調査の請求に係る調査で新たな非違事項を把握した場合には、通則法第74条の11第5項に規定する「新たに得られた情報に照らし非違があると認めるとき」に該当することから、再調査を行うことは可能であると考えられます。

　なお、仮に、原処分に係る調査が、申請により求められた許認可等の是非を判断するための調査である場合には、当該調査は、更正決定等を目的とした調査には該当しないことから、再調査の請求の棄却後においても、通則法第74条の11第5項の規定による再調査の制限はありません。

問4−56　調査の対象期間に、書面添付制度（税理士法第33条の2）に係る意見聴取を実施し、調査に移行しない旨の連絡（「意見聴取結果についてのお知らせ」を送付した場合を含む。）をした期間が含まれている場合、再調査に該当するのか。

（答）

　書面添付制度（税理士法第33条の2）に係る意見聴取を実施し、調査に移行しない旨の連絡（「意見聴取結果についてのお知らせ」を送付した場合を含む。）をした期間については、納税義務者に対して質問検査等を行っていないため、その後において質問検査等を行うことは、再調査に該当しませんが、意見聴取の結果、調査に移行しない旨を連

絡していることを踏まえ、再度調査を実施する際には、その調査の必要性を慎重に検討する必要があります。

　また、調査を行う前には、書面添付制度（税理士法第33条の２）に係る意見聴取を再度、実施することに留意してください。

　なお、法の趣旨を踏まえた円滑な調査を実施する観点から、運用上、後続調査の調査対象期間において、書面添付制度に係る意見聴取による接触事績がある場合には、前回接触時に確認した事項について重複して聴取等することのないよう、部内簿書等を確認しておく必要があります。

●再調査の判断

問４−57　再調査の適否を判定するに当たり、前回の調査にはどのようなものが該当するのか。

（答）

　再調査の可否を判断する前提となる前回の調査には、更正決定等を目的とする調査で、実施の調査が該当することとなります（手続通達６−６）。

問４−58　「新たに得られた情報」とは、どのようなものをいうのか。

（答）

　通則法第74条の11第１項の通知（更正決定等をすべきと認められない旨の通知）又は同条第２項の説明（調査結果の内容の説明）に係る国税の調査において質問検査等を行った職員が、当該通知又は当該説明を行った時点において有していた情報以外の情報が「新たに得られた情報」の対象となります（手続通達６−７）。具体的には、次のようなものが考えられます。

① 　納税義務者の申告に関する情報
- 　申告の有無及び申告がある場合の申告の内容（例：申告書、添付書類、申告事績に基づく税務分析結果、勘定科目の個別検討結果等）

② 　資料情報
- 　各種法定調書
- 　協力依頼に基づき任意に提出された資料情報
- 　部外情報（例：投書、インターネットの掲示板への書込み、メールや電話による情報提供等）
- 　マスコミ情報（例：新聞、テレビ、雑誌、広報誌、フリーペーパー等）
- 　地方公共団体等から協力要請に基づき提供された資料情報（例：課税通報、住民票の写し、戸籍謄本・抄本、登記事項証明書等）

③ 　その他の情報
- 　調査着手時に自ら把握した情報（事前通知事項以外の事項に係る調査を再調査として行う場合に限る。）
- 　内観・外観調査により把握した情報

- 他部門の調査により把握した情報
- 納税義務者等に依頼した「お尋ね」の回答内容
- 他部門で保有している情報
- 法令適用の判断についての上級機関（庁・局）への照会に対する見解（例：調査中にその取扱いについて上級機関（庁・局）へ照会しており事実関係を整理して結論を得るのに時間がかかるなどの理由により調査を一旦終了し後日見解が示された場合）
- 租税条約に基づく情報交換により得られた情報

④ 上記情報に加えて非違の存在の客観性を高める情報として、業種・業態情報
- 各業種、業態特有の不正手口の傾向、取引慣行等
- 景況分析結果（業種別・地域別）
- 各種統計資料

なお、調査の時点において、調査担当者が調査中には実際に目にしなかった情報であっても、その時点で確認しようと思えば容易に確認できた部内情報については、仮に、確認したのが調査の後であったとしても、基本的にはその情報は「新たに得られた情報」には該当しないものと考えられます。

問４−59 調査を中断・延期した場合、改めて実地の調査を行うに当たり、再調査の適否判定は必要か。

（答）

調査の中断・延期後に、調査を再開することは、再調査には該当しないことから、再調査の適否判定は必要ありません。

問４−60 実地の調査実施済事案について会計検査院から検査に基づく照会があった場合には、「新たに得られた情報」があったものとして再調査を行うことができるのか。

（答）

実地の調査実施済事案について会計検査院から照会があった場合には、当該照会事項が前回調査時に質問検査等を行った職員が有していた情報に係るものであるときには、当該照会事項は「新たに得られた情報」には該当しませんので、行政指導により自発的な情報の提供を要請し、必要に応じて修正申告等の自発的な提出を要請します。

また、会計検査院が独自に入手した情報に基づき照会を行う場合など、会計検査院の照会自体が「新たに得られた情報」に該当し、結果として非違があると認められる場合には、通則法第74条の11第５項に規定する再調査として質問検査等を行い、照会事項の解明を行ってください。

（注） 納税義務者が上記の行政指導にも応じない場合の手続は、各課事務提要に定めるところにより対応してください。

問4−61 国税不服審判所の裁決において、収益計上時期が誤っているという理由により更正処分が取り消された場合に、当該裁決を「新たに得られた情報」として、正当とされた事業年度について再調査を行うことはできるのか。

（答）

問4−60において、「法令適用の判断についての上級機関（庁・局）への照会に対する見解」は「新たに得られた情報」に該当することとしています。

上級機関の判断（法令適用の判断）と審判所の判断（当局の法令の適用誤りという判断）は、調査担当者が知り得ない情報（判断）という点で違いはないため、審判所の判断についても「新たに得られた情報」として取り扱うことが相当です。

したがって、審判所における当局の法令の適用誤りという判断についても、調査担当者が知り得ない「新たに得られた情報」に該当し、非違があると認められる場合には、再調査を行うことは可能です。

5 理由附記

（総論）

問5−1 理由附記が必要となる法令の根拠は何か。

（答）

平成23年度税制改正により、行政手続法第3条第1項に定めるもののほか、他の国税に関する法律に別段の定めがない限り、全ての申請に対する拒否処分及び不利益処分に理由を提示することが必要があります。

問5−2 理由附記をせずに行った不利益処分は、直ちに違法として取り消されるのか。

（答）

不利益処分には、法令に基づき、理由附記を行う必要があるため、理由附記をしていない処分は、違法なものとして取り消されることになります。

なお、仮に理由附記を欠く処分が行われた場合には、直ちに取り消す必要があります。

問5−3 処分の内容は正しいが、理由附記の記載内容に重大な誤りがあった場合、理由附記の記載内容を訂正して再処分を行うことは可能か。

（答）

理由附記に当たっては、いかなる事実関係に基づき、いかなる法令（処分基準が公表されている場合にはその基準を含む）を適用して処分したのかを、納税義務者がその記載内容から了知し得る程度に記載する必要があります。

記載内容に重大な誤りがある等の瑕疵があり、その瑕疵の態様によって理由附記に不備があると認められるものについては、処分を取り消す必要がありますが、取り消した後において、再度、納税義務者に質問検査等を行うことなく、その処分を行う必要がある場合には、適法な理由附記を行った上で処分することとなります。

問5－4 不利益処分に係る公示送達を行う場合には、理由附記（理由書）についても公示するのか。

（答）

公示送達は、通則法第12条の規定により送達すべき書類について、その送達を受けるべき者の住所及び居所が明らかでない場合又は外国においてすべき送達につき困難な事情があると認められる場合に、送達すべき書類の名称、その送達を受けるべき者の氏名及び税務署長等がその書類をいつでも送達を受けるべき者に交付する旨を税務署等の掲示場に掲示して行うものです。

したがって、不利益処分に係る通知書そのものを公示する必要はありませんので、理由書についても同様に公示する必要はありません。

（理由附記の対象）

問5－5 青色申告の承認申請を却下する場合に理由附記は必要か。

（答）

税務署長は、青色申告の承認申請書の提出があった場合において、帳簿書類の備付け、記録又は保存が法令で定めるところに従って行われていないなどの事実があるときは、その申請を却下することができるとされています。

この却下は、申請により求められた承認を拒否する処分に該当しますので、法令に基づき、理由附記を行う必要があります。

問5－6 青色申告の承認の取消し通知に理由附記は必要か。

（答）

青色申告の承認の取消しについては、所得税法第150条第2項、法人税法第127条第2項において、取消しの処分の基因となった事実が取消事由のいずれに該当するのかを附記しなければならないと規定されており、理由附記を行うこととなっています。

問5－7 承認（認定）申請の取下げに理由附記は必要か。

（答）

　納税義務者が提出した各種申請書について、納税義務者自らが取下げを表明した場合には、法令に基づく処分は行われていないため、理由附記の必要はありません。

問5－8　白色申告者に対する更正や決定にも理由附記は必要か。

（答）

　全ての不利益処分が理由附記の対象となることから、白色申告者に対する更正（増額更正に限る。）や決定にも理由附記が必要となります（行政手続法第14条第1項）。

問5－9　減額更正に理由附記は必要か。

（答）

　減額更正は、不利益処分に該当しないことから、更正の請求の一部認容の場合や青色申告者に対する減額更正（申告所得税にあっては、不動産所得、事業所得又は山林所得に係る更正）などを除いて、理由附記の必要はありません。

　ただし、青色申告者に対する（減額）更正は、所得税法又は法人税法において、理由附記することが必要とされていますので、青色申告者に対する減額更正（申告所得税にあっては、不動産所得、事業所得又は山林所得に係る更正）は、引き続き理由附記を行う必要があります。

問5－10　加算税に理由附記は必要か。

（答）

　過少申告加算税、無申告加算税、不納付加算税及び重加算税の賦課決定は、不利益処分に該当することから、理由附記が必要となります。

問5－11　増額更正を行い、その更正に係る増差税額につき過少申告加算税の賦課決定をした後に、再更正により本税額が減少したため、その減少額に対応する過少申告加算税を再賦課決定により減少させることとなったが、当該加算税の再賦課決定処分に理由附記は必要か。

（答）

　過少申告加算税を減少させる再賦課決定処分は、不利益処分に該当しないため、理由附記の必要はありません。

問5－12　延滞税、利子税に理由附記は必要か。

（答）

　延滞税及び利子税は、課税要件事実が生じたときに成立し、成立と同時に特別の手続を要することなく確定する国税であることから、理由附記が必要となる処分ではありません（通則法第15条第3項）。

問5-13　納税地指定に理由附記は必要か。

（答）

　納税地指定は、納税義務者の意思に基づき自由に定めることができるものとされている納税地につき、国税庁長官又は国税局長の判断によって、その納税地を指定する処分であることから、不利益処分（「義務を課し、又は権利を制限する処分」）に該当し、理由附記が必要となります。

問5-14　補佐人帯同の不許可通知等に対する不服申立てについての審査手続に係る 　　　　処分にも、行政手続法に基づく理由附記は必要か。

（答）

　行政手続法第3条第1項第16号（適用除外）の規定により、不服申立ての審査手続において法令に基づいてされる処分等については、行政手続法第8条（理由の提示）の規定は適用されないため、行政手続法に基づく理由附記の必要はありません。

　※　「再調査決定」については、行政手続法第3条第1項第15号（適用除外）により、行政手続法に基づく理由附記を行う必要はないが、通則法第84条により理由を記載することとされています。

（記載の程度）

問5-15　理由は、どの程度記載すればよいのか。

（答）

　通則法第74条の14第1項により、国税に関する法律に基づき行う処分について、行政手続法第8条又は同法第14条に基づく理由の提示を行う場合には、行政庁の判断の慎重を担保してその恣意を抑制するとともに、処分の理由を相手方にも知らせて不服の申立てに便宜を与えることにあるという趣旨を踏まえて、いかなる事実関係に基づき、いかなる法令（処分基準が公表されている場合にはその基準を含む）を適用して処分したのかを、納税義務者がその記載内容から了知し得る程度に記載する必要があります。また、処分の相手方が処分の理由となるべき事実を知っていたとしても、理由提示義務の程度が緩和されることはありません。

（答）

　記帳・帳簿等の保存がない白色申告者である事業所得者等については、正確な所得金額を捕捉することが困難となりますので、一般的に、反面調査を基に、推計課税の方法等を用いて所得金額を算定せざるを得ません。したがって、このような事業所得者等に対して理由附記を行う場合には、推計課税の必要性、合理性等について記載が必要となるものの、記帳・帳簿保存がない以上、帳簿の記載を具体的に否定する理由を記載することは困難であることから、例えば、勘定科目毎に申告漏れ総額をまとめて示すなど、実際の記帳の程度を踏まえた合理的な範囲で理由附記を行わざるを得ないと考えられます。

問5－17　職権による減額更正後に調査による増額更正を行う場合、増差税額のうち減額更正後の税額と当初申告の税額との差に相当する部分については加算税が賦課されないが、その旨を理由附記に記載する必要はないか。

（答）

　職権による減額更正後に調査による増額更正を行う場合、増差税額のうち減額更正後の税額と当初申告の減額との差に相当する部分については、「正当な理由」があるものとして、加算税対象税額から控除されますが、「正当な理由」については、①納税義務者に立証責任があるとされていること、②加算税の賦課決定の課税要件ではないこと、③納税義務者に対して不利益となる取扱いではないことから、「正当な理由」の具体的な内容については、理由附記に当たって記載する必要はありません。

問5－18　加算税の賦課決定に当たって、過少対象と重加対象の所得金額がある場合、重加算税が少額不徴収（5,000円未満）となるときであっても、「仮装隠蔽の事実」等について附記する必要はあるのか。

（答）

　重加算税を賦課決定しない限り、「仮装隠蔽の事実」等を記載する必要はありません。また、「少額不徴収となる」旨についても記載する必要はありません。

　したがって、過少申告加算税に係る理由附記のみを行うこととなります。

　ただし、この場合であっても、「仮装隠蔽の事実」があったことにより電子帳簿保存法第8条第4項（優良な電子帳簿に係る過少申告加算税の軽減措置）の規定の適用を適用しない場合の理由附記に当たっては、当該「仮装隠蔽の事実」について記載する必要があります。

問5－19　理由書において記載する法人の敬称は、「貴法人」に限られるのか。

（答）
　法人の敬称については、社会通念上、使用が可能なものであり、かつ、処分の理由書中において継続的に使用している限りにおいては、「貴法人」以外のものについても使用可能です。
　したがって、株式会社等にあっては「貴社」、また、法人税法により法人とみなされている「人格のない社団等」（「○○団」、「○○会」）にあっては、「貴団体」、「貴会」等を使用して差し支えありません。

6　その他

（再調査の請求に係る調査）

> 問６−１　再調査の請求書の記載について、再調査の請求の趣旨又は再調査の請求の理由が不明確・不明瞭であることから、不服審査担当者がこれらを再調査の請求人に確認することとした場合、当該確認行為は通則法における「調査」に該当するのか。

（答）
　再調査の請求書が提出された場合、不服審査担当者は、公正な立場で的確な調査、審理を行う必要があることから、事実関係に争いがあるか否かにかかわらず再調査の請求人の主張を十分把握することとしています（不服申立事務提要第１章第２節、第２章第２節第３款）。
　このため、不服審査担当者は、再調査の請求書に記載された再調査の請求の趣旨又は再調査の請求の理由が明らかでない場合には再調査の請求人等に対してその内容を確認することとなります。
　このことは、その後の再調査の請求に係る調査を的確なものにさせ再調査の請求人の正当な権利利益の簡易迅速な救済に資することとなり、また、調査の際の質問検査権の行使として再調査の請求人等に回答を求める行為とは異なるものであって、あくまで再調査の請求人等の協力を前提として任意に行われるものであることから、通則法上の質問検査権に基づく行為ではないと考えるのが適当です。
　したがって、不服審査担当者が再調査の請求の趣旨又は再調査の請求の理由を確認することは、再調査の請求人に対する行政指導（任意の協力依頼）であって通則法における「調査」に該当する行為とはいえません。

> 問６−２　再調査の請求書の記載について、再調査の請求の趣旨又は再調査の請求の理由が不明確・不明瞭であることから、不服審査担当者がこれらを再調査の請求人の事業所等に臨場して確認することとした場合、通則法上の事前通知は必要か。

（答）

再調査の請求の趣旨又は再調査の請求の理由を確認することは、通則法における「調査」には該当しないことから、再調査の請求人の事業所等に臨場して確認する場合、通則法上に定める事前通知を行うことまで求められてはいないものと考えます。

　しかしながら、運用上は、事前通知を行わないとする特段の事情がない限り、口頭意見陳述の手続に準じて、事前に連絡し再調査の請求人の希望する日時等を確認するなどの調整を行った上で臨場することが適当です（不服申立事務提要第2章第2節第3款）。

問6-3　再調査の請求書の記載について、再調査の請求の趣旨又は再調査の請求の理由の確認をする場合、当該確認を税務代理人以外の不服申立代理人に対してすることはできるか。

（答）

　不服申立代理人は、「不服申立人のために、当該不服申立てに関する一切の行為をすることができる。」とされています（通則法第107条第2項）。

　この「不服申立てに関する一切の行為」とは、不服申立てに関する書類の提出その他その申立てに関して必要な手続その他の行為をいい、不服申立代理人が不服申立人に代わって不服申立ての目的となっている所得の有無等について調査を受けることや、調査に立ち会うことまでは、これに含まれていないと解されています。

　したがって、再調査の請求の趣旨又は再調査の請求の理由の確認は、通則法における「調査」には該当しないことから、税務代理人以外の不服申立代理人（例えば、再調査の請求人に不服申立代理人として選任されている再調査の請求人の家族や再調査の請求人の事業に係る経理担当者）に対して行っても差し支えないものと考えます。

（注）　口頭意見陳述を行う際は、不服申立代理人を同席させることができることとされています（不服審査基本通達第1編84-10）。

問6-4　実地で行う再調査の請求に係る調査において不服申立代理人が税務代理人でない場合、事前通知を当該代理人にも行うのか。また、当該代理人の立会いを認めるのか。

（答）

　実地の調査を行う場合の事前通知の対象者は、納税義務者及び税務代理人に限られています（通則法第74条の9第1項）ので、不服申立代理人が税務代理人でない場合、原則として事前通知を行う必要はありません。

　ただし、税務代理権限証書を提出していない税理士が不服申立代理人である場合には、再調査の請求に係る調査において当該税理士とともに質問検査等を受ける意思があるなど、再調査の請求人が当該税理士に対して税務代理を行わせる意思を有していることも想定されます。そのため、再調査の請求人に対して事前通知を行った際にこのことを確認し、再調査の請求人が当該税理士に対して税務代理を行わせる意思を有している場合には、税務代理権限証書（税理士法第30条）を提出させるよう再調査の請求人を通じて指導し、当該税理士から当該書面の提出を受けた上で当該税理士にも事前通知する

ことになります。

　なお、不服申立代理人は、「不服申立人のために、当該不服申立てに関する一切の行為をすることができる。」とされており（通則法第107条第2項）、この「不服申立てに関する一切の行為」とは、不服申立てに関する書類の提出その他その申立てに関して必要な手続その他の行為を行うことを指しており、不服申立代理人が不服申立人に代わって不服申立ての目的となっている所得の有無等について調査を受けることや、調査に立ち会うことまでは、これに含まれていないと解されています。

　したがって、不服申立代理人が税務代理人でない場合は、当該不服申立代理人の立会いは認められず、拒否する必要があります。

　なお、不服申立代理人が税理士であったとしても税務代理権限を有することを証する書面（税理士法第30条）を提出していない場合には実地の調査に立会うことはできませんが、これを提出することにより立会うことが可能となります。

> **問6-5**　再調査の請求に係る調査の結果についても調査結果の内容説明は必要か。

（答）

　通則法第74条の11第2項には、「国税に関する調査の結果、更正決定等をすべきと認める場合には、…説明するものとする。」と規定しており、説明の対象となる調査は、更正決定等を目的とする調査となります（手続通達6-1）。

　再調査の請求に係る調査は質問検査権等に基づいて行うものですが、その調査は、再調査決定をするために行うものであり、更正決定等を目的としたものではないため、同条に基づく調査結果の内容説明は必要ありません。

> **問6-6**　調査に基づき行った更正処分に対して再調査の請求がなされた場合において、再調査の請求に係る調査のために質問検査等を行うことは、通則法第74条の11第5項により、制限されるのか。

（答）

　通則法第74条の11第5項の規定により、更正決定等を目的とした調査を実施した後に行う、当該調査と同一の税目及び課税期間に係る調査については、再調査の制限があります。

　しかしながら、再調査の請求に係る調査のために質問検査等を行うことは、納税義務者（再調査の請求人）からの請求に対応して、再調査の請求人のために行うものであり、質問検査等が必要であることは明らかであることから、再調査の請求に係る調査のために質問検査等を行うことは可能です。

（更正の請求）

> **問6-7**　更正の請求について調査を行った場合、調査終了の際にはどのような手続が必要か。

（答）
　更正の請求について調査を行った場合には、次の手続が必要となります。
①　更正（一部認容を含む。）する場合
　更正の請求の内容を確認するために質問検査等を伴う調査（実地の調査又は実地の調査以外の調査）を実施し、更正（一部認容を含む。）を行う場合には、調査結果の内容説明を行う必要があります。
　なお、更正の請求を部内の処理のみで更正（一部認容を含む。）を行う場合には、調査結果の内容説明は必要ありません。
（注）　更正の請求の全部を認める場合には、理由附記は必要ありませんが、一部認容の場合や青色申告者に対する更正（申告所得税にあっては、不動産所得、事業所得又は山林所得に係る更正）には理由附記が必要となります（問6−10、6−11参照）。
②　更正しない場合
　更正の請求の内容を確認するために実地の調査を行った結果、その全部を認めない場合（却下を含む。）には、「更正の請求に対して更正をすべき理由がない旨の通知書」に加えて、「更正決定等をすべきと認められない旨の通知書」を送付する必要があります。
　なお、「更正決定等をすべきと認められない旨の通知書」については、通則法第74条の11第１項において、「国税の実地の調査の結果、更正決定等をすべきと認められない場合には、・・・書面により通知するものとする。」と規定されていることから、質問検査等を行っていない場合や、質問検査等は行っていても実地の調査以外の調査の場合には、当該通知書を送付する必要はありません。
（注）　更正の請求の全部を認めない場合には、理由附記が必要となります（問6-10参照）。

【参考】更正の請求に伴う調査に関する調査手続等の適用関係等

		調査手続				処分		
		74の9「事前通知」	74の11①「更正決定等をすべきと認められない旨の通知」	74の11②「結果説明」	74の11⑤「再調査」	23④前段「更正」	23④後段「更正理由なし」	74の14「理由附記」
全部認容（注2）	適用	△（注3）	×	○	×（注4）	○	×	×／○（注7）
	作成書類	チェックシート	×	結果説明書	×（注5）	更正通知書	×	×／理由附記
一部認容	適用	△（注3）	×	○	×（注4）	○	○	○（注7、8）
	作成書類	チェックシート	×	結果説明書	×（注5）	更正通知書（注6）	×（注6）	理由附記※教示文添付

棄却	適用	△（注3）	△（注3）	×	×（注4）	×	○	○
	作成書類	チェックシート	更正決定等をすべきと認められない旨の通知	×	×（注5）	×	更正をすべき理由がない旨の通知	理由附記※教示文添付

(注)　1　上段は、各条項の適用の有無を、下段は、適用がある場合における作成書類を示す。

　　　2　更正の請求に対して部内の処理のみで請求どおりに更正を行う場合には、調査手続は適用とならないことに留意する。

　　　3　実地の調査の場合に適用となる。

　　　4　更正の請求に伴う実地の調査を実施した後、更正決定等を目的とした調査を行う場合は、再調査に当たることに留意する。

　　　5　（注）4に該当する場合は、「再調査の適否検討表」の作成を要することに留意する。

　　　6　一部認容の場合における更正通知書には、更正をすべき理由がない旨の通知が含まれる。

　　　7　理由の提示に関し個別法に定めがあるものは、減額更正処分であっても理由の提示が必要であることに留意する。

　　　8　更正の請求に対し一部棄却した場合は、当該不利益処分の理由の提示に伴い、処分全体の理由の提示が必要であることに留意する。

　　　9　複数年分の更正の請求に伴う調査を行う場合であっても、税目及び課税期間で画される一の納税義務ごとに判定することに留意する。

問6－8　更正の請求について調査によりその内容等を確認したところ、納税義務者から更正の請求の取下書が提出されたが、調査終了の際の手続を履行する必要があるのか。

（答）

　更正の請求について、実地の調査又は実地の調査以外の調査によりその内容の確認等を行った場合には、調査の途中で更正の請求の取下げがあった場合であっても、納税義務者に対し質問検査等を行っていることから、当該調査で検討、確認すべきとした事項の調査を了した上で、調査の終了の際の手続を履行することとなります（取下げがあったことを理由に、「調査」自体がなかったことにすることはできません。）。

（注）　更正の請求の取下げがあった場合、「更正の請求に対してその更正をすべき理由がない旨の通知書」は交付しないことに留意してください。

問6－9　更正の請求書に「理由の基礎となる事実を証明する書類」の添付がない場合、行政指導により提出を依頼するのか。

（答）

　更正の請求書に添付すべき通則法施行令第６条第２項に規定する「理由の基礎となる事実を証明する書類」がないため、その提出を納税義務者に依頼する場合、原則として、行政指導により提出を依頼することとなります。

　また、行政指導により提出があった書類を部内で検討した結果、更正の請求の全部が認容できる場合には、納税義務者に対して質問検査等を行っていないことから、当該更正の請求の処理は調査手続の対象外となります。

　なお、提出された書類について、その記載内容の事実関係の確認を目的として納税義務者に接触を図る場合には、質問検査権の行使となることから、実地の調査又は実地の調査以外の調査として接触することとなります。

（注）　当初から、更正の請求について、実地の調査等により質問検査等を行い処理する必要がある場合には、調査として添付すべき書類の提出を依頼します。

問６－10　更正の請求の全部を認めない場合又は一部を認めない場合に理由附記は必要か。

（答）

　更正の請求があった場合において、調査の結果、更正の請求の全部を認めないときは、その旨を通知することとされていますが、当該通知は、申請に対する拒否処分に該当するため、法令に基づき、理由附記を行う必要があります。

　また、更正の請求の一部を認めない場合についても、法令に基づき、更正通知書に、更正の請求に係る一部につき理由がない理由を附記する必要があります。

問６－11　更正の請求を全部認容する場合にも理由附記は必要か。

（答）

　更正の請求を全部認容する場合には、（減額）更正をすることとなりますが、減額更正処分は不利益処分に該当しないため、理由附記をする必要はありません（問５－９参照）。

　ただし、青色申告者に対する更正（申告所得税にあっては、不動産所得、事業所得又は山林所得に係る更正）については、たとえ減額更正であっても、所得税法又は法人税法において理由附記をすることが必要とされていますので、理由附記を行う必要があります。

22 質問応答記録書作成の手引

（TAINS：課税総括課情報 R021120-03）

　（注）＜不開示＞とした箇所は、情報公開法上の不開示情報とされた部分である。

質問応答記録書作成の手引

令和2年11月
国税庁課税総括課

はしがき
　調査においては、まずもって物証（デジタルデータを含む）の収集が重要であることは論を待たず、経済活動の国際化、複雑化等が進んだ現在においても、このことは変わらず、むしろ重要性は増している。

〈不開示〉

　しかし、答述は、見間違い（聞き間違い）、記憶違い（記憶減退）、言い間違い（不正確な説明）が起こりやすい上、あえて虚偽の答述がなされる場合もあるため、そもそも、答述の信用性は慎重に判断されるものである（これは、審判や訴訟の場はもとより、調査時の事実認定においても同様である）。

〈不開示〉

　実際、審判や訴訟の場において、審判官や裁判官が質問応答記録書の記載内容に疑念を持ち、その結果、重要な証拠であった質問応答記録書の信用性が否定され、課税処分が取り消されることもある。
　そこで、本手引においては、課税要件事実が確実に記載され、課税処分の根拠となることはもとより、ベテランのみならず、若手の職員も、審判や訴訟の場において信用性に疑問を持たれない質問応答記録書を作成することを目標に解説を行うこととした。
　そのため、本手引の構成としては、「Ⅰ　質問応答記録書作成のフロー」で質問応答記録書作成に関する全体的な流れを示し、「Ⅱ　質問応答記録書作成における重要事項」、「Ⅲ　FAQ」及び「Ⅳ　奥書・その他」で内容面・形式面に関する留意事項をそれぞれ解説し、「Ⅴ　質問応答記録書作成事例集」で具体的な作成例を示すとともに、各作成例の随所に注釈を付して答述を記録した趣旨などを具体的に解説している。
（目次省略）

Ⅰ　質問応答記録書作成のフロー

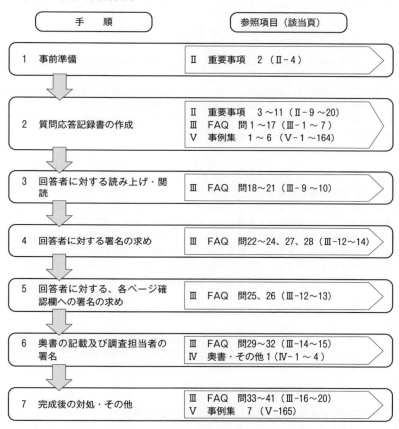

手　順	参照項目（該当頁）
1　事前準備	Ⅱ　重要事項　2（Ⅱ-4）
2　質問応答記録書の作成	Ⅱ　重要事項　3〜11（Ⅱ-9〜20） Ⅲ　FAQ　問1〜17（Ⅲ-1〜7） Ⅴ　事例集　1〜6（Ⅴ-1〜164）
3　回答者に対する読み上げ・閲読	Ⅲ　FAQ　問18〜21（Ⅲ-9〜10）
4　回答者に対する署名の求め	Ⅲ　FAQ　問22〜24、27、28（Ⅲ-12〜14）
5　回答者に対する、各ページ確認欄への署名の求め	Ⅲ　FAQ　問25、26（Ⅲ-12〜13）
6　奥書の記載及び調査担当者の署名	Ⅲ　FAQ　問29〜32（Ⅲ-14〜15） Ⅳ　奥書・その他1（Ⅳ-1〜4）
7　完成後の対処・その他	Ⅲ　FAQ　問33〜41（Ⅲ-16〜20） Ⅴ　事例集　7（Ⅴ-165）

Ⅱ　質問応答記録書作成における重要事項

1　質問応答記録書を作成することの重要性

(1)　質問応答記録書とは

- 課税に関する調査とは、課税要件[1]に該当する具体的事実（課税要件事実）の存否

1　「課税要件」とは、納税義務が成立するための要件をいい、税法、民法、会社法等の各種関係法令（その解釈を含む。）により規定されているほか、判例により示されているものもある。

2　「立証」とは、事実を証明することをいう。

3　「答述」とは、質問調査において回答者が回答した内容をいう。

を証拠により明らかにし、これに税法等の関係法令を適用して、正当な課税標準等及び税額等を導き出す一連の作業をいう。

〈不開示〉

- 　納税者等の答述を証拠化するものとしては、質問応答記録書及び調査報告書がある。
　質問応答記録書は、その記載内容について、答述したとおり誤りがない旨の回答者による確認を経た上で、その確認作業の証として回答者による署名を受けるものであるのに対し、調査報告書は、回答者の答述内容を調査担当者が記載したに過ぎず、その記載内容について、回答者の確認を何ら経ていないものである。

〈不開示〉

(2) 質問応答記録書の重要性

- 　納税者や反面調査先等に対する質問調査を行って答述を得た際には、質問応答記録書を作成し、その答述内容を証拠化することが重要であり、質問応答記録書を作成せず、安易に調査報告書のみの作成に留めることがないよう留意すべきである。
- 　また、調査を行う事案には、納税者が当初から過少申告を自認しており、争訟となる見込みが低い事案から、納税者が過少申告を否定するなど納税者の言動等からして、将来争訟となることが必至と考えられる事案まで様々なものが存在する。

〈不開示〉

　　　（なお、本手引に搭載した質問応答記録書の作成例は、本手引をできるだけ汎用性のあるものとするという目的に鑑み、必要と思われる事項を網羅した手厚いものとしている。）。

〈不開示〉

(3) 質問応答記録書の作成を実践し、訓練することの重要性

- 　多くの調査担当者にとって、事案に応じた適切な質問応答記録書を効率的に作成することは、これを心掛けてはいても、一朝一夕に実現できることではない。殊に、争訟となる見込みがあるなど処理が困難な事案であればこそ、調査担当者は、どのような質問応答記録書を作成すべきかについて頭を悩ませ、自問自答しながら、調査に当たっている。
　このような現状を踏まえれば、処理が困難な事案においてのみ、適切な質問応答記録書を作成すれば十分であると考えるのではなく、調査効率とのバランスに配慮しつつも、納税者が過少申告を自認しているような基本的な事案において、これを適切な

4　「証明力」とは、ある証拠が、どの程度事実を立証する力があるかを表す言葉であり、「信用性」ともいう。「証明力」が高い証拠ほど、証拠としての価値が高い。

質問応答記録書の作成を実践し、訓練する好機と捉え、事案に応じた適切な質問応答記録書の作成が可能となるように知識、経験、技能の習得を図ることが重要である。

このような実践及び訓練を重ねることで、処理が困難な事案においても適切な質問応答記録書を効率的に作成し、的確に事案を処理することができるようになり、ひいては、調査事務全体の効率化にもつながることになると考えられる。

(4) 質問応答記録書の作成状況を証拠化することの重要性

- 質問応答記録書の作成をした場合には、その旨を上司に報告するための調査報告書を作成することとなるが（Ⅲ FAQ 問37参照）、

〈不開示〉

2 事前準備（課税要件事実の分析）の重要性

- 質問応答記録書は、課税が適法であること、言い換えれば、課税要件事実が存在することを立証するために作成するものである。

納税者や反面調査先等に対して質問調査を行い質問応答記録書を作成するに当たっては、質問応答記録書作成の目的に沿った入念な事前準備が必要であり、具体的には、調査対象事案における「課税要件事実」の分析が必要不可欠である。

〈不開示〉

- このように、質問応答記録書の作成に当たっては、調査対象事案で立証しなければならない課税要件事実を入念に分析し、どのような事実を記載しなければならないのかを十分に整理する必要があり、場合によっては、そのように整理した質問応答記録書に記載すべき事項について箇条書形式の項目メモを作成するなどの方法も有用である（箇条書形式のメモの作成例については、次ページ《参考》のとおり。）。

〈不開示〉

3 事実の要素を明らかにすること

(1) 事実の要素

- 「事実の要素」とは、①誰が、②いつ、③どこで、④誰と、⑤何を、⑥なぜ、⑦どのようにしたかなど、「事実認定」を行う上で確定すべき事項を指す。

事実の要素
① 誰が
② いつ
③ どこで
④ 誰と
⑤ 何を
⑥ なぜ
⑦ どのように

- 「事実認定」とは、これらの「事実の要素」を、信用性の高い証拠によって確定する作業であるから、事実認定のために作成する質問応答記録書においても、これらの「事実の要素」について可能な限り明らかになるよう記載しなければならない。

「事実の要素」を可能な限り明らかにする主な理由は以下の２点である。

- 第１の理由は、「課税要件事実の存否を明らかにする」という点である。

　　　　　　質問応答記録書の中で「事実の要素」を明らかにすることは、課税要件事実の立証に必要不可欠である。
- 　第2の理由は、「具体的な答述を得て質問応答記録書の信用性を高める」という点である。

(2)　「主体」と「日時」の重要性
- 　事実の要素の中で、特に重要と考えられるのが、「主体（誰が）」と「日時（いつ）」である。
　　税法においては、様々な課税要件が定められているが、ある特定の行為が課税要件となっている場合に、その行為の主体が誰であるか、その行為がいつ行われたかによって、課税要件の成否が異なる場合がしばしば存在するため、「主体（誰が）」、「日時（いつ）」の2つが特に重要である。

- 　　　　　　「主体」と「日時」は、課税要件事実の立証上、重要な意味を持つことが多く、それゆえに、質問応答記録書の作成の際には、特にその重要性に留意すべきである。

(3)　「日時」の特定の程度と方法
- 　質問応答記録書に日時を記載する場合には、回答者がどの程度の根拠をもってその日時を答述しているのかを意識する必要がある。

- 　　　　　　日時の特定に際しては、回答者に、その日時を記憶している根拠の説明を求め、その回答内容に合わせた記載をすることが必要である（その他日時を記載する場合の留意点について FAQ 問16参照）。

4　「評価」ではなく「具体的事実」を記載すること
(1)　「事実」を明らかにすることの重要性
- 　前述のとおり、質問応答記録書作成の目的は、課税要件事実の立証である。
　　しかしながら、課税要件は、抽象的な評価の形で法律に規定されているものが多く、例えば、重加算税の「隠蔽又は仮装」のように、どのような「具体的事実」が「隠蔽又は仮装」に該当することとなるかについては何ら規定がない。

「隠蔽又は仮装」行為の内容となる「具体的事実」を質問応答記録書において明らかにする必要がある。

〈不開示〉

(2) 「評価」と「事実」の区別

- このように、「評価」ではない「具体的事実」を明らかにすることは課税要件事実の立証上、極めて重要であるが、「評価」と「具体的事実」との区別は難しいことが少なくない。

〈不開示〉

- 　　　　　「評価」を表す言葉は、身近な言葉の中にも存在するのであり、この点にも留意が必要である。

(3) 「評価」を用いてもよい場合

- 既述のように、質問応答記録書においては、「評価」ではなく、「事実」を記載すべきであり、「評価」を記載した場合には、その内容となる具体的事実を記載すべきである。

  しかし、質問応答記録書に用いる「評価」を表す言葉全てについて、その内容となる「具体的事実」を記載するのは現実的ではないし、その必要もない。

  具体的には、「評価」を表す言葉については、課税要件事実の立証に必要な限度で、その内容となる「具体的事実」を記載することが必要である。

〈不開示〉

- 　　　　　「評価」を表す言葉についてどの程度「評価」の内容となる具体的事実を明らかにしなければならないかは、課税要件や争点、更には回答者の答述以外の証拠の有無などによって異なってくるのである。

5　答述が変遷[7]した場合の対応（変遷理由の録取）

- 質問調査を行う中で、回答者の答述が変遷した場合には、回答者から答述を変遷させた理由を聴取し、これを質問応答記録書に記載して証拠化することが原則である。

〈不開示〉

7　客観的証拠との整合性に留意すること

- 質問応答記録書を作成するに当たっては、客観的証拠と矛盾する答述を記載しないよう留意し、回答者が、客観的証拠と矛盾する答述をしている場合には、その点を指

7　「答述の変遷」とは、回答者が、従前していた答述を変更し、内容が異なる答述を行うことをいう。

摘することで更に質問を継続し、矛盾のない回答を得るよう努めなければならない。
- 　質問応答記録書に記載された答述の一部が客観的証拠と矛盾していると、場合によっては、その部分だけでなく、当該質問応答記録書に記載された答述全体が信用できないものと判断され、答述全体の信用性が否定されることも十分にあり得るからである。

〈不開示〉

- 　このように、客観的証拠と矛盾する答述は、その部分だけではなく、答述全体の信用性を失わせる危険性を持っているのであり、このような答述を記載した質問応答記録書を作成することのないよう留意すべきである。
　すなわち、質問応答記録書作成に当たっては、その前提として、調査できる範囲の客観的証拠についての調査を尽くし、できる限りの客観的証拠を入手しておく必要がある。
- 　また、客観的証拠と矛盾する質問応答記録書を作成したことが判明した場合には、速やかに、回答者に対する再度の質問調査を行い、客観的証拠と矛盾する答述について、再度説明を得て、質問応答記録書を作成すべきである。

〈不開示〉

8　証拠物を示す場合の録取方法

(1)　「証拠物」を示すことの重要性

- 　税務調査は、金銭及び経済行為に関する調査であり、その過程で作成される様々な書類等の資料を証拠物として用いる場合が非常に多い。

〈不開示〉

- 　　　　　　　　　　質問応答記録書作成に当たっては、入手している<u>証拠物を的確に回答者に示し、これに関する具体的な説明を質問応答記録書に記載して証拠化することは極めて重要</u>である。

(2)　証拠物を十分に特定すること

- 　証拠物を示して質問応答記録書を作成する場合には、示した証拠物を特定するのに十分な記載をする必要がある。
- 　例えば、預金通帳であれば、「誰名義の」「どの銀行の」「どのような口座の」預金通帳であるかを明らかにする必要があり、

　　このとき本職は、○○銀行××支店に開設されたＸ名義の普通預金口座（口座番号・・・・・）の通帳１冊のうち、口座開設日が記載された部分１枚を回答者に示し、その写しを本書末尾に資料１として添付することとした。

などと記載する（特定方法の例に関しては、質問応答記録書作成事例集に掲載された各作成例のほか、奥書・その他３(1)参照）。

⑶ 「証拠物に関する説明」をさせること

〈不開示〉

- 　　　　　　必要があれば、回答者に対し、質問応答記録書に添付する証拠物の写しに書き込みなどをさせることも差し支えない（証拠物原本への書き込みは厳禁である。）（Ⅲ FAQ 問14及びⅣ奥書・その他３参照）。

9　問答形式と物語形式の選択

- 　「問答形式」とは、質問調査を行った調査担当者の問とこれに対する回答者の答の双方を質問応答記録書に記載する方式である（Ⅴ質問応答記録書作成事例集１⑴等参照）。
  　他方、「物語形式」とは、調査担当者の問を記載せず、回答者が自ら出来事を物語っている形で質問応答記録書を記載する方式である（Ⅴ質問応答記録書作成事例集２⑵等参照）。
- 　質問応答記録書の作成に当たっては、「問答形式」、「物語形式」のいずれであっても、その証明力には差がないので、いずれを使用しても差し支えなく、次表に記載した各形式の長所・短所、事案の内容、質問事項、回答者の特性、調査担当者の経験等を踏まえ、適切な形式を選択する。

	長所	短所
問答形式	・使い慣れている。 ・事前に上司等から指示された質問事項を証拠化しやすい。 ・回答者の回答内容だけでなく、その態度も表現しやすい。	・問の分、ボリュームが大きくなる ・問と答が対応しづらい場合がある（問の記載が難しい場合がある）。 ・問の記載内容によっては、不適切な質問が行われていたと疑われ、答述の信用性が低下する危険がある。
物語形式	・問の記載をする必要がなく、コンパクトにできる。 ・文章の流れが問により寸断されないため、読み手が読みやすい。 ・問の記載がないため、問の記載から誘導尋問等の不適切な質問が行われていたと疑われるという事態は生じない。	・現状、調査担当者が不慣れである。 ・一読しないと重要性の高い部分とそうでない部分の違いが分かりにくい場合がある。

- 　ただし、「問答形式」を使用する場合には、回答者の答を記載する際に、文章の主語を始めとした「事実の要素」（前記３参照）を記載することを忘れないよう留意が必要である。

〈不開示〉

いずれにせよ、「問答形式」、「物語形式」いずれを用いる場合でも、これまで述べてきた「事実の要素」を明らかにすべきことや、「評価」ではなく「具体的事実」を記載すべきことは同様に当てはまることに留意する必要がある（その他この項目に関連する事項としてⅢFAQ問11、問12及び問17参照）。

- 　また、問答形式を使用する場合には、前記のとおり、問と答を対応させるのが難しいことから、どのような問を記載したらよいのか迷う場合が少なくなく、このような場合には、問に誘導尋問を記載してしまいがちであるため、不相当な誘導尋問を問として記載しないよう留意する必要がある（詳細は後記10参照）。

- 　前記のとおり、問答形式と物語形式は、その証明力には差がなく、いずれを用いても差し支えない。

　ただし、問答形式は、前記のとおり、主語が不明確となるおそれや不相当な誘導尋問を問として記載してしまうおそれがあるほか、回答者の答述内容に加え、問の部分の記載を要し、記載すべき文字数が多くなるため、作成に時間がかかるという短所もある。

　このようなことから、作成に慣れれば、物語形式の方が効率的であるとも考えられるため、問答形式だけではなく、物語形式を積極的に用いることは、スキルアップの上でも、事務効率の上でも、有用であると考えられる（本手引の質問応答記録書作成例には、問答形式だけでなく物語形式のものも多数掲載しているので、参照されたい。）。

10　問答形式を用いる場合には、不相当な誘導尋問を問として記載しないこと

- 　誘導尋問とは、質問者が回答者に期待する答が質問の中に示されている質問のことをいう。

〈不開示〉

　また、誘導尋問の中には、それまでの回答者の答述を質問者が要約し、これを認めさせたり、質問者の「評価」を回答者に認めさせる内容のものもある。

〈不開示〉

　このような誘導尋問を質問応答記録書に記載することは、調査担当者の見立てや評価を回答者に押し付けており、回答者が自発的に答述していないのではないかとの疑いを招き、その問答部分のみならず、質問応答記録書全体の証明力を低下させる可能性があるため、差し控えるべきである。

- 　ただし、誘導尋問であれば何でも記載することが許されないわけではない。

　まず、誘導尋問を記載すべきでないのは、課税要件事実の立証に関係する重要な事実に関してであり、争いのない前提事項については、誘導尋問を用いて簡潔に記載することは許される（この区別は、前記4(3)において説明した「評価」だけでなく「具体的事実」を記載すべき場合と「評価」を用いてもよい場合の区別とほぼ同様である。）。

　例えば、法人における架空外注費計上事案において、回答者がその法人の代表者で

あることは争いのない前提事項であるような場合には、

（問）　あなたは、株式会社Aの代表取締役ですね。

（答）　はい。

などと誘導尋問を記載しても差し支えない。

　また、回答者が虚偽を述べていたり、非協力な態度に終始するなどの理由により、回答者を追及する必要がある場合には、誘導尋問を行う必要があり、その追及過程を記載する場合には、誘導尋問を記載しても差し支えない。

〈不開示〉

- 　以上のように、問答形式を用いる場合には、不相当な誘導尋問とはどのようなものかをよく理解し、<u>不相当な誘導尋問を問として記載することのないよう留意すべきである。</u>

11　読みやすく、理解しやすい記載を心掛けること

　質問応答記録書は、課税要件事実を立証するための証拠として作成するものであるから、審判官や裁判官などの調査担当者以外の第三者が読んだ際に、その記載内容が十分に理解できる読みやすいものでなくてはならず、以下のような点にも留意して作成するべきである。

(1) <u>一つの文はできるだけ短くし、二通り以上の意味に解釈できるような文章を記載しないこと</u>

　　一つの文が長すぎると、読む者の理解の妨げになる上、場合によっては、二通り以上の意味に解釈できる文章となってしまうこともあることから、一つの文はできるだけ短くし、文章の意味が一通りに定まるような記載をするように心掛けるべきである。

(2) <u>読みやすい文字で記載し、誤字・脱字のないように心掛けること</u>

　　質問応答記録書を手書きで作成する場合には、誰が読んでもその記載内容が理解できるように読みやすい文字で記載するべきである。乱雑な文字で記載すると、時には、記載内容自体が争われ、証明力が低下する可能性もある。

　　また、誤字・脱字も、後から読む者の理解を妨げるから、できるだけ誤字・脱字がないよう心掛けるべきである（誤字・脱字が判明した場合の対処方法についてはⅢFAQ問19、問20及び問33参照）。

(3) <u>用語を統一すること</u>

　　質問応答記録書においてある事柄を指すものとして特定の用語を用いた場合には、それ以降、同じ事柄を指す場合には、同じ用語を用いるべきであり、同じ事柄を指すものとして複数の異なった用語を用いると、読み手が混乱するので、避けるべきである。

(4) <u>図や計算式等の活用を検討すること</u>

- 　回答者の答述内容によっては、質問応答記録書を文章のみで記載した場合、後から読む第三者が理解しづらくなる場合があり、このような場合は、図や計算式等を活用することで、少しでも読みやすい記載となるよう努めるべきである。

　　具体的には、質問応答の場において、回答者に図面を作成させたり計算を求め、

これを質問応答記録書に添付するなどし、理解しやすい記載とするよう心掛ける。

- 例えば、回答者が、不正行為により蓄財した現金を一時的に自宅のどこかに隠していた旨答述した場合に、回答者に対して、隠していた場所を示す図面や隠していた状況を表す絵を作成することを求めるような場合や、関係者が多数に及ぶ場合に、回答者に対して関係者間の人的関係等を図示して説明を求めるような場合などが考えられる。

  このような場合には、質問応答記録書に当該図面等を添付する際に、回答者に対し、当該図面等の余白に、当該図面等を作成した日付の記載及び回答者の署名を求める（Ⅳ奥書・その他3(2)参照）

〈不開示〉

そして、質問応答記録書本文には、

> このとき、本職は、回答者に対し、回答者が答述した現金隠匿場所を示す図面の作成を求め、これに応じて回答者が作成した図面1枚を資料1として本書末尾に添付することとした。

などと記載して、当該図面等が質問応答の場で作成されたことを明らかにしておくべきである。

- なお、質問調査における質問応答記録書の作成は、回答者の答述内容を証拠化するために行うものであり、図面や計算式等は、これを補助するものであるから、図面や計算式等を利用する場合には、回答者に対して図面の作成や計算を求めるのが原則であるが、必要に応じて、調査担当者が図面等を作成したり、計算を行うことも差し支えない。

  ただし、その場合には、調査担当者が作成した図面等や調査担当者が行った計算過程及び結果について、回答者から確認を受けた上で、確認を受けた事実を証拠化するため、回答者に対し、調査担当者が作成した図面等や計算過程を記載した用紙に質問応答記録書の作成日付の記載と署名を求めるべきである。

- また、調査担当者が、事前に作成するなどした図面や計算結果等を用いて質問応答記録書を作成する場合には、回答者にその図面又は計算結果等に合致する特定の答述をすることを強制していると受け取られないよう留意し、回答者が、図面又は計算結果等と異なる答述をした場合には、図面又は計算結果等を適宜修正する必要がある。

  加えて、じ後に、事前に作成した図面又は計算結果等の正確性が争われる場合に備え、図面又は計算結果等の作成過程を、質問応答記録書に記載したり、別途調査報告書を作成するなどして、証拠化しておくべきである。

Ⅲ　FAQ

〔総論〕

> 問1　回答者や税理士から、質問応答記録書の作成方法や作成理由を質問された場合、どのように説明すればよいか。

（答）

　例えば、「この調査でお聞きした内容を正確に記録するために、質問応答記録書という書面を作成します。これまでお聞きした内容を書面に記載します。その後、間違いがないようにするため、私が読み上げた上、あなたに読んでもらい、内容を確認してもらいたいと考えています。もし訂正や追加してほしい点があれば、訂正します。このようにして、この調査でお聞きした内容を正確に残したいと考えています。」などと回答者等に説明する。

問2　質問応答記録書は、回答者の面前で作成する必要があるか。

（答）

　質問応答記録書は、原則として、質問応答の場において、回答者の面前で作成する。

　ただし、時間的余裕がないなど、これにより難いやむを得ない事情がある場合には、調査場所において回答者の面前以外で文面を作成したり、一旦帰署して文面を作成した後、別の機会に回答者に対し読み上げ・閲読し、署名を求めても差し支えない。

　【閲読については、問18参照】

　当然ではあるが、回答者に対する読み上げ・閲読の前に、訂正等がないかの問に対し、訂正等がない旨記載された「答」の部分や、回答者が誤りのないことを確認した旨記載された奥書をあらかじめ記入（印刷）してはならない（調査担当者には、回答者の訂正等の申立てに応じる意思がないとの誤解（疑義）を生じさせることになる。）。

　ただし、回答者が署名した行以降に斜線を引いて余白処理をした上、次のページに、あらかじめ奥書や調査担当者の署名欄が印刷された継続用紙を充てることは差し支えない。

　【本文末尾の問答の記載方法については、問17参照】

　【奥書の記載方法については、問32及びⅣ奥書・その他１参照】

問3　記録者である調査担当者が、質問者に追加の質問を促してもよいか。

（答）

　複数の調査担当者で質問応答記録書を作成する場合、質問は２名で実施し、１名が「質問者」として主たる質問を行い、他方の者が「記録者」として筆記（又はパソコン入力）を行って質問応答記録書を作成する。

　この際、記録者が質問者に追加の質問を促しても差し支えなく、また、記録者が回答者に対し直接、補足の質問をしても差し支えない。

　ただし、質問する者が頻繁に入れ替わったり、調査担当者相互間で整合しない発言をするなどして、回答者が混乱に陥ることのないよう留意する。

問4　調査担当者が１名であっても、質問応答記録書を作成してもよいか。

（答）

　質問応答記録書の作成は、可能な限り、２名の調査担当者で実施するのが望ましいが、これが困難である場合は、１名で作成しても差し支えない。

> **問5**　質問応答記録書をパソコンで作成することは可能か。また、手書きする場合の留意点は何か。

（答）

　記録者（記録者がいない場合には、質問者）が、質問調査に併行して、又は質問調査終了後に、手書きにより作成するほか、臨場時にパソコン（調査用）を持参し、又は回答者に来署を求め、署内においてパソコン入力により作成することも可能である。

　ただし、パソコン入力により作成する場合であっても、読み上げ・閲読後に回答者から追加・変更・訂正の申立てがあったときは、手書きにより加除・訂正する（パソコン上のデータを訂正して印刷し直す対応は行わない。）。

　また、冒頭から手書きで作成する場合、黒又は青色のインクの万年筆又はボールペンを用いることとし、文字の記載後にこれを消せる鉛筆や消せるボールペンを用いてはならない。

〔冒頭部分（初葉の前書）及び本文の記載要領〕

> **問6**　質問応答記録書は、実際の質問・回答のとおりの順番で、一字一句忠実に記載する必要があるか。

（答）

　質問応答記録書の本文は、回答者の答述のうち、証拠化する必要のある部分を記載するものであるから、必ずしも回答者の問答を順番どおり、一字一句忠実に記載する必要はない。

　もっとも、回答者の応答の趣旨を正しく記載する必要があることから、回答者の答述の一部を記載しなかったり、答述の順番を入れ替えることで、実質的に趣旨（意味）の異なる答述とならないよう留意する。

> **問7**　回答者が外国人の場合、質問応答記録書の冒頭部分（初葉の前書）にある「回答者　氏名」欄はどのように記載するのか。また、署名はどうすべきか。

（答）

　回答者が外国人の場合、「回答者　氏名」欄には、母国語による発音をカタカナ表記するが、可能な限り、その横に括弧書きを付し、その中にアルファベットや漢字等による記載も行う。

　なお、外国人の回答者がどの程度日本語を理解できるか確認し、その内容を質問応答記録書の本文の冒頭付近や末尾付近に記載する。これにより、回答者から事後的に、日

本語の理解不足のため不正確な内容の質問応答記録書に署名したなどの主張がなされるのを防止する（回答者が日本語を理解していない場合は、調査担当者又は通訳人が母国語等を用いて質問等をすることとなる。）。

　また、外国人の回答者が署名をする場合、回答者の母国語による署名で差し支えない。

問8　回答者が実名とは別に通称等を用いている場合、質問応答記録書の冒頭部分（初葉の前書）にある「回答者　氏名」欄はどのように記載すべきか。

（答）

　回答者が実名とは別に通称等を用いている場合、「回答者　氏名」欄には、まず通称等を記載し、続けて「こと」と記載した後、実名を記載する。

　例えば、実名が乙山丙太で通称が甲川太郎の場合は、「甲川太郎こと乙山丙太」と記載する。

　なお、かかる回答者の署名に当たっては、原則として、回答者に対し実名による署名を求め、回答者が通称等の併記を希望する場合は、質問応答記録書の冒頭部分（初葉の前書）と同様に、「通称等こと実名」の形式による署名を求める。

問9　質問応答記録書の本文において、回答者の①住所、②氏名、③年齢、④職業を記載する必要はあるか。

（答）

　回答者の①住所、②氏名、③年齢（生年月日）は、質問応答記録書の冒頭部分（初葉の前書）に記載されていることから、これらを重ねて質問応答記録書の本文に記載すべきではなく、必要に応じて④職業（役職、職務内容等）を記載すれば足りる。

　ただし、回答者が、住民票上の住所地とは別の場所を住居としている場合や、実名とは別に通称等を用いている場合、これに関する答述を記載する。

　例えば、「住民票では住所は○○となっていますが、実際には……に住んでいます。」、「実名は乙山丙太ですが、甲川太郎という名前を普段使用しています。」などと記載する。

問10　質問調査を複数日にまたがって行った場合や、複数の場所で行った場合は、質問応答記録書の冒頭部分（初葉の前書）にどのように記載すべきか。

（答）

　一旦帰署して文面を作成したなど、別の日に回答者に対し読み上げ・閲読させた場合、質問応答記録書の冒頭部分（初葉の前書）に記載する日付については、質問調査をした全ての日付と、読み上げ・閲読させた日の日付を省略せずに記載する。

　なお、読み上げ・閲読・署名（拒否）・奥書まで行い、1通目の質問応答記録書が完

成した後、更に後日質問調査を行い、２通目の質問応答記録書を作成した場合は、当該質問応答記録書には、１通目が完成した以降に行った質問調査の日付を全て記載し、読み上げ・閲読が別の日である場合は、前同様に読み上げ・閲読させた日の日付も記載する（３通目以降の質問応答記録書も同様とする。）。

この場合、質問者（記録者）の署名前に記載する日付については、読み上げ・閲読をした日の日付を記載する。【質問応答記録書作成事例集３(2)参照】

また、複数の場所で質問調査（読み上げ・閲読を含む）を行った場合は、質問応答記録書の冒頭部分（初葉の前書）に全ての場所を記載する。

なお、日付や場所の記載が多数となる場合、質問応答記録書の冒頭部分（初葉の前書）には、読み上げ・閲読がなされた日付と場所に「等」を付して記載し、それ以外の日付、場所については、漏れがないように留意しつつ調査報告書に記載する。

例えば、質問応答記録書の冒頭部分（初葉の前書）には、「平成○○年○○月○○日等、……方等において」と記載する。

回答者の答述が変遷しており、当初の答述について質問応答記録書を作成しておらず、後日まとめて質問応答記録書を作成した場合は、いつ、どのような答述をしていたか明確にするため、質問応答記録書の本文で、例えば「○月○日には、……とお話ししましたが、それはうそでした」、「○月○日には、……とお話ししていましたが、その後、……を確認したところ、……だったことを思い出したので、○月○日の説明は間違っていました」などと記載する。

問11 問答形式の質問応答記録書を作成するに当たって、それぞれの「問」及びそれに対応する「答」に番号を付す必要はあるか。また、物語形式の場合はどうか。

（答）

問答形式の場合、引用・指摘の便宜のため、原則として、それぞれの「問」及びそれに対応する「答」に１から順次番号を付す。

物語形式の場合、答述された内容の事項や場面ごとに、適宜１から順次段落番号を付す。【質問応答記録書作成事例集２(2)参照】

なお、物語形式において、答述内容を強調するため、一部問答を用いる場合は、「問」及び「答」に番号を付する必要はない。

ただし、物語形式の中途に一部問答を用いた場合には、どこで問答が終了したのか判然としないことから、問答が終了した行の次の行に、「以上で問答を終了した。」と記載する。【質問応答記録書作成事例集３(2)参照】

問12 質問調査の過程で、回答者が質問に答えない場合、その状況を質問応答記録書の本文に記載する必要はあるか。

（答）

質問検査の過程で、回答者が質問に答えない場合、その状況を明らかにするため、必要に応じて、質問に対する「答」の欄に、例えば、「（黙して答えず。）」、「（3分ほど考え

込んだが、答えず。)」などと記載する。

　なお、回答者がいかなる質問に対して回答しなかったか明らかにするため、かかる状況については、物語形式で作成していた場合でも問答を用いて記載する。

問13　回答者が方言・専門用語・業界用語・略語・隠語等、一般に理解し難い語句を使用して答述した場合、質問応答記録書の本文にはどのように記載すべきか。

（答）

　回答者が方言・専門用語・業界用語・略語・隠語等、一般に理解し難い語句を使用して答述した場合、その語句をそのまま記載した上で、引き続き、その意味するところを記載する。

　例えば、「会議室で、××社長が私に、『…………』と言ってきました。これは、『○○○』という意味でした。」などと記載する。

　また、読み誤りやすい固有名詞、判読困難な文字、特殊な読み方をする文字・記号等には、振り仮名を付ける。

問14　質問調査の過程で、回答者に資料等を提示する場合の留意点は何か。その場合はどのように質問応答記録書本文に記載すべきか。回答者に資料等の写しに対する書き込みを求めた場合はどうか。

（答）

　回答者に資料等を提示しながら質問調査をすることは、当該資料等の作成経緯（作成者・作成日等）や当該資料と調査事案との関連性を明らかにするほか、回答者の記憶喚起、虚偽回答の弾劾、真実の供述獲得等に有用である。

　ただし、
① どの資料等のどの部分を提示したのか（表題等による資料の特定）
② なぜ当該資料等が提示できたのか（入手経緯等）
③ 提示した資料は原本か写しか（添付するものは当然写しとなる）
④ 当該資料等のうちどの部分を質問応答記録書末尾に添付したのか（添付資料ごとに右上隅に「資料１」などと資料番号を記載する）
⑤ 添付資料の合計枚数は何枚になるのか（脱落の有無を確認するため）
が明らかになるよう質問応答記録書の本文に記載する。

　例えば、回答者に資料の原本を提示して説明を求めた上、その写しを質問応答記録書に添付する場合は、「このとき、本職は、令和○年○月○日に回答者から提出を受けた売上日計表の令和○年○月分から同年○月分を回答者に示し、令和○年○月分から同年○月分の合計４枚の写しを資料３として本書末尾に添付することとした。」などと記載する。

　他方、回答者に資料の写しを示して説明を求め、その写しを質問応答記録書に添付する場合は、「このとき、本職は、令和○年○月○日に回答者から提出を受けた試算表の写しのうち、令和○年○月分から同年○月分を回答者に示し、これら合計３枚を資料３

として本書末尾に添付することとした。」などと記載する。

　なお、添付資料の合計枚数が多い場合などは、質問応答記録書の本文に添付資料の合計枚数を記載せず、添付資料の上端又は下端余白部分に添付資料の合計枚数とともに１から順次ページ番号を記載する（上記資料番号とは別に記載する。）。

　例えば、「12枚のうち３枚」や「３／12」などと記載する。

　回答者に資料等の写しに対する書き込みを求めた場合も同様の点に留意すべきであるが、更に当該資料に回答者の署名、作成日の記載を求めることになる（「証拠物」原本への書き込みは厳禁である。）。【奥書・その他３(2)参照】

問15　人名、法人名、不動産の所在地、預貯金口座等を略称で記載する場合の留意点は何か。

（答）

　人名、法人名、不動産の所在地、預貯金口座等については、本文で最初に記載する際には省略せず、フルネームを記載した上、それ以降に用いる略称が何であるか明記し、その後は略称を記載する。

　例えば、「私は甲山三郎の長男です。甲山三郎のことは、父と呼んでお話しします。」、「父は、○県○市○丁目○番の土地・建物を所有していました。この土地・建物については、今後は本件不動産と呼んで説明を続けます。」などと記載する。

　なお、問答形式の場合で、質問部分に人名等の最初の記載がなされた場合には、フルネームを記載した直後に括弧書きで略称を記載して差し支えない。

　例えば、「××銀行株式会社××支店に開設された△△名義の普通預金口座（以下「本件口座」という。）の通帳、届出印、キャッシュカードは誰が保管していますか。」などと記載する。

　ただし、信用性を損なうおそれがあるので、問答形式の回答部分や物語形式では、このような括弧書きを用いた記載はしない。

問16　出来事の日付を記載する場合の留意点は何か。

（答）

　回答者は、通常答述した日や過去の一時点を基準に「５年位前」、「半年前」、「先週」、「３日前」などと答述するが、これをそのまま記載すると、基準となる日がいつか判然としない場合、正確な日付が特定できなかったり、回答者、質問者、記録者以外の者が質問応答記録書を読んだ際に、ある出来事があった日付を迅速かつ正確に把握することが難しくなることがある。

　そのため、当該日付に関する答述に加え、客観的な表現で日付を記載する。

　例えば、「今から４年前、つまり平成○年○月頃のことですが……」、「２か月程前、つまり平成×年×月×日頃に、……」などと記載する。

　なお、回答者が外国人であるなど、日本の年号を用いた答述をすることが困難な場合は、西暦を用いて日付を特定して差し支えない。

> **問17**　質問応答記録書の本文末尾に、回答者に対して訂正等がないか確認し、これに対する答述を得た旨の問答を記載すべきか。

（答）

　質問応答記録書の本文末尾に、「以上で質問を終えますが、何か訂正又は付け加えたいことがありますか。」などの問答（以下この問において「末尾問答」という。）を記載することは、回答者に対し、質問応答記録書の読み上げ・閲読の前にも、それまでの答述を訂正等する機会を与えた事実を担保することとなり、信用性確保の観点から有用であるから、質問応答記録書に、末尾問答を記載する。

　本文を物語形式で作成した場合であっても、この部分は問答を用いる。

　具体的な記載方法は、次のとおりとする。

　回答者の面前で質問応答記録書を作成した場合は、末尾問答の「問」まで記載が終わった時点で、調査担当者が回答者に対し、追加・訂正の有無を確認し、「答」の欄には、追加・訂正があれば、その内容を記載し、なければ、ない旨を記載する。

　非面前で質問応答記録書を作成した場合は、あらかじめ末尾問答の「問」まで作成しておき、質問調査を再開した際、読み上げ・閲読の前に、調査担当者が回答者に対し、追加・訂正の有無を確認し、「答」の欄には、追加・訂正があれば、その内容を記載し、なければ、ない旨を、必ず手書きで記載する。

　いずれの場合も、末尾問答における回答者の答述によって、更なる質問調査を要する時は、引き続き質問調査を継続し、その内容を記載済みの末尾問答に続けて記載する。

　その際も、前同様の方法で再度末尾問答に関する応答を行い、その状況を末尾問答として記載する。

〔回答者に対する読み上げ・閲読〕

> **問18**　質問応答記録書の記載内容を回答者に対し読み上げた後、回答者に閲読させる必要はあるか。いずれかの一方で足りる場合はあるか。

（答）

　質問応答記録書の作成後、一層の答述内容の信用性確保のため、原則として、回答者に対し、質問調査の要旨に記載した内容を読み上げ、かつ、回答者に閲読させ、回答者に内容に誤りがないか十分確認する機会を付与する（従前は、回答者に質問応答記録書を読んで確認する機会を与えることを「提示」と称しており、奥書にも「提示」と記載していたが、「提示」では回答者に質問応答記録書の一部分のみを短時間示しただけで、十分確認する機会を与えなかったのではないかとの疑義が生じることから、「閲読」と改めた。よって、奥書にも「閲読」と記載することとした。）。

　ただし、①説得しても回答者が質問応答記録書の閲読を拒否した場合や、②回答者が疾病等により閲読できない場合は、読み上げのみを行う。

　また、③回答者が疾病等により読み上げた内容を聞き取ることができない場合は、回答者の閲読のみを行うこととなる。

　なお、これらの方法によった場合は、実際に行った確認方法と奥書の記載とが齟齬し

ないよう留意する。

　回答者が外国人で、母国語等を用いて質問等をした場合は、調査担当者又は通訳人において、読み上げている部分を回答者に指等で示しながら、母国語等で読み上げを行う。

　この場合、奥書には「以上のとおり、質問応答の要旨を記録して、回答者に提示しながら、本職が（通訳人が）〇〇語で回答者に対し読上げたところ」などと記載する。

問19　質問応答記録書の読み上げ・閲読後、回答者の署名前に、回答者から記載内容につき追加・削除・変更の申立てがあった場合、どのように対応すべきか。

（答）

　回答者から、記載内容につき追加・削除・変更の申立てがあった場合（内容に影響しない2・3文字程度の単なる誤字・脱字の指摘を除く。【問20参照】）には、質問応答記録書の本文末尾に当該申立て内容を追記する。【奥書・その他1(7)参照】

　また、読み上げ・閲読を行い、回答者が誤りのないことを確認した旨の奥書を記載した後に、回答者から追加・削除・変更の申立てがあった場合、原記載が不明となってしまう方法（原記載を削除して追記したり、原記載のあるページを廃棄し、新たな用紙に書き直すなど）はとらない。

　かかる場合、記載した奥書に続けて、更に回答者の申立て内容を追記した上、追記部分の読み上げ・閲読を行い、改めて署名を求める。

　例えば、

「ここで、回答者が訂正（追加・削除）を申し立てたので、質問調査を再開した。

　問〇　何か訂正したいことがあると申立てがありましたが、どの部分ですか。

　答〇　答10で××さんと会った場所は△△だと言いましたが、□□だったことを思い出したので、この点を訂正させてください。」

などと記載する。

問20　質問応答記録書の読み上げ・閲読後で、回答者の署名前に、調査担当者が内容に影響しない単純な誤字・脱字を発見した場合（回答者から指摘があった場合を含む。）、どのように対処すべきか。また、回答者の署名後はどのように対処すべきか。

（答）

　日時・金額など数字に係る部分、地名、ある場面に居合わせた者の特定（氏名）など重要な事項については、2・3文字程度の明らかに単純な誤字・脱字であっても、事後的に改ざんがなされたとの疑義を生じさせないため、質問応答記録書の本文末尾に追記する方法により訂正する。【問19参照】

　これに該当しない単純な誤字・脱字については、回答者の署名前の場合には、回答者の面前で本文に加除を施す方法による訂正作業を行う。【IV奥書・その他2参照】

　なお、2・3文字を超える加除は内容の変更を伴うものとなるから、質問応答記録書

の本文末尾に追記する方法により訂正する。

　しかしながら、回答者からの訂正・追加・変更の申立てを本文に加除する方法（上記単純な誤字・脱字の訂正方法）で行うことは厳禁であり、必ず質問応答記録書の本文末尾に追記する方法により訂正する。

　また、回答者の署名後に誤字・脱字が判明した場合には、原則として、当該質問応答記録書そのものに訂正を施してはならず、別途、調査報告書を作成して誤字・脱字があった旨を明らかにする。【問34参照】

　ただし、回答者の署名の直後で、回答者及び調査担当者双方がその場を退去しておらず、回答者の明確な了解が得られた場合は、署名前と同様の方法により、回答者の面前で訂正作業をして差し支えない。

問21　質問応答記録書の内容につき挿入・削除を行う場合に、その箇所に回答者の署名・押印は必要か。

（答）

　原則として不要であるが、回答者が自ら署名・押印を望む場合には、これに応じて差し支えない。

　また、それまでの回答者の言動等により、後日回答者から、調査担当者が事後的に改ざんしたなどの苦情がなされるおそれがある場合は、回答者に対し、当該箇所への署名（姓又は名のみも可）を求めて差し支えない。この場合に、回答者が署名に代えて押印を希望した場合には、これに応じて差し支えない。

　なお、回答者が押印した場合には、質問応答記録書末尾の署名に加えて押印を求める。

〔回答者に対する署名及び各ページ確認印への署名の求め〕

問22　回答者の署名部分の「回答者」の肩書記載は誰が行うのか。

（答）

　回答者の署名部分の「回答者」の肩書は記録者が記載する。

問23　回答者の署名は、記名印（氏名・名称をゴム印等にしたもの）の押印でもよいか。

（答）

　回答者に対し自署することを求め、記名印の押印による代用はさせない。

【外国人の回答者や通称を使用する者の署名方法については、問7及び問8参照。】

（答）

　回答者には、質問応答記録書の本文最終行の次の行に署名を求め、質問応答記録書本文と回答者の署名の間に空白の行を設けない。

　本文と署名の間に空白の行を設けて斜線を引き余白処理をしたり、本文の最終行が記載された次のページに署名を求めたりすると、「本文を確認していないのに署名させられた。」、「白紙に署名させられ、これを悪用されて実際の答述とは異なる質問応答記録書を作成された。」などの苦情がなされるおそれがある。

　同様の理由から、質問応答記録書の本文の記載がページの最終行で終了した際にその終了した行に署名が入るスペースがある場合は、そのスペースに署名を求め、そのようなスペースがない場合は、本文の文字数を調整したり関連する質問を続行したりして、次ページまで本文の記載を及ぼした上で、署名を求める。【奥書・その他１(2)参照】

問25　回答者に求める各ページの署名は添付資料にも必要か。

（答）

　回答者に求める署名は、質問応答記録書本体の各ページのほか、添付する資料の右下隅にも署名を求める。

　なお、回答者が質問調査の場で表や図面などを作成して提出したり、資料の写しに書き込みを行うなどし、これらを添付資料とする場合は、その作成者や作成日を明らかにするため、回答者に対し、当該添付資料の余白部分に署名及び作成（書き込み）日付の記載を求める（署名があれば、別途右下隅の署名は不要である。）。

問26　回答者に求める各ページ確認欄への署名は姓及び名の自署が必要か。また、署名に代えて押印させることは可能か。

（答）

　ページ数が相当数になるなどの場合に、全てのページに姓及び名双方の自署を求めることは回答者の負担ともなり得ることから、姓又は名のみの自署でも差し支えない。また、回答者が署名に代えて押印を希望した場合には、これに応じて差し支えない。

　回答者が押印に応ずる場合、その押印は陰影が回答者の姓（又は姓名）と一致し、かつ、回答者が使用しうるものであれば足り、実印である必要はない。ただし、劣化のおそれがあるので、スタンプ型の印鑑（いわゆるシャチハタ印）の使用はさせない。

　なお、署名に代えて押印とした場合には、質問応答記録書末尾の署名に加えて押印を求める。【奥書・その他１(3)参照】

（答）

　まず、回答者から署名を拒否する理由を確認する。

　回答者が、記載内容につき追加・削除・変更の申立てがあることを理由に署名を拒否した場合、質問応答記録書の本文に当該申立て内容を追記し【問19参照】、改めて署名を求める。

　特に、回答者が、「回答の中に正確でない部分がある。」などと曖昧に述べて署名を拒否した場合、そのまま放置すれば質問応答記録書に記載された事項の全ての信用性が失われるので、新たな質問を行うことにより、具体的に正確ではない部分を特定し、当該事項に関する正確な回答やその要因を記載する。

　他方、回答者が、記載内容につき追加・削除・変更の申立てがない旨を述べながら、署名を拒否した場合、又は回答者が署名を拒否する理由を述べない場合には、事案や回答者の言動に応じ、例えば、「訂正すべき事項があれば訂正をします。」、「内容に間違いがなければ、その正確性を確認してもらった証として署名をしてもらいたいのです。」、「もし後で何か思い出したり、間違いに気が付いたら、更に話を聞くこともできます。」などと回答者に申し向け、署名をするよう説得する。

　ただし、署名を強要することはもとより、そのような疑義を生じさせる言動をしないよう留意する。

　かかる説得をしても、なお回答者が署名を拒否した場合は、署名を予定していた箇所は空欄のままにし、奥書において、回答者が署名を拒否した旨（可能な限り、本人から拒否理由を聞き出してそれも付記すべきである。）を記載する。また、回答者が署名を拒否したものの、記載内容に誤りがないことを認めた場合にはその旨も記載する。【奥書・その他1(4)参照】

　更に、回答者が各ページ確認欄への署名に限り同意した場合は、これを行わせる。【奥書・その他1(5)参照】

　回答者の署名がない場合であっても、調査担当者（質問者及び記録者）は必ず所定の箇所に署名し、書類として完成させる。

　なお、回答者の署名がない質問応答記録書であっても、争訟となった場合の証拠となることから、署名を拒否した理由や、記載内容に誤りがないことを認めたか否かは重要であるので、質問応答記録書にその旨を記載すべきことはもとより、回答者の署名が得られなかった理由・経緯等で特記すべき事項があれば、その旨を記載した調査報告書を作成する。

（答）

　質問調査に同席した税理士や弁護士に署名印を求める必要はない。

（答）

　奥書とは、官公署において、当該書類（文書）に記載された事項が真正であることを証明するために、その書類（文書）の末尾に記載する文章のことを言う。

　質問応答記録書では、調査担当者（記録者）が質問応答記録書の本文を完成させた後、調査担当者が、これを回答者に対し読み上げた上、回答者に閲読させ、その結果、回答者が署名した（拒否した）等の過程を明らかにするために記載する必要がある。

問30　奥書の記載について、回答者が署名した行以降を余白として次のページに記載してよいか。

（答）

　奥書については、①回答者の署名した行以降に記載する方法、②回答者の署名した行以降を余白として次のページに記載する方法のいずれの方法も可能である。

　もっとも、②の方法による場合は、質問応答記録書の本体の総ページ数が増えることになるので、（総）ページ数の記載に誤りが生じないよう留意する。（奥書・その他１(8)参照】

問31　調査担当者が１名で質問応答記録書を作成した場合、「記録者」部分の署名は必要ないか。

（答）

　調査担当者が１名で質問応答記録書を作成した場合、この者が自ら質問応答記録書を作成し、「質問者」として署名することとなるため、「記録者」部分の署名は不要である（「記録者」部分を設ける必要がない。）。

問32　奥書の記載等を帰署後に行ってもよいか。

（答）

　質問応答記録書作成の一連の過程は、全て回答者の面前で行い、回答者の面前で質問応答記録書を完成させるのが基本であるから、原則として、奥書の記載等は、帰署前に回答者の面前で行う。

　ただし、回答者が質問応答記録書に署名したものの、その後にその場から退席してしまい、短時間内に戻ってくることが見込まれない場合や、調査担当者が回答者から退席を求められた場合等、やむを得ない事情がある場合は、帰署後に奥書の記載等を行って差し支えない。

　この場合においても、回答者に署名等を求めた日と質問者・記録者が署名をした日と

が異なることとなるのを避けるため、作成した当日中に奥書の記載等を行う。

　また、質問応答記録書の本体の総ページ数が増加する場合は、（総）ページ数の記載に誤りがないよう留意する。

　なお、回答者が署名した行以降に斜線を引いて余白処理をした上、次のページに、あらかじめ奥書や調査担当者の署名欄が印刷された継続用紙を充てることで、奥書や調査担当者の署名欄を手書きしない方法によることは差し支えない。【問2参照】

〔完成後の対処〕

問33　質問応答記録書を完成させた後に、編てつ誤りや誤字等に気付いた場合、補正・訂正は可能か。

（答）

　質問応答記録書の完成後に、編てつの誤りや誤字等が判明しても、当該質問応答記録書の補正・訂正をしてはならない。

　この場合は、別途、調査報告書を作成し、その旨を明らかにする必要がある。【質問応答記録書作成事例集7参照】

　ただし、調査報告書を作成する際に、実質的に質問応答記録書に記載のない事項（内容）を追加したり、質問応答記録書の内容（意味）を変更するような記載をしてはならず、そのような事項については、改めて質問応答記録書を作成して補完・訂正しなければならない。

問34　質問応答記録書を完成させた後に、回答者から訂正・変更・削除の申立てがあった場合、どのように対応すべきか。

（答）

　質問応答記録書の完成後に、回答者から、訂正・変更・削除の申立てがあっても、当該質問応答記録書の訂正・変更・削除を行ってはならない。

　この場合、必要に応じ、改めて回答者に対する質問応答を行い、訂正・変更・削除の申立内容や関連する答述内容を確認し、新しい質問応答記録書を作成するなどの方法により対応する。

問35　質問応答記録書の保管の際に留意すべき点はあるか。

（答）

　質問応答記録書は、つづり込用の穴を開けて、他の調査関係資料と一緒に保管する。

　ただし、つづり込用の穴を開けた場合、質問応答記録書や添付資料の記載部分にかかって記載内容等を欠損させるおそれがある場合は、必ずひと回り大きい封筒等に穴を開け、これに質問応答記録書を入れて保管する。

なお、この場合、封筒から質問応答記録書が抜け落ちてしまうことがないよう確実に処置を講ずる。

　上記保管方法については、調査報告書の保管についても同様である。

〔その他〕

> **問36**　質問応答記録書に代えて、調査報告書に回答者から聴取した事項を記載しても差し支えない場合はあるか。

（答）

　調査担当者が回答者に対し質問調査をした場合、質問応答記録書を作成した上、回答者に対し読み上げ・閲読させ、その記載内容に誤りがないことの確認を受け、その答述内容を保全することが基本である。

　しかしながら、次の①ないし③のいずれかの場合は、やむを得ない事情があることから、質問応答記録書の作成に代え、回答者から聴取した答述の内容を調査報告書に記載し、証拠保全を行うことは差し支えない。

〈不開示〉

> **問37**　納税義務者等から聴取した答述を保全する場合のほか（問36参照）、いかなる場合に調査報告書を作成すべきか。

（答）

　調査報告書は、調査の経緯・結果を上司に報告するとともに、これを証拠化して保全するものであるから、

① 　調査担当者が受領した文書等につき、その受領場所や作成者、作成の経緯等を補完する必要がある場合（例えば、臨場先が複数ある場合、回答者が来署時に帳簿、メモ、電子記録媒体その他の証拠を提出したり、これらの写しの作成を承諾して実際に写しを作成した場合などが挙げられる。）。

② 　質問応答中に回答者が特異な言動をした場合【問27参照】

③ 　回答者が署名を拒否した際に証拠化することが有用な言動があった場合【問27参照】

④ 　質問応答記録書の作成後（回答者の署名後）に誤記が判明した場合【問20、問33及び質問応答記録書作成事例集７参照】

⑤ 　納税義務者等に調査協力を求めたものの、繰り返しこれを拒否された場合

⑥ 　現地確認を行うなどし、写真撮影や図面を作成した場合

⑦ 　質問応答記録書を作成した場合

⑧ 　その他、調査経過を書面で上司に報告する必要がある場合（上司から作成を指示された場合を含む。）

などに作成する。【質問応答記録書作成事例集７参照】

（答）

　原本はもとより写しであっても、回答者が提出した資料等に、調査担当者が何らかの記入をしたものを添付資料としてはならない。

　回答者から提出のあった資料等に記入することで、その資料等の記載の意味内容や答述内容を明確にすべき場合は、回答者に対し、当該資料等の写しに必要な事項を記入するよう求め、これを添付資料とする。【問14及び重要事項11参照】

　なお、調査担当者が作成した書面を回答者に示し、これを添付資料とする場合は、まず、かかる資料を回答者に示すことが適切か、内容に誤りがないかについて検討・確認する。

　示す場合は、あらかじめ作成者、作成日、基となった資料について付記した調査報告書を作成しておき、その写しを示すことが望ましいが、これにより難い場合は、質問応答記録書の本文（資料提示部分）に、示した資料の作成者、作成日、元となった資料について明瞭に記載する。

　また、いずれの場合であっても、示した書面（添付資料）の余白部分に回答者の署名を求める。

問39　質問調査の過程で、回答者から、第三者に電話等で確認をした上で答述したい旨の申出があった場合、どのようにすべきか。また、質問応答記録書にはどのように記載すべきか。

（答）

〈不開示〉

　次に、第三者に連絡することを認めても差し支えない場合や、回答者が説得にもかかわらず第三者と連絡を取った場合は、その旨及び連絡（確認）後の答述内容を質問応答記録書に記載する。

　例えば、「この時、回答者から、…………について○○に電話で確認したいとの申出があったことから、本職がこれを承諾したところ（電話を控えるよう申し向けたもの）、回答者は同人が所持していた携帯電話で通話をした。」などと記載した上、引き続き、回答者の答述として、「私は、今、電話で○○に…………について確認したところ、×××と聞きましたので、…………については、□□□でした。」などと記載する。

　なお、上記連絡（確認）の経緯が複雑な場合は、質問応答記録書には「…………の事項について、今、○○などに確認をしたので、その上で説明します。」などと回答者の答述として、経緯の要点のみを記載し、経緯の詳細については、別途作成する調査報告書に記載して差し支えない。

回答者や税理士から質問応答記録書の写しの交付を求められた場合、どのように対応すべきか。

（答）

　質問応答記録書は、調査担当者と回答者の応答内容を記録し、調査関係書類とするために調査担当者が作成した行政文書であり、回答者や税理士に交付することを目的とした行政文書ではないことから、調査時に写しを交付してはならない。

　同様に、質問応答記録書を撮影させてはならない。

　また、作成途中の質問応答記録書（署名前のもの等）についても、写しを交付してはならない（撮影させてはならない。）。

　なお、個人情報保護法に基づき、回答者等が「質問応答記録書」の開示請求を行った場合には、原則として、開示されることとなるが、あくまで別手続であるから、上記のとおり対応する。

問41　完成した質問応答記録書の写しを作成する場合、ホッチキス等を外してコピー作業をしてよいか。

（答）

　ホッチキス等を外した場合、紛失や毀損のおそれが生ずるばかりか、その跡が残ることから、回答者の各ページの署名があるなどしても、質問応答記録書の一部を差し替えたなどの疑義が生じかねない。

　そのため、完成した質問応答記録書の写しを作成する場合、ホッチキス等を外してはならない（ホッチキス等を付けたままコピー作業をする。）。

Ⅳ　奥書・その他

1　回答者の署名及び奥書の記載例

　（注）　行書体で記載している部分については、原則、手書きとなる（以下同様）。

　　　　【Ⅲ FAQ 問２及び問35参照】

(1)　基本形

問○	以上で質問を終えますが、何か訂正したい又は付け加えたいことはありますか。
答○	ありません。 　　　　　　　　　　　　　　　　　　　回答者　　　甲野花子 　以上のとおり、質問応答の要旨並びに当該頁番号及び総頁数を記録して、回答者に対し読み上げ、かつ、閲読させたところ、回答者は誤りのないことを確認し、本文末尾及び各頁に署名した。 　令和２年●月●日（又は「前同日」）

	質問者　××税務署　財務事務官　国税一郎
	記録者　××税務署　財務事務官　税務次郎

※　質問調査が１回で終了し、当日中に質問応答記録書を完成させた場合、日付は「前同日」と記載しても差し支えない（以下同様。）。

(2)　質問応答記録書本文の記載が頁の最終行で終わる場合

（本文の最終頁）

問○	以上で質問を終えますが、何か訂正したい又は付け加えたいことはありますか。
答○	ありません。
	回答者　　甲野花子

（次頁）

	以上のとおり、質問応答の要旨並びに当該頁番号及び総頁数を記録して、回答者に対し読み上げ、かつ、閲読させたところ、回答者は誤りのないことを確認し、本文末尾及び各頁に署名した。
	令和２年●月●日（又は「前同日」）
	質問者　××税務署　財務事務官　国税一郎
	記録者　××税務署　財務事務官　税務次郎

(3)　回答者が各ページ確認欄に押印した場合

問○	以上で質問を終えますが、何か訂正したい又は付け加えたいことはありますか。
答○	ありません。
	回答者　　甲野花子　㊞
	以上のとおり、質問応答の要旨並びに当該頁番号及び総頁数を記録して、回答者に対し読み上げ、かつ、閲読させたところ、回答者は誤りのないことを確認し、署名・押印した上、各頁に押印した。
	令和２年●月●日（又は「前同日」）
	質問者　××税務署　財務事務官　国税一郎
	記録者　××税務署　財務事務官　税務次郎

(4)　回答者が署名を拒否した場合（各ページの署名も拒否）

問○	以上で質問を終えますが、何か訂正したい又は付け加えたいことはありますか。
答○	ありません。

回答者

　以上のとおり、質問応答の要旨並びに当該頁番号及び総頁数を記録して、回答者に対し読み上げ、かつ、閲読させたところ、回答者は「（例）内容は間違いありませんが、家族から署名するなと言われているので署名したくありません。」旨申し述べ、署名を拒否した。

　令和２年●月●日（又は「前同日」）

質問者　××税務署　財務事務官　国税一郎
記録者　××税務署　財務事務官　税務次郎

(5) 回答者が署名を拒否した場合（各ページの署名には応じる）

問○	以上で質問を終えますが、何か訂正したい又は付け加えたいことはありますか。
答○	ありません。

回答者

　以上のとおり、質問応答の要旨並びに当該頁番号及び総頁数を記録して、回答者に対し読み上げ、かつ、閲読させたところ、回答者は「（例）内容は間違いありませんが、本文末尾の署名については家族と相談しないとできません。」旨申し述べ、本文末尾の署名を拒否し、各頁に署名した。

　令和２年●月●日（又は「前同日」）

質問者　××税務署　財務事務官　国税一郎
記録者　××税務署　財務事務官　税務次郎

(6) 回答者が各ページの署名を拒否した場合（本文末尾の署名には応じる）

問○	以上で質問を終えますが、何か訂正したい又は付け加えたいことはありますか。
答○	ありません。

回答者　　　甲野花子

　以上のとおり、質問応答の要旨並びに当該頁番号及び総頁数を記録して、回答者に対し読み上げ、かつ閲読させたところ、回答者は誤りのないことを確認し、本文末尾に署名したが、「（例）全頁を読ませてもらいましたが、各頁には署名したくありません。」旨申し述べ、各頁の署名を拒否した。

　令和２年●月●日（又は「前同日」）

質問者　××税務署　財務事務官　国税一郎
記録者　××税務署　財務事務官　税務次郎

(7) 読み上げ・閲読段階で回答者から追加・変更・訂正の申立てがあった場合

問○	以上で質問を終えますが、何か訂正したい又は付け加えたいことはありますか。
答○	ありません。

問○	以上のとおり記録して、あなたに読み上げ、かつ、閲読させたところ、付け加えたいことがあるとのことですので、述べてください。
答○	問●のご質問に対し、先ほどは答●に記載しているとおり、このノートには私や長女が記載するとお話ししました。 　ただ、細かくいえば、別居している長男が帰省した時に、彼が私たちへの連絡事項を記載することもありました。このことを付け加えてください。 　そのほか、付け加えたり訂正したりしてもらいたいことはありません。 　　　　　　　　　　　　　　　　　　　　回答者　　甲野花子 　以上のとおり、質問応答の要旨並びに当該頁番号及び総頁数を記録して、回答者に対し読み上げ、かつ、閲読させたところ、回答者は誤りのないことを確認し、本文末尾及び各頁に署名した。 　令和２年●月●日（又は「前同日」） 　　　　　　　　　　　　質問者　××税務署　財務事務官　国税一郎 　　　　　　　　　　　　記録者　××税務署　財務事務官　税務次郎

(8)　回答者が署名した行以降を余白として次のページに記載する場合
（本文の最終頁）

問○	以上で質問を終えますが、何か訂正したい又は付け加えたいことはありますか。
答○	ありません。 　　　　　　　　　　　回答者　　甲野花子

（次頁

以上のとおり、質問応答の要旨並びに当該頁番号及び総頁数を記録して、回答者に対し読み上げ、かつ、閲読させたところ、回答者は誤りのないことを確認し、本文末尾及び各頁に署名した。 　令和２年●月●日（又は「前同日」） 　　　　　　　　　　　　質問者　××税務署　財務事務官　国税一郎 　　　　　　　　　　　　記録者　××税務署　財務事務官　税務次郎

　※　この場合、奥書を記載したページに回答者の署名及び余白処理は不要である。

(9)　質問調査した場所と、質問応答記録書を読み上げ、閲読させた場所が異なる場合
　　（例：回答者宅で質問調査を行い、帰署後に質問応答記録書本文を作成した後、来署した回答者に読み上げ・閲読させた場合）

問○	以上で質問を終えますが、何か訂正したい又は付け加えたいことはありますか。
答○	ありません。

回答者　　　甲野花子

　以上のとおり、質問応答の要旨並びに当該頁番号及び総頁数を記録して、▲▲税務署において、回答者に対し読み上げ、かつ、閲読させたところ、回答者は誤りのないことを確認し、本文末尾及び各頁に署名した。

　　令和２年●月●日

質問者　××税務署　財務事務官　国税一郎
記録者　××税務署　財務事務官　税務次郎

⑽　**読み上げ・閲読を拒否し、署名及び各ページの署名も拒否した場合**

問○	以上で質問を終えますが、何か訂正したい又は付け加えたいことはありますか。
答○	ありません。

回答者

　以上のとおり、質問応答の要旨並びに当該頁番号及び総頁数を記録して、回答者に対し読み上げ及び閲読をさせようとしたところ、回答者は「時間がないため、もう終わりにしてほしい。体調もすぐれない。」と申し述べ、読み上げ及び閲読並びに本文末尾及び各頁の署名を拒否し、退席した。

　　令和２年●月●日（又は「前同日」）

質問者　××税務署　財務事務官　国税一郎
記録者　××税務署　財務事務官　税務次郎

2　文字の挿入・削除の記載例

　文字を挿入のみする場合、既存の文字の上部に加えるべき文字を手書きした上で挿入記号を付す。

　文字を削除のみする場合、削るべき文字を単線又は二本線で削除する。

　削除及び挿入する場合には、削るべき文字を単線又は二本線で削除し、加えるべき文字を削除した文字の上に手書きで記載し、削除線上のいずれかの点を起点として挿入記号を付す。

　削除するときは、その字体を残して、いかなる文字が削除されたのか分かるようにしておかなければならない。

　また、数字部分を訂正する場合には、その数字全部を訂正する。

　なお、訂正箇所の欄外に「加○字」「削○字」などと加削字数（算用数字を用いる）を手書きで記載しても差し支えない。

・文字を加える場合

問○	あなたは、令和○年○月○日に△△銀行□□支店の貸金庫に誰と行きましたか。	
答○	長男の廣^司が一緒であったと記憶しています。	加1字

・文字を削る場合

問○	あなたは、令和○年○月○日に△△銀行□□支店の貸金庫に誰と行きましたか。	
答○	長男の隆志が一緒であったと記憶しています。	削1字

・文字を削った上で加える場合

問○	あなたは、令和○年○月○日に△△銀行□□支店の貸金庫に誰と行きましたか。	
答○	長男の賢一郎が一緒であったと記憶しています。	削1字 加1字

3　添付資料の記載例
(1)　原本を提示し、必要部分の写しを質問応答記録書末尾に添付する場合

問○	このとき、本職は、回答者に対し、令和2年○月○日に回答者から提示を受けた甲野太郎名義の預金通帳1冊（X銀行、口座番号＊＊＊＊）を提示し、その表紙の写し1枚（資料1）及び「令和元年○月○日の出入金の記載のある頁」の写し1枚（資料2）を本書末尾に添付することとした。 　これは、前回の質問調査の際、あなたから提出を受けた亡きご主人名義の預金通帳ですが、これによるとご主人が亡くなった直後の「令和元年○月○日」に500万円が出金されていますが、この出金手続を行ったのは誰ですか。
答○	●●●●●●●●●●●●

(2) 資料の写しに回答者に書き込みをさせ、質問応答記録書末尾に添付する場合

問○	このとき、本職は、回答者に対し、本日（令和２年○月○日）、その所持するノートの一部の写しの提出を受けたので、説明を求めた上、回答者がその写しに書込み記入したもの１枚（資料○）を本書末尾に添付することとした。 　これは、本日の質問調査の際、あなたが所持していたノートを見せていただいて、あなたのご了解を得て、一部コピーをさせてもらったものです。コピーさせていただいたページに「X銀行　300万」との手書きの記載がありますが、これは誰が記載したものですか。
答○	<不開示>

（ノートの一部の頁の写し）　　　　（　）枚のうち（　）枚目　　資料○

No
DATE　　・　・

回答者の面前でページ番号を記載する。
※FAQ問14参照

⎯⎯⎯⎯⎯⎯⎯⎯⎯⎯⎯⎯⎯
⎯⎯⎯⎯⎯⎯⎯⎯⎯⎯⎯⎯⎯
⎯⎯⎯⎯⎯⎯⎯⎯⎯⎯⎯⎯⎯

Ⓧ銀行　300万

回答者が手書きした日付、氏名の記載を求める

令和●年●月●日
　　甲野　花子　㊞

(3) 調査担当者が作成した図面等を質問応答記録書末尾に添付する場合

問○	このとき、本職は、回答者に対し、令和○年○月○日に回答者から提出を受けた平成31年1月1日から令和元年12月31日までの間の売上げに係る領収書（控）から本職が現金による売上げを全件抽出し、集計した「現金売上高一覧表（平成31年1月1日〜令和元年12月31日）」1枚を回答者に提示し、これを本書末尾に添付することとした。 これは、前回の質問調査の際、あなたから提出を受けた平成31年1月1日から令和元年12月31日までの現金による売上げに係る領収書の控えを基に、売上日、売上金額（税抜き）及び売上先について、私が作成した一覧表ですが、内容に誤りはありませんか。
答○	<不開示>

現金売上高一覧表（平成31年1月1日〜令和元年12月31日）

No	売上日	売上金 （税抜き）	売上先
1	平成31年1月7日	29,000円	●●商店
2	平成31年1月8日	54,000円	㈱△△販売
3	平成31年1月9日	10,200円	
	〜		
180	令和元年12月28日	40,000円	㈱A貿易
181	令和元年12月29日	38,000円	㈱B交通
182	令和元年12月30日	39,000円	c建設㈱
合計		8,000,000円	

（　）枚のうち(　)枚目
資料○

回答者の面前で
ページ番号を記
載する。
※FAQ問14参照

令和●年●月●日
甲野　花子

回答者が添付する資料を確認した日付及び氏名の記載を求める

V　質問応答記録書作成事例集

（以下略）

索　引

索　引　423

著者略歴

青木　丈（あおき・たけし）

現職　香川大学教授・税理士

1972年東京生まれ、2001年税理士登録（東京税
　理士会）

2009年11月～2013年１月　内閣府本府行政刷新
　会議事務局上席政策調査員、総務省行政管理
　局企画調整課企画官等を歴任

2017年４月～　香川大学法学部・大学院法学研
　究科教授（租税法）

2022年４月～　香川大学大学院創発科学研究科教授

【主著】

• 『国税通則法コンメンタール　税務調査手続編』（日本法令、2023、共著）

• 『新　実務家のための税務相談（会社法編）〔第２版〕』（有斐閣、2020、共著）

• 『Ｑ＆Ａ　遺留分をめぐる法務・税務』（清文社、2020、共編）

• 『租税法令の読み方・書き方講座』（税務経理協会、2018）

• 『中小企業の優遇税制を使いこなすテクニック』（日本法令、2017、監修）

• 『税理士事務所の個人情報保護・マイナンバー対応マニュアル』（ぎょうせい、
　2017、共著）

• 『新しい国税不服申立制度の理論と実務』（ぎょうせい、2016）

• 『中小事業者のための改正個人情報保護法超要点整理』（日本法令、2016）

• 『中小企業のためのマイナンバー実務講座』（大蔵財務協会、2016）

• 『企業のためのマイナンバー法実務ハンドブック』（商事法務、2015、共編著）

• 『新しい行政不服審査制度』（弘文堂、2014、共著）
　ほか多数

イラスト／諸見 宣孝

［改訂版］
税理士のための
税務調査手続ルールブック

令和3年8月10日　初版発行
令和5年12月1日　改訂初版

検印省略

 日本法令 ®

〒101-0032
東京都千代田区岩本町1丁目2番19号
https://www.horei.co.jp/

著　者	青	木			丈
発行者	青	木	鉱		太
編集者	岩	倉	春		光
印刷所	東	光	整 版	印	刷
製本所	国		宝		社

（営　業）　TEL　03-6858-6967　　Eメール　syuppan@horei.co.jp
（通　販）　TEL　03-6858-6966　　Eメール　book.order@horei.co.jp
（編　集）　FAX　03-6858-6957　　Eメール　tankoubon@horei.co.jp

（オンラインショップ）https://www.horei.co.jp/iec/
（お詫びと訂正）https://www.horei.co.jp/book/owabi.shtml
（書籍の追加情報）https://www.horei.co.jp/book/osirasebook.shtml

※万一、本書の内容に誤記等が判明した場合には、上記「お詫びと訂正」に最新情報を掲載
　しております。ホームページに掲載されていない内容につきましては、FAXまたはEメー
　ルで編集までお問合せください。